Couvertures supérieure et inférieure
manquantes

LE

SOCIALISME

COMME SCIENCE ET COMME TENDANCE

(Bases fondamentales du Socialisme)

FORMES ET ESSENCE

DU SOCIALISME

PAR

SAVERIO MERLINO

AVEC UNE PRÉFACE

de G. SOREL

Il est deux socialismes : l'un métaphysique, l'autre pratique, expérimental et, dans ces limites, positif.

LITTRÉ.

PARIS

V. GIARD & E. BRIÈRE

LIBRAIRES-ÉDITEURS

16, rue Soufflot, 16

—

1898

PRÉFACE

Depuis que les écoles socialistes ont donné nais-
sance à des partis politiques, exerçant une influence sérieuse et permanente dans les parlements, depuis que ces partis ont attiré à eux assez
d'alliés pour devenir comparables aux anciens
groupements historiques, il s'est opéré de grands
changements dans les manières de penser et dans les
modes d'activité des socialistes. Il tend à se produire une division du travail entre les hommes de
science et les hommes d'action : les premiers,
préoccupés d'améliorer et de rectifier les théories,
de suivre les progrès de la sociologie ; les seconds
faisant de la propagande, participant aux luttes
de la vie publique et, surtout, prenant à tâche
de développer les institutions (syndicats, coopératives, etc.) par lesquelles le socialisme affirme sa
réalité.

Cette divison du travail est encore peu avancée,
en France surtout ; aussi ne faut-il pas s'étonner
de situations bizarres, de confusions choquantes et
de paradoxes qui font le plus grand tort au bon
renom du marxisme. Parfois on se croirait vrai-

ment à Byzance (1) : aucune question ne semble trop abstruse pour être portée à la tribune ; on y parle non seulement d'économie théorique, mais aussi de métaphysique et de théologie (2). Les hommes mêlés à la vie des partis ne s'aperçoivent pas toujours des contradictions dans lesquelles ils tombent : ainsi les marxistes n'ont pas assez de mépris pour la loi d'airain de Lassalle ; il leur arrive même de prétendre que jamais Marx n'a eu pareilles conceptions (3); et cependant il leur arrive aussi de l'enseigner au peuple ; je lis, par exemple, dans une brochure fort connue (4) : « Les salaires tendent toujours vers le niveau le plus bas qui permette le maintien de la vie, tandis que la durée du travail devient la plus longue possible » ; et ceci est donné comme une *conclusion de la théorie marxiste !*

Les socialistes ont tort de vouloir constituer un *parti scientifique;* l'Église, elle aussi, a voulu être scientifique et elle est fort gênée aujourd'hui, pour

---

(1) Le professeur Labriola s'étonne qu'on ait pu avoir l'idée de discuter la théorie de la valeur à la Chambre française, « comme si on était à Byzance » (*Discorrendo di socialismo e di filosofia*, p. 13).

(2) On a dit, par exemple, que dans les sociétés socialistes l'homme deviendrait comme un Dieu (Chambre française, 24 juin 1896 ; Chambre belge, 30 avril 1898).

(3) C'est une affirmation inexacte ; mais Marx a abandonné cette thèse qui était reçue généralement de son temps.

(4) J. Stern. *La théorie de la valeur de K. Marx expliquée au peuple.* Cette brochure fait partie de la bibliothèque de propagande du parti marxiste italien.

avoir rendu sa théologie trop solidaire de thèses surannées sur le monde ; les écrivains catholiques ont beaucoup de peine à mettre les traditions d'accord avec les progrès de la science.

Gênés par les programmes et les systèmes, les socialistes n'ont point participé, comme ils auraient pu le faire, au travail de la sociologie contemporaine. La jeunesse des Universités serait venue à eux plus facilement si elle avait pu librement travailler, sans être soumise à une discipline de parti (1).

Tout le monde reconnaît qu'il faut procéder à une révision rigoureuse de la doctrine laissée par Marx et Engels (2). M. Sombart (3) nous a montré qu'il fallait séparer, avec soin, ce qui est essentiel et scientifique de ce qui tient aux traditions révolutionnaires et aux préoccupations politiques. Ce travail est évidemment impossible pour les hommes qui sont, comme avaient été Marx et Engels, mêlés aux luttes journalières. Il serait urgent de faire disparaître surtout des vues très contestables qui n'ont aucun rapport appréciable avec le socialisme : pourquoi adopter avec tant d'enthousiasme les hypothèses de Morgan sur la

______

(1) Le professeur Labriola dit qu'il y a disette de forces intellectuelles dans le parti socialiste (*Discorrendo etc.*, p. 9).

(2) Benedetto Croce (*Per le interpretazione e la critica di alcuni concetti del marxismo*, p. 44).

(3) *Le socialisme et le mouvement social au XIXᵉ siècle*, trad. franç., p. 108.

famille sauvage ? pourquoi attaquer avec passion la mémoire des héros de la Réformation ? pourquoi affecter un mépris (peu raisonné, semble-t-il), pour la philosophie de Kant ?

Un mouvement très remarquable de rajeunissement s'est produit en Italie depuis quelques années ; on sait avec quelle liberté M. E. Ferri a cherché à rapprocher Darwin, Spencer et Marx ; il semble que sa tentative ait causé une certaine émotion en Allemagne (1). Je crois que c'est M. S. Merlino qui le premier aborda la question dans toute son étendue, au courant de l'année 1897, dans « *Pro e contro il socialismo* ». Très peu de temps après la publication de cet ouvrage un des rédacteurs les plus assidus de la *Critica sociale*, M. Arthur Labriola (2), engageait les marxistes à profiter des nouvelles idées, en vue de « modifier, développer, éclaircir, sans en changer la substance, le contenu de la pensée germanique ». Mon ami, G. Ferrero, qui est bien l'un des esprits les plus distingués de la nouvelle génération italienne, signala (3) la haute importance du livre de M. Merlino et la révolution qu'il devait provoquer dans les idées des socialistes.

(1) Le *Socialisme et science positive*, traduit en français en 1897, a paru en Italie dès 1894. Voir ce qu'en dit le professeur Labriola (*Op. cit.*, p. 92, note 2).

(2) *Critica sociale*, 16 juillet 1897.

(3) *XIXe secolo*, 6-7 septembre 1897. M. Ferrero vit bien qu'il ne s'agissait pas de faire des corrections, mais de changer la direction dans laquelle on était engagé.

Aujourd'hui, la transformation est en bonne voie : MM. Bernstein et Vandervelde (1), ont déclaré, hautement, qu'on ne peut plus rester fidèle à l'enseignement de l'école ; qu'il faut tenir compte des faits nouveaux; qu'on doit abandonner les théories catastrophiques devenues classiques dans la social-démocratie. Comme M. Merlino, ils n'attendent pas ce bouleversement prochain, que doit amener une grande crise commerciale et qui mettra fin au processus fatal de la concentration capitaliste ; ils considèrent comme socialistes toutes les réformes qui tendent à améliorer le sort du peuple et à systématiser les rapports sociaux en vue de les rendre plus équitables. Depuis que ces deux chefs respectés entre tous, pour leur science et leur dévouement, ont fait ces déclarations si nettes, les marxistes semblent accueillir avec moins de défiance les idées de M. Merlino.

*
* *

Ce qu'il y a d'essentiel dans la théorie de Marx est sa conception d'un *mécanisme social formé par les classes*, qui sert à transformer la société moderne de fond en comble, sous l'influence des idées et des passions aujourd'hui dominantes. Le processus qu'il décrit est bien connu : concentra-

(1) Le premier dans un article de la *Neue Zeit* (analysé dans le *Devenir social*, avri. 1898), le second dans une conférence donnée à Paris à l'occasion du cinquantenaire du *Manifeste communiste* (*Revue socialiste*, mars 1898 et *Annales de l'Institut des sciences sociales*, avril 1898).

tion des moyens de production entre les mains d'un petit nombre de capitalistes, qui luttent entre eux sur le marché économique ; — unification des notions et des sentiments dans le prolétariat en voie de croissance continue ; — lutte entre les deux classes fondamentales de la société ; — expropriation des capitalistes qui perdent la propriété particulariste des moyens de production ; — mise de ces moyens de production en la commune possession des travailleurs.

Il y aurait à se demander quelle *valeur scientifique* Marx attachait à ce schéma ; d'ordinaire, les formules abstraites employées par lui ne doivent pas être prises dans un sens trop précis ; plus ses expressions sont générales, moins il leur accordait d'importance. Il est fort douteux qu'à l'époque où il a rédigé définitivement le *Capital*, il considérât ce mécanisme comme rigoureusement exact (1) ; mais je n'entrerai pas dans l'examen de cette question, qui serait ici sans intérêt.

Il ne faut pas oublier que la lutte des classes ne saurait expliquer toute l'histoire (comme le fait bien observer M. Merlino). Engels avait reconnu, dans une note du *Manifeste* que l'histoire primitive de l'humanité ne saurait se ramener à ce principe et M. Croce dit que la société socialiste devra pouvoir se développer sans classes ; il y a donc une lacune importante dans la théorie : les causes, qui

(1) *Sozialistische Monatshefte*, octobre 1897, p. 848.
(2) *Op. cit.*, p. 28.

ont agi et qui agiront plus tard sur l'humanité, existent aujourd'hui évidemment et devraient être étudiées.

Quoi qu'il en soit, ce mécanisme offre dans la *forme* un caractère vraiment scientifique ; nulle part nous ne voyons apparaître des abstractions, des fantômes sociologiques, des évolutions de *modes* (1) ; — nous ne voyons que des hommes groupés en classes, s'agitant sous l'influence de *sentiments observables* ; — nous pouvons vérifier, journellement, la marche des phénomènes, chercher comment les conditions se transforment et corriger nos vues d'avenir au fur et à mesure que les faits deviennent plus nombreux.

Il importe assez peu que Marx se soit trompé dans le détail, que son mécanisme n'ait pas la valeur absolue qu'on lui a souvent attribuée ; une erreur de sa part ne nous empêche pas de reconnaître la haute valeur de la méthode. Grâce à lui nous pénétrons sur un terrain vraiment scientifique. Les sciences physiques sont des connaissances générales acquises par l'intermédiaire de mécanismes susceptibles de définitions rigoureuses : expérimenter, c'est construire un système d'or-

---

(1) Le professeur Labriola s'est élevé, avec force, contre les superstitions de ce genre : *la lutte pour l'existence* est devenue une sorte de Destin ; l'évolution a été transformée en une Idée ; de même les vulgarisateurs du marxisme ont fait des *rapports, conditions* et *corrélations économiques* des êtres supérieurs, des esprits (*Discorrendo*, etc., p. 67).

ganes dont les mouvements sont soumis aux règles que nous lui imposons ; formuler une loi, c'est donner une expression, en termes abstraits, du mode d'action d'une force engagée dans toute expérimentation possible. Marx raisonne comme le physicien (1). « Pour Marx il est vain de se demander si la pensée nous instruit de ce que sont les choses en elles-mêmes. Si nous pouvons démontrer la vérité de notre pensée *en faisant naître* les phénomènes que nous avons pensés, l'inconnaissable, qu'on dit caché derrière eux, n'importe plus. Il ne s'agit pas d'interpréter la nature, mais de la changer ». De même il serait oiseux de discuter les lois de l'histoire, de chercher quelle Idée tend à se réaliser, quelle est la nature humaine ; ce que la science doit déterminer, c'est le mécanisme humain par lequel se produisent les changements dans le monde actuel, d'après les impulsions données par des volontés humaines, dans des conditions historiques données.

Observons ici que, par le seul fait de l'introduction d'un mécanisme social, Marx écarte toute la sociologie purement intellectualiste et *se sépare des utopistes*. Il ne saurait y avoir de mécanisme utilisable dans la science que s'il y a des formations stables, échappant, dans une large mesure, à

(1) Ch. Andler, *Revue de métaphysique et de morale*, sept. 1897, p. 650. M. Andler fait ici ressortir la nécessité d'éclairer la sociologie marxiste par la théorie de la connaissance que Marx avait élaborée dans ses études sur Feuerbach.

l'intelligence, formant les membres solides du système. Il faut qu'il y ait dans la société de l'inconscient, de l'aveugle, de l'instinctif, pour que ces membres résistent, un certain temps, avec leurs formes et leurs lois de développement observées. Quand on trouve des analogies entre Marx et les utopistes rationalistes, on doit donc les considérer comme un accident dans le marxisme.

L'esprit de la méthode n'a pas été parfaitement compris : beaucoup ont cru à la *fatalité* de la solution annoncée par Marx ; ils n'ont pas réfléchi que, s'il y a fatalité, il n'y a pas *action pensée, réalisée dans un mécanisme déterminé*. Qui dit : expérimentation, mécanisme social, action humaine, dit aussi : mouvements qui peuvent se produire ou ne pas se produire ; et, par suite, exclut toute apparence de fatalité. Les socialistes, en annonçant l'évolution nécessaire vers le communisme, étaient revenus, il y a quelques années, aux vieilles superstitions contre lesquelles Marx s'était élevé ; ils remplaçaient l'histoire réelle par une succession de formes s'engendrant par des causes indépendantes de l'action humaine ; ils retombaient dans l'idéalisme ; ils substituaient à la lutte des classes des antagonismes entre abstractions et des solutions d'antinomies. Engels (1) avait beaucoup contribué à fausser le principe marxiste, en introduisant une philosophie de l'histoire qu'il appelait *dialec-*

____

(1) Sur sa *dialectique*, voir ce que dit M. Croce (*Op. cit.*, p. 24).

tique, qu'il n'a jamais justifiée et qu'il est fort difficile de comprendre.

Depuis quelques années, il y a une forte réaction contre le fatalisme ; quand j'ai dit qu'il n'y a rien de déterminé dans l'histoire, M. Andler m'a accusé (1) d'avoir supprimé le marxisme ; aujourd'hui, le professeur Labriola considère (2) comme utopistes ceux qui affirment que le communisme se produira, « parce qu'il doit se produire », et qui enseignent « le dogme de l'évolution nécessaire » (3).

Depuis la rédaction du *Capital*, le monde s'est beaucoup transformé ; on a reconnu que les phénomènes ne se produisent pas suivant le schéma donné par Marx ; des doutes se sont élevés sur la certitude de la solution annoncée ; et beaucoup pensent que le capitalisme pourrait aboutir à des résultats bien éloignés de ceux que la social-démocratie espère obtenir (4).

En 1875, dans sa lettre sur le programme de Gotha (5), Marx admet que la société n'arrivera pas

(1) *Loc. cit.*, p. 657.
(2) *Discorrendo*, etc., p. 152.
(3) Dans son premier essai sur le matérialisme historique, son opinion paraissait douteuse ; M. Andler lui reprochait d'aller au delà du fatalisme et d'enseigner le *quiétisme* ; — M. G. Gentile, critiquant ces mêmes essais, disait que les marxistes appliquent au contingent les raisonnements que les hégéliens faisaient sur l'absolu (*Studî storici*, du prof. Crivellucci, 1897, p. 424) ; — M. Croce estime que certaines expressions prêtaient, en effet, à ces interprétations (*Op. cit.*, p. 24).
(4) Giovanni Lerda. *Il socialismo e la sua tattica*, p. 9.
(5) Traduite dans la *Revue d'économie politique*, 1894.

de suite au régime pleinement communiste ; elle s'arrêterait d'abord à un stade intermédiaire où subsisteraient encore beaucoup de caractères du monde capitaliste et où « l'étroit horizon du droit bourgeois » ne serait pas dépassé. Cette théorie a donné lieu à beaucoup de disputes entre socialistes : on a demandé pourquoi passer par cet intermédiaire, comment on en sortirait pour aller à un communisme absolu. Toutes ces questions sont assez oiseuses, car nous ne pouvons pas les résoudre ; nous ne connaissons pas le mécanisme social qui existera dans un certain nombre d'années et nous ne pouvons déjà que très difficilement raisonner sur le présent.

Il y a une grande indétermination dans le système historique de Marx : le mouvement, dit-il, dépend de la culture sociale ; mais on ne sait pas comment il en dépend ; il n'existe aucun moyen de définir cette dépendance d'une manière générale, si on reste fidèle aux principes du matérialisme historique (1) ; il n'y a aucune loi pouvant nous faire suivre les effets du mécanisme social, ses transformations dans tous les pays et pour une durée un peu longue ; il nous est impossible de déterminer comment les conditions politiques et les sentiments populaires se combinent pour engendrer la conscience juridique d'une classe (2). Il

____

(1) C'est ce qui résulte des lettres d'Engels publiées en 1895 par le *Sozialistische Academiker* et le *Leipziger Volkszeitung* et traduites dans le *Devenir social* (mars 1897).

(2) Dans l'état intermédiaire il n'existe plus de classes ; et

faut donc se borner à puiser dans l'étude sociologique des *indications*, qui permettent à l'homme
d'action de construire des mobiles pour sa conduite, et de les *construire librement*.

*
* *

Des discussions passionnées ont été engagées
sur le mécanisme de l'évolution; certains marxistes
orthodoxes ont défendu, avec acharnement, les
formules de Marx, tandis que MM. Bernstein et
Vandervelde reconnaissaient la nécessité d'y apporter des corrections ; ces orthodoxes croient que
si on abandonne le schéma classique, toute idée
scientifique sera perdue et qu'on retombera dans
l'utopie (1). On se croirait parfois revenu aux beaux
jours des disputes du Moyen-Age (2) ; tout cela
est fort peu intéressant, parce que dans les pays
où le socialisme prospère, un autre mécanisme d'é-
volution a été constitué.

Marx se trouve dans l'impossibilité d'indiquer un mécanisme
pour l'évolution future ; il dit qu'il faudra que la division existant entre le travail manuel et le travail intellectuel ait disparu, que les hommes éprouvent le besoin de travailler, que
la richesse se soit multipliée prodigieusement ; mais ces *vœux*
se réaliseront-ils ? et comment ? et quelles seraient les conséquences de leur réalisation ?

(1) Ils ne voient pas que la valeur de la théorie de Marx réside dans la *forme*, dans l'emploi d'un *mécanisme social*.

(2) On imagine toutes sortes de subtilités pour contester les
statistiques et sauver la loi de concentration capitaliste. On
oublie un peu trop que cette loi est (tout comme la loi d'airain)
un lieu commun de l'ancienne économie (Voir Croce, *op. cit.*,
p. 43).

La social-démocratie allemande ne se borne pas à faire l'éducation du prolétariat suivant les prévisions de Marx ; elle s'efforce d'agir sur les sentiments de toute la société, d'amener les bourgeois à s'intéresser à son œuvre, d'obtenir l'appui de tous les mécontents dans les élections. Le mécanisme est entièrement nouveau et a paru à plus d'un observateur superficiel contraire à l'idée de la lutte de classe.

Deux procédés sont surtout efficaces pour agir sur la bourgeoisie. Le premier consiste à vulgariser des romans utopiques ; — l'expérience a montré, en effet, que des idées nouvelles peuvent d'autant plus facilement pénétrer dans un milieu (qui devrait leur être hostile d'après les oppositions d'intérêts) que ces idées revêtent une forme plus chimérique ; c'est pour cette raison que les orateurs chrétiens ont si souvent parlé comme des rêveurs, sans tenir compte des conditions réelles de la vie. — Le second procédé consiste à intervenir dans toutes les questions où se trouve engagé le sort d'un opprimé, à prendre, en toute occasion, la défense du faible contre le fort.

Si l'on s'en tenait à la rigueur des formules données par quelques marxistes, les prolétaires devraient s'occuper seulement de ce qui les touche d'une manière immédiate, de ce qui répond strictement à la politique des intérêts matériels ; tout au plus pourraient-ils intervenir dans les autres affaires pour jeter la discorde dans le camp de leurs ennemis, pour ébranler l'autorité établie en donnant une grande publicité à des scandales, en un mot pour faire œuvre de stratégie. On a écrit, en effet, que le Parti ouvrier fait appel seulement « à l'intérêt des prolétaires pour les jeter à l'assaut de la propriété bourgeoise. »

L'interprétation à donner à la doctrine socialiste ne peut faire aucun doute, quand on se réfère aux statuts de l'Internationale. Celle-ci a déclaré « que toutes les sociétés et les individus y adhérant reconnaîtront comme bases de leur conduite envers *tous* les hommes, sans distinction de couleur, de croyance et de nationalité, la *Vérité*, la *Justice*, la *Morale.* »

Par une singulière fortune, les socialistes français, qui avaient, si longtemps, prétendu mépriser ce qu'ils appelaient le matérialisme marxiste, en sont venus à oublier l'enseignement fondamental des maîtres de la pensée nouvelle. Dans une affaire célèbre, peu nombreux ont été les hommes qui ont suivi M. Jaurès, qui avait entrepris une admirable campagne pour revendiquer les droits de la Justice. On donnait comme raison que ce procès n'intéressait pas le prolétariat et que l'attitude de M. Jaurès pouvait faire perdre des voix aux candidats socialistes dans les élections ! Presque tous les social-démocrates à l'étranger ont trouvé étrange cette prudence de nos parlementaires (1).

______

(1) Voir, par exemple, dans la *Critica sociale* du 16 janvier

Cet exemple suffirait pour prouver (si cela avait besoin de l'être encore) que les marxistes ne considèrent point la Justice comme une faribole, ainsi que le leur ont souvent reproché tant d'écrivains français.

Marx espère que la révolution sociale supprimera toute distinction de classes et établira un système juridique où les hommes ne seront plus inégaux qu'au seul point de vue de la plus ou moins grande production. Ce droit nouveau se trouvera en lutte avec les intérêts de groupes cherchant à obtenir une situation privilégiée ; il faudra que la culture sociale soit capable de provoquer dans les masses d'énergiques et de promptes réactions contre ces tentatives. L'expérience nous apprend qu'une culture nouvelle ne peut devenir efficace qu'à l'aide d'une très longue préparation : c'est donc maintenant, dans la société capitaliste, que doivent se préparer les moyens de réaliser cette nouvelle constitution juridique.

La seule manière que nous ayons de cultiver un sentiment, est de l'exercer chaque fois que l'occasion s'en présente ; puisque nous poursuivons la disparition des classes, nous devons exercer nos sentiments de justice, surtout dans les conditions où ils sont en contradiction avec la division en classes ; nous ne sommes jamais sûrs, en effet, de nous diriger vers la Justice, lorsque nous ne

1898, une éloquente protestation de M. Turati contre ce qu'il appelle « *viltà elettorale.* »

sommes pas pleinement sûrs de notre désintéressement.

Prétendre enfermer le prolétariat dans la défense exclusive de ses intérêts matériels, serait le condamner à rester, éternellement, à l'état de classe sujette ; ce serait lui donner pour but extrême la conquête d'un meilleur salaire. Ce sont les préoccupations exclusivement matérielles qui livrèrent les classes pauvres de l'antiquité aux démagogues, toujours prêts à former une armée de partisans, alléchés par l'avantage de jouissances immédiates. Contre la démagogie, — qui peut entraver l'essort populaire vers le socialisme, qui constitue le plus grand danger qui puisse nous menacer actuellement, — nous n'avons d'autre sauvegarde que la culture du sentiment de justice dans les masses ouvrières. En s'émancipant, le prolétariat doit émanciper tous ceux qui souffrent.

Les social-démocrates ne pourraient exercer une influence politique s'ils ne prenaient pas en main des causes étrangères aux intérêts immédiats du prolétariat ; il leur faut, le plus souvent, combattre des adversaires indirects de leur cause. Ils n'ont pas en face d'eux une masse réactionnaire, mais un agrégat prodigieusement divisé ; beaucoup de bourgeois n'ont qu'une idée très confuse des luttes de classe et votent pour les social-démocrates, parce que ceux-ci luttent, avec énergie et constance, contre les protectionnistes, les conservateurs, les cléricaux ; — beaucoup de gens souffrent du régime social actuel, se voient sacrifiés sans pitié à des considérations hiérarchiques, et ne peuvent trouver d'auxiliaires que dans les rangs d'un parti pour qui la *Justice* et la *Vérité* sont des principes inviolables; — enfin, les pillages administratifs, les spéculations, les crises commerciales, font continuellement des mécontents qui, au moins dans leurs jours de malheur, apportent leur appui temporaire au prolétariat.

C'est à cause de cette situation que le socialisme trouve tant de profit à entrer dans les luttes politiques; Lassalle se trompait quand il disait que sur le terrain politique le pauvre est l'égal du riche, l'ouvrier du patron; l'expérience nous apprend que c'est une illusion. Mais les classes bourgeoises sont tellement divisées par les intérêts, les traditions, les conceptions morales; — les bourgeois, victimes de l'ordre social, trouvent si peu de défenseurs dans les rangs de la bourgeoisie et surtout parmi les hommes politiques de cette classe, que le prolétariat militant apparaît comme l'unique soldat, toujours armé, capable de défendre la Justice et la Vérité.

On peut observer en Allemagne, d'une manière très claire, et on commence à observer aussi ailleurs, que les classes moyennes ne renferment plus des éléments suffisants pour soutenir l'ancienne lutte pour le progrès. La liberté des citoyens, l'anti-militarisme, le libre-échange, ne trouvent plus dans leur sein des défenseurs aussi énergiques qu'autrefois. C'est le prolétariat qui, aujourd'hui, devient le champion de tous les intérêts généraux contre les intérêts particuliers ; le fait est reconnu par les économistes (1).

Marx avait supposé, en 1847, que les classes moyennes tomberaient rapidement dans le prolétariat et que dans leur état normal elles ne pourraient coopérer, d'une manière efficace, à l'évolution vers le socialisme. Je crois qu'il y aurait de grandes réserves à faire sur ses opinions définitives ; mais ici, comme je l'ai fait ailleurs, je prends le schéma devenu classique sans le discuter (2). Ce mécanisme est fondé sur la *transformation matérielle des conditions de la vie ;* la tactique de la social-démocratie est plus souple ; elle s'adapte plus facilement aux diverses structures sociales ; elle se fonde sur une *transformation morale dans la manière de juger.* Le schéma marxiste ne mettait pas assez en évidence la préparation juridique, nécessaire pour réaliser le régime socialiste ; la social-démocratie fonde toute sa politique sur le développement des idées juridiques. Pour Marx (et surtout pour son école), toute la société, exception faite d'une minorité toujours décroissante de capitalistes, s'unifie économiquement dans le prolétariat ; pour les social-démocrates, il y a unifica-

(1) *Giornale degli economisti,* mars 1897, p. 252.
(2) Quoi qu'il en soit, sa pensée a été exagérée par l'école, qui a trop attaché d'importance à des formules abstraites.

tion morale de la société, sous la direction du prolétariat devenu *capable*.

La tactique de la social-démocratie se résume ainsi : unifier autant que possible les tendances juridiques des travailleurs ; — mêler les prolétaires à tous les débats qui s'ouvrent, afin de développer dans les classes ouvrières des sentiments de justice et de désintéressement ; — mettre en évidence l'opposition irréductible qui existe entre les nouvelles conceptions sur le droit et la division en classes ; — prendre en main la défense de toutes les victimes de l'organisation actuelle, de manière à faire comprendre, d'une manière concrète, les vices incorrigibles de cette organisation ; — soutenir les intérêts généraux, de manière à devenir l'avocat indispensable des classes moyennes, exploitées et trahies par leurs représentants ; — imposer à toutes les réformes tentées par les hommes d'État quelques caractères qui soient en rapport avec les conceptions juridiques du prolétariat.

Nous dirons donc, avec M. Merlino, que la question sociale, telle qu'elle peut être définie d'après la pratique de la social-démocratie, est une question juridique.

* *

La connaissance du mécanisme n'est pas seulement nécessaire pour l'étude scientifique de la transformation sociale, elle est nécessaire aussi

pour connaître la marche normale d'une société ;
on ne saurait discuter un système d'institutions
projetées, si on ne sait pas, d'une manière exacte,
par quel mécanisme le plan pourra se maintenir.
M. P. Brousse a pu accuser Marx d'utopisme, parce
qu'il n'a pas expliqué comment le communisme
fonctionnera.

Depuis quelques années, les social-démocrates
évitent toute discussion sur l'organisation future ;
cependant ils sont bien obligés de sortir souvent
de leur réserve. D'un côté, leurs orateurs ont besoin de présenter au peuple des images concrètes
et ils lui font lire le livre de M. Bebel sur la femme
(livre que les savants de la social-démocratie désa-
vouent). D'un autre côté, il faut bien quelquefois
donner des explications dans la discussion des lois
projetées. Les social-démocrates, n'ayant pas
d'idées bien arrêtées sur le mécanisme social
futur, cherchent à faire ces explications en termes
abstraits. On dit, par exemple, que le socialisme
réalisera la socialisation des moyens de production et d'échange : cette formule n'offre aucun
sens précis ; chacun est obligé, pour la comprendre,
d'y joindre des images complémentaires et d'en
tirer ainsi une interprétation particulière. On peut
entendre par cette socialisation : soit l'exploitation
d'industries par l'État, soit une fédération de
libres coopératives (pouvant appartenir à bien des
types distincts), soit une union de corporations
obligatoires, soit la confiscation de la rente, etc.

Qui empêcherait même d'appliquer cette expression aux anciennes missions du Paraguay ?

Des définitions abstraites ne peuvent satisfaire aucun esprit scientifique, désireux de savoir parfaitement de quoi il parle, soucieux de se *représenter* clairement les choses, de mesurer l'action qu'il peut avoir sur le monde. Ces abstrations ne conviennent guère au marxisme ; M. Croce a judicieusement observé (1) que Marx se servait d'une sorte de *logique concrète*. M. Merlino est fidèle au véritable esprit du marxisme quand il soutient qu'on ne peut se contenter de pareilles formules, qu'on doit se faire une représentation de la société future, qu'on doit avoir une idée générale d'un mécanisme permettant d'en assurer la conservation.

. Quand on se place sur ce terrain concret, on voit de suite, qu'on ne peut pas disloquer le système social, séparer l'économie, le droit, la politique (2), — comme on est obligé de le faire quand on aborde les études abstraites. Trompés par quel-

---

(1) *Op. cit.*, p. 21. — Il faut signaler ici que beaucoup des formules abstraites employées par les marxistes sont antérieures à Marx ; celui-ci les a conservées pour faciliter la propagande de ses idées dans les milieux où ces lieux communs étaient, depuis longtemps, usités. C'est une nécessité qui s'impose à presque tous les novateurs, — tant les abstractions ont de puissance sur notre esprit ! Il ne semble pas qu'il est attaché jamais une grande importance à tout cet héritage des utopistes.

(2) *Misère de la philosophie*, pp. 152-153.

ques lambeaux de phrases, arrachés aux œuvres
de Marx, beaucoup de socialistes ont cru que l'organisation politique est un produit secondaire de
l'organisation économique ; que celle-ci peut se
réaliser à part et engendrer ensuite tous les rapports sociaux, d'une manière à peu près automatique. Beaucoup croient que l'État disparaîtra de
lui-même, le jour où la force ne sera plus nécessaire pour maintenir les divisions de la société en
classes ; car, disent-ils, l'État n'aura plus de raison d'être ! Mais s'il surgit de nouveaux groupements capables d'exercer l'exploitation des hommes
par la violence, si le *cercle d'appauvrissement*
existe toujours, il y aura toujours quelque chose
de fort analogue à l'État !

M. Merlino a raison quand il soutient que les
réformes politiques et les réformes économiques
sont liées d'une manière indissoluble. Comme lui,
les socialistes belges se préoccupent de combattre
l'extension du pouvoir gouvernemental et de préparer l'évolution politique dans un sens libertaire.
Ils sont fidèles à la pensée de Marx, telle que nous
pouvons le connaître par la circulaire de l'Internationale sur la Commune de Paris. Marx était
d'avis de supprimer l'ancienne centralisation, de
former des fédérations de villes et districts ruraux,
de soumettre les mesures générales à des réunions
de délégués munis de mandats impératifs, d'attribuer au peuple la nomination et la révocation des
magistrats. Il considérait ce système comme né-

cessaire pour rendre possible l'émancipation des classes ouvrières. Tout cela ne diffère guère des conceptions de M. Merlino ; mais s'éloigne beaucoup de celles de certains socialistes actuels, qui veulent voir les élus indépendants de leurs électeurs et qui combattent le *referendum*. Il approuvait que les élus fussent rétribués comme des ouvriers ; M. Merlino demande qu'ils ne soient pas payés beaucoup plus que les travailleurs (1). La principale différence qui existe entre Marx et M. Merlino porte sur la manière de régler les rapports des coopératives ; le premier voulait que les travaux fussent dirigés suivant un plan général arrêté d'avance par la fédération ; le second pense que la coordination des efforts devrait résulter d'accords temporaires conclus entre les groupes locaux.

*
* *

Beaucoup de bons esprits se demandent si les discussions relatives au régime futur n'exposent pas les socialistes à revenir aux anciennes utopies. La science n'est-elle pas strictement limitée aux bornes de notre pouvoir effectif sur les choses ? Les seuls plans scientifiques ne sont-ils pas ceux qui se rapportent à l'action immédiate, ceux qui font l'objet des programmes minima ? M. Merlino attache la plus grande importance à ces réformes partielles ;

(1) En France, le Parti ouvrier socialiste révolutionnaire a cherché à imposer ce régime à ses élus, exigeant d'eux le versement d'une partie de leurs appointements.

il les considère comme réalisant l'essence du socialisme. Des logiciens rigides (comme en renferme beaucoup le parti socialiste italien) n'ont pas manqué de trouver qu'il existe une contradiction entre cette manière de voir et ce que dit M. Merlino sur la nécessité où serait le socialisme de se représenter le mécanisme de l'avenir.

En réalité, quand nous raisonnons sur l'avenir, *en termes généraux*, nous ne faisons que raisonner sur les changements à apporter au présent. Il faut bien savoir si une réforme proposée réalisera une modification conforme aux vues socialistes. On porte un pareil jugement en prenant pour normes les plans d'organisation future ; le rapprochement ne doit pas être fait pour relever des analogies for-melles (1), mais pour examiner le *contenu*.

Tout ce qui a pour effet de concentrer les pouvoirs politiques, tout ce qui accroît la force de la hiérarchie, ne paraîtra pas socialiste à qui partage les idées politiques de Marx ou celles de M. Merlino ; — mais cela peut être approuvé par des personnes qui voient surtout dans le socialisme les caractères d'unité et de parfaite coordination, qui se représentent la société comme un immense atelier gouverné par un personnel technique, d'une autorité incontestée.

On a beaucoup discuté sur les coopératives ;

---

(1) Comme celles qui existent, par exemple, entre le communisme et l'exploitation d'une industrie par l'Etat.

quelques-uns disent que ce ne sont pas de vraies institutions socialistes ; qu'on ne pourra faire de vrai socialisme qu'après la conquête des pouvoirs publics ; que ces organisations sont capables de tromper les ouvriers sur le véritable but à atteindre. La question est de savoir quels sont les effets des coopératives sur les sentiments des classes ouvrières ; de chercher si les notions juridiques, que développent les coopératives bien dirigées, ont un rapport intime avec les notions juridiques qui formeront l'essence de la société future. Ce problème peut être abordé si l'on se fait une représentation générale du mécanisme de cette société et il ne peut être abordé qu'à cette condition.

Marx considère les trade-unions comme les premières assises de l'édifice prolétarien ; ces organismes ne sont pas destinés à durer toujours ; mais ils auront développé des sentiments de solidarité qui serviront à assurer le fonctionnement des institutions nouvelles. C'est, d'ailleurs, au point de vue des sentiments que se place Marx, pour apprécier les trade-unions : à ses yeux, elles ont moins pour résultat de faire monter les salaires que d'accroître la solidarité entre les travailleurs.

Nous ne pouvons nous faire qu'une idée très imparfaite des moyens qu'on emploiera pour forcer les fonctionnaires élus à exercer convenablement leur mandat et à quitter leur poste quand leur conduite sera réprouvée par le peuple. Mais tout ce qui diminue l'indépendance de l'élu, tout ce qui permet au peuple d'exercer un contrôle (comme le *referendum*), doit être considéré comme une préparation excellente des esprits.

En résumé, c'est par le *contenu psychologique sentimental* que nous devons apprécier les institutions, pour savoir si elles ont ou n'ont pas une affinité avec les aspirations du socialisme. Tout ce qui tend à diminuer l'esprit de responsabilité, la valeur de la dignité personnelle, l'énergie de l'initiative, doit être condamné ; car cela tendrait à diminuer ce qui doit être exalté dans la société future.

Le prétendu socialisme municipal, qui transforme les travailleurs en fonctionnaires hiérarchisés, qui crée une catégorie de privilégiés au milieu de la masse prolétarienne, qui subordonne l'existence de cette caste au succès d'un parti, ne développe aucun des sentiments que le socialisme a intérêt à développer. Il ne semble bon qu'à préparer le règne d'une oligarchie démagogique, opprimant les producteurs au profit de cliques électorales. Aussi, plus d'un social-démocrate ne voit-il pas sans effroi les tendances qui se manifestent un peu dans tous les pays vers le développement des industries administratives : faire de l'État et de la commune les grands patrons, chargés de nourrir le peuple, leur semble, avec raison, un moyen d'arrêter tout progrès vers le système juridique du socialisme.

On a été fort scandalisé quand M. Bernstein a écrit que le *résultat final* le préoccupe fort peu et que le *mouvement* seul l'intéresse. Je crois que la pensée du grand écrivain socialiste n'a pas été bien comprise. La société future ne pouvant être réalisée immédiatement, le capitalisme ayant encore de longs jours à vivre, il est oiseux de tracer un programme pour cette société, de calculer comment la transformation s'opèrera, puisque cette transformation échappe à notre puissance. Mais il importe de savoir dans quelle direction il faut pousser les esprits ; il faut examiner le contenu psychologique des institutions en voie de réalisation ; il faut connaître le mouvement au milieu duquel nous vivons et auquel chacun de nous participe.

Quand on se place au point de vue de M. Merlino, on peut dire que *mouvement* et *résultat final* s'identifient dans notre esprit. Comment pouvonsnous définir un *devenir sociologique* en termes concrets ? Cela ne peut se faire qu'en comparant le contenu psychologique sentimental que nous constatons durant ce devenir, avec le contenu qui correspond à un mécanisme sans devenir. En mécanique, c'est dans les mouvements uniformes que nous trouvons, d'une manière directe, la vitesse et l'accélération normale ; nous passons ensuite aux mouvements généraux en utilisant des expressions mathématiques. Les méthodes sont, sans doute, fort différentes, en psychologie et en mécanique ; mais toutes se conforment à une même loi logique de notre esprit.

Il nous faut donc nous faire une idée nette des conditions dans lesquelles pourrait fonctionner régulièrement une société socialiste, pour pouvoir en connaître le contenu psychologique et le comparer aux sentiments que nous voyons se manifester dans le mouvement actuel. C'est ainsi que j'ai opéré dans les pages précédentes.

*
* *

Une des questions les plus difficiles qu'ait à traiter un théoricien socialiste, est celle de la concurrence. Il semble bien que l'opinion généralement reçue soit qu'il y a incompatibilité entre socialisme et concurrence ; M. G. Richard dit (1) : « Le socialisme est la notion de l'avènement d'une société sans concurrence, grâce à une organisation de la production sans entreprise capitaliste et à un système de répartition où la durée du travail serait la seule mesure de la valeur » ; — M. V. Pareto nous montre (2) « le ministre de la production de la nouvelle société » cherchant à résoudre le problème de la meilleure utilisation de ses moyens, en combinant un plan d'ensemble pour l'emploi du travail et de l'outillage disponibles. Il semble cependant qu'en France tous les socialistes aient accepté l'idée de maintenir une certaine concurrence.

Dans un discours à la Chambre des députés

---

(1) *Le socialisme et la science sociale*, p. 79.
(2) *Cours d'économie politique*, tome II, § 724.

(24 juin 1898), M. J. Guesde a exposé les idées les plus répandues chez nous : pour attirer les ouvriers vers les ateliers les moins recherchés, on réduira la durée du travail journalier dans ces ateliers, jusqu'à ce qu'on ait trouvé le nombre d'hommes nécessaires; s'il se présente trop de bras, on prolongera la journée normale pour écarter l'excédent. Il pense que, par ce procédé, on arrivera à un équilibre satisfaisant ; toutefois il prévoit l'emploi de la coercition, quand le libre jeu de l'offre et de la demande ne suffira pas.

Dans son « *Aperçu sur le socialisme scientifique* » M. Deville avait proposé un autre système : augmenter le prix de l'heure pour les travaux peu recherchés, jusqu'à ce qu'on ait assez de travailleurs. Il y aurait donc des Bourses où se feraient des adjudications pour répartir les hommes entre les divers chantiers : suivant le projet de M. Guesde on ferait porter la concurrence sur le loisir ; suivant celui de M. Deville sur les utilités supplémentaires mises à la disposition des gens énergiques.

On ne semble pas avoir observé qu'on discute ainsi des problèmes d'économie pure, qu'il est impossible de résoudre au moyen des principes de l'économie socialiste. Les théoriciens de la *nouvelle école* cherchent à démontrer que la libre concurrence parvient à résoudre, par tâtonnements, les équations de l'équilibre économique et à déterminer le maximum d'*ophélimité*. Personne n'a essayé de faire des démonstrations de ce genre

pour les concurrences proposées ; il ne paraît pas
du tout évident que l'adjudication du loisir par-
vienne à résoudre la question économique. En
tout cas, il y aurait des recherches à faire dans
cet ordre d'idées, en partant des méthodes de la
nouvelle école ou d'autres méthodes analogues.
Les écrivains socialistes ont pour ces méthodes
un mépris qui semble un peu exagéré ; ils les
accusent d'avoir été combinées pour faire l'apologie du capitalisme, ce qui est certainement
inexact, au point de vue historique. M. Merlino ne
partage pas les idées émises à ce sujet par les
marxistes italiens (1).

Dans ces derniers temps, M. G. Renard a émis
l'avis qu'il faudrait diviser les produits en deux
catégories (2) : ceux qui peuvent être multipliés
au prorata de la demande et ceux qui sont en
quantité limitée. Ces derniers seraient adjugés ;
quant aux autres, ils seraient estimés d'après le
temps employé, en tenant compte des coefficients
de *pénibilité*. Pour attirer les ouvriers vers les travaux pénibles, on ne procéderait plus à des adjudications, mais on ouvrirait des listes d'engagements pour pouvoir calculer la durée de travail
journalier à imposer à chaque catégorie ; dans les
chantiers les moins attrayants, la journée se trou-

(1) M. Croce dit que les marxistes devraient mettre à profit
les travaux de la *nouvelle école* (*Op. cit.*, pp. 14-19).
(2) Cette distinction est, d'ailleurs, celle de Ricardo.

verait plus longue que la normale et le salaire serait proportionnel au carré de la durée du travail. Si la journée moyenne est de huit heures, il est probable que la plus grande ne dépassera pas douze heures : le plus fort salaire sera ainsi deux fois et un quart le salaire moyen (1). L'auteur fait ici des hypothèses plus difficiles à admettre que celles de l'économie pure ; il suppose une loi des prix (2) qui ne peut résulter que de circonstances très spéciales ; il ne cherche pas même à la justifier par des faits d'observation.

La concurrence, telle que la conçoit M. Merlino, entre coopératives, offrant de payer un loyer pour les instruments de travail mis à leur disposition, paraît devoir être un régulateur convenable du travail, d'après l'expérience acquise dans la société actuelle.

Si la concurrence doit persister, sous certaines formes, dans la société future et si elle doit être le grand régulateur de l'équilibre économique, pour quelle raison ne cherche-t-on pas à réaliser déjà les formes de la nouvelle concurrence, là où cela est possible dans la société actuelle ? Rien n'est plus éloigné des pratiques du prétendu socialisme

---

(1) Le prix d'un travail supplémentaire très court varierait entre deux fois et trois fois le prix normal. — Les métiers rebutants sont, en général, insalubres et exigent, par suite, de courtes séances : cette condition est satisfaite dans le projet de M. Guesde ; ici, au contraire, ces métiers seraient ceux où les journées seraient les plus longues.

(2) Une sorte de loi de King.

municipal que les adjudications proposées par MM. Guesde et Deville : il semble que les municipalités socialistes pourraient faire des essais d'après ces systèmes. Voilà un cas où la considération des plans de l'organisation future devrait avoir une influence sur les mesures à prendre dans le monde capitaliste. Il n'est pas difficile de voir, d'ailleurs, que suivant l'un ou l'autre des systèmes adoptés, les sentiments qui se développeront dans les classes ouvrières seront très différents : en effet chercher un fort salaire, moyennant un travail pénible, pour augmenter le nombre de ses jouissances, est toute autre chose que chercher des loisirs en acceptant une besogne difficile durant un temps court ; — d'ailleurs, il y a des loisirs de plusieurs sortes ; il y a celui du sauvage qui trouve son bonheur dans l'absence de toute attention et il y a celui de l'intellectuel qui cherche la liberté pour se livrer à des recherches personnelles. La concurrence est étroitement liée à la psychologie.

*
* *

Comme M. Andler, M. Merlino veut assurer le travail à tous et éliminer tout ce qui se rattache à la rente. Marx donnait comme but aux efforts du prolétariat, la commune possession des instruments de production, qui assure à chacun l'appropriation des moyens d'existence fondée sur son travail, tandis que, dans le régime capitaliste, la propriété particulariste permet à celui qui la détient, de se procurer des objets de jouissance par le travail d'autrui, — le travailleur se trouvant ainsi privé, en partie, de ce que Marx appelle la *propriété individuelle*.

La base économique du régime communiste de Marx est le grand atelier ; mais le passage de toute production à la forme du grand atelier, n'a point le caractère de régularité et d'universalité qu'on lui a parfois attribué ; des recherches plus récentes ont montré que la centralisation des industries ne constitue pas un processus général et qu'elle dépend à la fois des procédés techniques et des conditions du marché. Cette observation n'a rien qui doive étonner les lecteurs du *Capital*; on a toujours attribué à Marx l'honneur d'avoir mis en pleine lumière l'influence de la technique sur le développement historique ; cette influence doit se manifester par l'intermédiaire de l'économie en agissant sur la division des travailleurs, leur organisation, leur groupement.

Les lois de la technique n'exigent point partout l'emploi d'instruments énormes, à marche très rapide et, par suite, à production journalière colossale (1). Dans l'agriculture l'expérience montre que

(1) La marche intensive est surtout nécessaire dans les industries où la chaleur joue un grand rôle, et dans celles où il faut utiliser les produits secondaires jusqu'à la dernière limite. Il y a aussi intérêt à faire tourner vite les machines rotatives ; on peut les faire plus légères et mieux utiliser le travail d'ouvriers

la petite exploitation l'emporte généralement sur la grande ; il est probable que si les propriétaires de la plaine du Pô n'avaient pas sous la main des ouvriers à bon marché, ils seraient amenés à changer leur système d'exploitation. S'il en est ainsi, pour quelle raison imposer un mode de production qui ne soit pas adapté aux conditions techniques ?

La formule de Marx semble donc sans application générale, tant qu'on la prend dans le sens littéral ; aussi beaucoup d'auteurs ont-ils cru nécessaire de la modifier et de diviser l'industrie en deux classes, dont l'une serait traitée en mode collectiviste, l'autre en mode particulariste. Ce *collectivisme partiel* me semble une invention assez malheureuse; on sauve les apparences ; on conserve les mots ; mais on ne va pas au fond des choses. On n'a pas pris garde que la formule de Marx est une formule juridique et qu'elle n'exige pas, en conséquence, une uniformité absolue dans la structure économique.

Le droit ne peut être ramené à des principes simples ; il se nourrit de contradictions, de conciliations, d'approximations (1); il ne serait qu'un dé-

exercés. — M. Vandervelde dit que la Belgique tend à devenir de plus en plus un pays de petite culture (*Le socialisme en Belgique*, p. 417). — M. Einaudi constate qu'en Piémont le mode de division des exploitations rurales est donné par « les conditions physiques du sol et la diversité des cultures »; il ne voit pas non plus de tendance générale à la concentration (*Economie rurale du Piémont. Devenir social*, avril 1897, pp. 344-345).

(1) C'est ce que M. Merlino montre, fort clairement, quand il

cor ainsi que le disent certains marxistes), s'il pouvait s'adapter rigoureusement à une situation économique donnée, s'il était *déterminé* par celle-ci. Quand on ne réfléchit pas à l'autonomie des systèmes juridiques, on est amené à penser que la commune possession exige la commune exploitation, la réunion d'ouvriers dans un atelier, la production d'une œuvre collective dont personne ne saurait revendiquer une parcelle déterminable.

L'ancienne conception du « droit au produit fabriqué » tend à disparaître dans la grande industrie ; les socialistes ont beaucoup écrit pour montrer comment les notions traditionnelles de propriété perdent leur sens de nos jours ; ils sont parvenus à faire comprendre aux masses ouvrières qu'un nouveau régime juridique doit succéder à l'ancien, pour s'adapter aux conditions où se trouvent les moyens les plus avancés de production. Jadis on avait proposé des solutions nouvelles au nom de la Justice ; mais ces solutions avaient un caractère arbitraire, qui leur enlevait toute puissance sur le monde. Aujourd'hui les gens éclairés comprennent que les principes juridiques doivent être adaptés aux idées qui se sont développées, sous l'influence des progrès accomplis dans le mode de production, et qui ont conquis la très grande majorité des hommes qui travaillent dans les ateliers

parle des relations de la justice distributive et de la justice rétributive, quand il montre comment l'organisation de la famille se produit sous l'influence de tendances contradictoires.

****

collectifs. M. Sombart dit avec raison (1) : « La force du mouvement social repose sur le fait qu'il est le représentant de la forme la plus avancée de la vie économique. »

Il y a, à toute époque, un système économique exerçant une influence prépondérante sur la pensée humaine ; le droit prend, toujours, pour base le principal système des rapports et il cherche à concilier les règles qui résultent de cette opération avec les exceptions que présentent les systèmes secondaires. Le droit romain a fait sa théorie de la propriété en partant d'un type probablement exceptionnel, quant à l'étendue, mais profondément respecté. Quand les juristes se sont trouvés, à la fin du Moyen-Age, en présence des droits barbares existants et du droit romain prôné par tous les savants, ils ont sacrifié, tant qu'ils ont pu, ce qui leur a semblé inférieur. De même pour la famille, on n'a pas cherché à faire une synthèse embrassant toutes les formes de l'union sexuelle ; on a pris un type très peu répandu, mais entouré d'un prestige considérable. Aujourd'hui, ce ne sont plus des considérations traditionnelles (2) qui dominent nôtre pensée ; c'est par des considérations économiques que la grande industrie exerce une influence prépondérante sur nos manières de juger

Marx interprétait donc bien l'idée génératrice du

(1) *Op. cit.*, p. 146.
(2) Bien souvent le choix a été fait en vertu d'idées religieuses dans l'antiquité.

droit quand il définissait le régime futur au moyen
d'éléments empruntés au système économique de
la grande industrie. Il ne faut pas croire, avec beaucoup de marxistes, que toute exploitation devra
être faite en commun ; mais il est permis d'espérer
que le droit sera fondé sur la négation de la propriété et sur l'idée juridique de la commune possession. Le communisme de Marx ne doit pas être
interprété dans un sens purement économique ; il
est, avant tout, juridique; nous retrouvons donc la
pensée maîtresse du livre de M. Merlino : *La question sociale est une question juridique.*

La *rente* est *l'âme* de la propriété ; le propriétaire se considère comme ayant un droit si certain
à la rente qu'il réclame des tarifs protecteurs dès
que son revenu diminue; et il obtient, presque toujours, gain de cause, tant on est habitué à reconnaître au propriétaire le droit de tirer profit (1),
« des rapports sociaux dans lesquels l'exploitation
se fait ». Quand on achète une terre, c'est presque
toujours avec la perspective d'un *unearned increment*,qui viendra augmenter la valeur dans un dé-
lai assez prochain ; M. Walras (2) trouve cette es-
pérance si inhérente à la notion de propriété qu'il
estime que, si l'Etat rachetait toutes les terrres, il
devrait faire entrer en ligne le taux normal d'accroissement des revenus.

Comme M. Merlino l'observe, avec les économis-

(1) *Misère de la philosophie*, p. 230.
(2) *Etudes d'économie sociale*, p. 303.

tes modernes, la terre n'est pas une propriété aussi exceptionnelle que l'ont cru les anciens auteurs ; l'*unearned increment*, existe partout : tous les industriels spéculent sur l'extra-profit, sur une situation sociale qu'ils espèrent voir se réaliser dans un avenir prochain, sur les facilités que procurent les débouchés en pays neufs. Sous toutes ses formes, la spéculation est le Dieu de la propriété.

Si tout le monde possède des instruments de travail, si toutes les conditions sont, à peu près, égalisées entre producteurs, l'âme de la propriété particulariste est expulsée ; et il ne reste plus que des possesseurs, des détenteurs temporaires, des ouvriers recueillant leur *propriété individuelle*, en raison de leur travail individuel. La commune possession peut ainsi exister au sens juridique, avec bien des combinaisons matérielles distinctes : celle qu'indique M. Merlino correspond très convenablement aux données de la question ; tous les instruments étant mis à la disposition de ceux qui veulent s'en servir, étant devenus *économiquement* équivalents par l'adjudication, tout étant accessible à tous, la *communauté substantielle* est réalisée, — encore que nous soyons fort éloignés de ce qu'on appelle, d'ordinaire, le communisme.

*
* *

Certainement l'accord sera difficile entre socialistes sur toutes les questions soulevées par M. Merlino ; je ne suis pas d'accord avec lui sur tous les points ; mais cela importe peu, car la science sociale est beaucoup trop jeune pour pouvoir être fixée dans aucune de ses parties. Son livre est surtout écrit dans un but pratique, en vue d'amener tous les socialistes à entrer dans la voie de la réformation progressive. Le plus grand obstacle qu'il rencontrera proviendra des survivances des vieilles sectes socialistes, antérieures à Marx : ces survivances ont la vie dure, comme tout ce qui est devenu purement abstrait ; elles ont pénétré dans le marxisme ; et on ne peut les faire disparaître facilement. Mais la pratique est un grand filtre qui arrête les écorces desséchées et ne laisse passer que ce qui doit engendrer la vie.

Le marxisme, ayant fait peu de pratique, est menacé de se perdre dans l'utopie ; nous voyons des esprits distingués chercher dans la tradition des anciens utopistes des éléments de rajeunissement, pour une doctrine que les commentateurs ont fossilifiée. Ils tournent ainsi le dos au véritable mouvement ; c'est par la participation active à la vie pratique, c'est en poursuivant les réformes les plus minimes, chaque fois qu'elles sont possibles, que le marxisme doit se développer suivant l'esprit de son maître.

Je crois donc que M. Merlino a fait plus qu'indiquer aux socialistes la nécessité d'améliorer les doctrines marxistes ; il leur a montré qu'il fallait abandonner la lettre pour l'esprit. *Revenir à Marx*, me paraît devoir être le mot d'ordre pour le moment.

****.

Il y a un point sur lequel il me semble que M. Merlino n'a pas mis en pleine lumière la base fondamentale de tout mouvement socialiste : je crois qu'il aurait pu mieux faire ressortir l'opposition inconciliable qui existe entre le socialisme et la société moderne.

Cette opposition a été formulée, d'une manière matérielle et insuffisante, dans la théorie catastrophique, combattue avec énergie par M. Merlino. Tout le monde sait avec quelle foi singulière Marx et Engels ont attendu la grande crise commerciale, qui devait précéder le grand bouleversement social. Dans les derniers temps de sa vie, Engels croyait que les choses se passeraient plus pacifiquement ; il espérait que, la social-démocratie marchant de succès en succès dans les élections, l'Allemagne arriverait à être gouvernée par un parlement socialiste, suivant les principes d'Erfurth. Je n'attache pas une grande importance à la manière dont une révolution est faite ; la culbute que fait une société peut être énorme, sans qu'il y ait beaucoup de sang versé.

M. Sombart fait observer (1) que la véritable conclusion à laquelle conduit la théorie sociologique de Marx est une conception évolutionniste ; mais qu'en fait Marx et Engels (2) « n'ont pas cessé de rêver de révolutions et de prédire leur explo-

---

(1) *Op. cit.*, p. 104.
(2) *Op. cit* , p. 109.

sion prochaine ». Nous savons, par un article de M. Bernstein (1), qu'en Allemagne la grande masse des socialistes croit toujours à l'arrivée prochaine de la crise. L'éminent écrivain combat cette illusion de ses compatriotes. L'idée d'évolution, au sens actuel du mot, n'a jamais été bien familière à Marx et à Engels, habitués à se représenter l'histoire à la manière hégélienne, comme une succession d'époques présentant entre elles des oppositions tranchées ; leur idéologie est catastrophique. On est frappé dans leurs œuvres de la difficulté qu'ils éprouvent à saisir un mouvement dans ses détails, à en apprécier exactement les diverses qualités successives.

Lorsqu'Engels, dans la préface de « *La lutte des classes en France* », se prononce pour une solution parlementariste du conflit ; il compare les socialistes aux chrétiens, qui, dix ans après l'édit de Dioclétien, obtenaient l'édit de Constantin. Bien des socialistes s'attendent, comme lui, à une catastrophe prochaine, plus ou moins analogue à celle qui marqua le ɪvᵉ siècle (2). M. Bernstein, au

(1) *Devenir social*, avril 1898, p. 365.
(2) Dans un discours prononcé le 15 juin 1896, à la Chambre française, M. J. Guesde disait : « Si en 1898, comme l'événement pourra se réaliser, nous arrivions ici une majorité collectiviste, il nous faudrait mettre immédiatement la main à l'organisation de l'ordre nouveau ; nous sommes de l'avis de Blanqui : « Quand un gouvernement, plus ou moins révolutionnaire, a eu le pouvoir pendant quarante-huit heures et qu'il n'a pas su intéresser à sa conservation la masse profonde

contraire, croit que le capitalisme n'a pas fini son temps et qu'un gouvernement socialiste serait dans l'impossibilité d'accomplir sa tâche.

A mon avis, la situation ne doit pas être considérée au point de vue de transformations matérielles, que nous ne pouvons pas prévoir. *Le socialisme est une question morale*, en ce sens qu'il apporte au monde une nouvelle manière de juger tous les actes humains et, pour employer une célèbre expression de Nietzche, une nouvelle évaluation de toutes les valeurs. C'est d'après ce principe que le socialisme doit être comparé au christianisme des premiers siècles : comme le christianisme antérieur à Constantin, le socialisme n'accepte aucune des solutions données par la civilisation officielle ; il ne sait pas s'il pourra, ni quand il pourra, réaliser ses aspirations actuelles, car l'avenir change aussi bien nos idées morales que nos conditions économiques ; mais il se pose devant le monde bourgeois comme un adversaire irréconciliable, le menaçant d'une *catastrophe morale*, plus encore que d'une catastrophe matérielle.

Il serait inutile d'énumérer toutes les thèses dont le socialisme poursuit le renversement ; et nous ne sommes encore qu'au commencement ! Le

du pays, ce gouvernement-là est un gouvernement de banqueroutiers ». — La *Critica sociale* (1er mai 1898). prétend qu'en Italie, il n'y pas un seul socialiste croyant à la dictature imminente du prolétariat ; l'Italie est évidemment un pays exceptionnel !

fait que la notion de propriété s'évanouit chez l'ouvrier entraîne déjà une transformation catastrophique dans toutes les manières de penser et sépare les aspirations socialistes de celles qu'ont eues nos pères à la veille de 1789.

Sur la famille et sur la patrie les opinions ne sont pas encore parfaitement fixées ; mais on sait qu'elles diffèrent radicalement des opinions bourgeoises.

Si nous jugeons le socialisme chrétien incapable de résoudre la question sociale, c'est qu'il manque de cette notion de la catastrophe morale ; c'est qu'il nie la nouvelle évaluation de toutes les valeurs. La morale qu'il veut imposer au prolétariat est une morale d'esclaves, alors que le prolétariat a acquis la claire conscience de sa force et alors qu'il aspire à une morale d'hommes libres. Plus le socialisme chrétien multiplie ses appels à la charité, à la bonté, au respect ; plus il s'efforce de créer des liens intimes entre le patron et l'ouvrier ; plus il prétend substituer au droit civique la bienveillance des supérieurs ; plus aussi il s'éloigne de l'esprit prolétarien.

La société chrétienne, au second siècle, avait encore gardé, en grande partie, le sentiment de son rôle révolutionnaire ; elle se croyait appelée à faire disparaître toutes les institutions caractéristiques de la société payenne, au milieu de laquelle s'opérait son développement autonome. Par suite de bien des circonstances, elle a échoué dans l'accom-

plissement de la mission qu'elle s'était donnée :
elle s'est *romanisée* ; elle a subi le militarisme,
l'infaillibilité impériale, le luxe, les jeux publics,
les institutions de prostitution, tout ce qui faisait
horreur aux anciens chrétiens. Cette faillite tient à
ce qu'elle était fondée sur la hiérarchie et à ce
qu'elle n'avait qu'une notion confuse de la justice
économique : sa conception de la richesse était celle
que pouvaient se faire des prêtres mendiants, et non
celle qui se développe dans une classe de travailleurs.

Bien différente est la position du prolétariat ; jusqu'ici il n'a pas manifesté de goût pour la hiérarchie ; engagé dans des luttes incessantes avec le
capitalisme, il acquiert des notions catastrophiques
sur la propriété, c'est-à-dire sur ce qui forme la
citadelle du droit bourgeois ; il est donc en état d'accomplir une grande mission historique, en oppo-
sant, sans cesse, à la société, un système juridique
nouveau, incompatible avec la tradition, — mais capable, cependant, de faire pénétrer des améliorations dans le système actuel.

Les classes moyennes prennent une part très active au mouvement social ; mais elles sont redeva-
bles de leurs conceptions fondamentales aux classes supérieures ; comme le Tiers-Etat de 1789 elles
forment une aristocratie, qui a, généralement,
beaucoup de sympathies pour les ouvriers, mais
qui se rattache, plus naturellement par l'origine
de ses idées, à la bourgeoisie qu'au prolétariat.

Beaucoup de conservateurs estiment que la meilleure manière de lutter contre le socialisme est de
faire la part belle à la petite bourgeoisie et de lui
octroyer des réformes largement démocratiques.

Pour que le mouvement se produise dans le
sens que les socialistes désirent, il faut que les
classes moyennes reçoivent l'impulsion d'une
classe qui n'emprunte rien aux classes bourgeoises, qui manifeste sa force indépendante par des
institutions nouvelles, qui se constitue en Etat supprimant l'Etat traditionnel ; il faut que ces institutions soient assez fortes pour inspirer le respect,
car les classes intermédiaires se dirigent volontiers
du côté où la force se manifeste avec éclat, habi-
tuées qu'elles sont à recevoir le mouvement du
dehors.

Les classes moyennes ne trouvent pas dans
leurs conditions de vie de quoi produire des idées
en opposition absolue avec les idées bourgeoises ;
la notion catastrophique leur échappe d'une manière complète. Le prolétariat, au contraire, trouve
dans ses conditions de vie un aliment aux sentiments
de solidarité et de révolte ; il est en guerre journalière avec la hiérarchie et avec la propriété : il
peut donc concevoir des valeurs morales opposées
à celles que la tradition a consacrées. *C'est dans
cette nouvelle évaluation de toutes les valeurs par le
prolétariat militant que consiste la haute origina-
lité du socialisme contemporain.*

Juillet 1898.

G. Sorel.

AVERTISSEMENT

Ce livre est un résumé d'un volume paru, en 1897, à Milan, chez les frères Trèves, sous le titre : « *Pro e contro il Socialismo* » et d'une brochure parue chez les mêmes éditeurs au commencement de l'année 1898, sous le titre : « *L'Utopia collettivista* ». Les deux publications ont été largement discutées en Italie et j'ai profité de la discussion, dont elles ont été l'objet, pour élucider mes propres idées et leur donner la forme définitive, sous laquelle je les présente au lecteur français.

On voudra bien, je l'espère, me pardonner les défauts du style, car il est toujours difficile d'exprimer sa pensée dans une langue étrangère.

S. M.

CHAPITRE PREMIER

L'ESSENCE DU SOCIALISME

§ 1er

Le socialisme est un ensemble, croissant et de plus en plus systématisé, d'idées, de sentiments, de vouloirs, tendant à assurer à tous les hommes la possibilité de travailler et de satisfaire leurs raisonnables besoins, à rendre leurs rapports plus équitables qu'ils ne le sont aujourd'hui, en supprimant les monopoles, l'usure, toutes les formes de l'exploitation de l'homme par l'homme, enfin à éteindre, autant que possible, la lutte et à accroître la solidarité sociale.

Dans le socialisme, il faut distinguer entre l'aspiration à l'égalité des conditions et au bien-être pour tous — qui en est la partie fondamentale, et, disons-le de suite, indestructible — et les doctrines économiques, politiques, philosophiques, qu'on a présentées pour le soutenir.

Si pendant dix ou vingt ans on ne publiait plus ni un livre ni un journal socialiste, et si les gouvernements supprimaient, comme ils le rêvent parfois, toute manifestation de l'idée, le socialisme ne serait pas mort. Toute dispute entre travailleurs et patrons, tout essai de coopération, tout conflit d'intérêts entre les classes, toute réforme de l'administration publique, ramènerait les pensées des hommes à cette nouvelle conception des relations sociales, qui court sous le nom de socialisme. On ne pourrait pas supprimer les phénomènes divers, qui conspirent à la démolition ou tout au moins à la transformation des institutions actuelles, les agitations agraires, les réclamations des sans-travail, les grèves, les insurrections, les crises économiques, l'émigration, l'expansion de la culture et l'élévation de la conscience dans les masses. Tout cela constitue ce qu'on a le droit d'appeler le *socialisme des choses*, qui est la source d'où jaillit le socialisme professé par ceux qu'on appelle communément et particulièrement les socialistes.

Le socialisme des socialistes n'est qu'un pâle reflet et comme le dérivé du *socialisme des choses*. Les idées socialistes fondamentales surgissent de la nécessité que l'on éprouve de systématiser les relations sociales, de l'aspiration commune des hommes au bien-être. Elles s'élaborent dans l'esprit des masses, et, de là, elles passent dans les systèmes des théoriciens et dans les programmes des partis socialistes.

Ce qui est remarquable, c'est la lutte de cette grande tendance humaine vers l'égalité et la justice contre les tendances différentes — idées, sentiments, droits, intérêts, traditions — qu'elle rencontre sur son chemin et qu'elle s'assimile, repousse ou modifie, ne cédant jamais le terrain conquis. Parfois elle paraît ébranlée, sur le point d'être accablée par des forces contraires ; mais soudain elle s'en délivre et se relève, pour reprendre la lutte et la marche en avant. Le spectacle est vraiment dramatique. Il faut songer aux grands mouvements historiques — le Christianisme, la Réforme, l'Encyclopédie — pour lui trouver un terme de comparaison. L'idée socialiste pénètre partout, dans les mœurs aussi bien que dans la politique, dans la littérature, dans l'art, dans la religion, prenant des formes différentes, au fond desquelles luit l'idée capitale de l'égale dignité des hommes et de la solidarité de leurs intérêts

Nous avons, à l'heure actuelle, plusieurs espèces et variétés du socialisme, c'est-à-dire plusieurs conceptions résultant de l'association d'idées et de tendances secondaires avec la tendance souveraine qui aboutit à l'égalité et à la justice. Nous avons le socialisme catholique, l'athée, le protestant, le sémite, l'antisémite, le matérialiste, le darwiniste ; l'idéaliste et même l'ascétique ; l'économique-politique, le juridique, l'éthique, le scientifique et le littéraire ; l'ouvrier, le petit-bourgeois, le patronal et le césarien ; l'autoritaire et l'anarchiste, le collectiviste, le communiste, l'individualiste, etc. Cela prouve la grande vitalité, la grande force d'expansion de l'idée socialiste ; mais il ne faut pas croire que le sort du socialisme soit lié à celui des différentes doctrines qui ont la prétention de l'exprimer. Ces doctrines ont leurs jours de baisse, mais le socialisme marche, se fraye de nouveaux chemins, contracte de nouvelles alliances, trouve de nouveaux auxiliaires.

Ceux qui combattent et ceux qui défendent le socialisme au nom du darwinisme, de la théorie de l'évolution, du matérialisme, etc., se trompent également. Ces théories pourraient être vraies, sans que le socialisme fût pour cela justifié. Au contraire, que les théories se modifient ou soient rejetées l'aspiration fondamentale du socialisme reste seule et se propage.

M. Virchow a dit : le darwinisme mène droit au socialisme. Selon M. Hœckel et beaucoup d'autres, au contraire, le socialisme n'a pas d'ennemi plus redoutable que la doctrine de la lutte pour l'existence (1).

La théorie organique de la société sert généralement, depuis Menennius Agrippa, à réfuter le socialisme. Cependant un sociologue polonais, M. Krusinski, s'en sert pour le défendre ; car, dit-il, dans l'organisme toutes les cellules dérivent de la multiplication d'une seule (il n'y a pas là distinction de classes) et chacune consomme selon ses besoins et travaille selon ses forces.

Dans un temps où le socialisme parut faire cause

(1) A. Chiappelli. *Il socialismo e il pensiero moderno*, pp. 65-67.

commune avec la libre-pensée, M. Büchner, qui était libre-penseur et socialiste, affirma qu'il n'y avait pas de corrélation nécessaire entre les deux doctrines (1). Il est vrai que l'émancipation économique et politique des travailleurs est strictement liée à leur émancipation morale et intellectuelle, à la disparition des superstitions qui encombrent leurs esprits ; mais il ne faut pas attribuer trop de cohérence à la personnalité humaine. Il y a des hommes très superstitieux dans certaines choses et très libres-penseurs en toutes les autres ; des esprits cultivés qui croient au surnaturel ; des natures simples et des hommes ignorants qui ont cependant une perception parfaite de leurs intérêts matériels. Un socialisme, dont l'athéisme formerait partie intégrante et serait la condition d'existence, repousserait de son sein tous ces gens-là ; de même qu'un socialisme chrétien, musulman, ou bouddhiste, repousserait tous les hommes n'appartenant pas à ces confessions.

A ses débuts, le socialisme peut, comme tout organisme faible se développant sous la protection d'un organisme plus fort que lui, apparaître sous l'une ou l'autre de ces formes provisoires ; mais il s'en émancipe bientôt et s'objectivise.

On a voulu récemment identifier le socialisme avec la négation du libre arbitre, de la responsabilité individuelle et de l'idée de devoir, en un mot

____

(1) *Société nouvelle* de Bruxelles, 1887, p. 5.

avec le matérialisme ; et beaucoup de gens, qui se disaient matérialistes, ont tourné le dos à ces doctrines justement pour combattre le socialisme (1). — Mais, que la volonté de l'homme soit libre ou qu'elle ne le soit pas, qu'elle se détermine ou qu'elle soit déterminée, que le devoir soit un principe inné ou seulement une donnée empirique, un calcul d'utilité, etc. — ce sont là des questions auxquelles le socialisme demeure étranger : ainsi qu'il demeure étranger à la question de la population, à la question des causes de la criminalité et à tant d'autres questions controversées, avec lesquelles on lui a prêté une affinité imaginaire.

Le mode de réalisation du socialisme peut être influencé par les vérités que la science, surtout la science de l'organisation sociale, la sociologie, recherche et reconnait. Mais pour le socialisme lui-même c'est autre chose : son sort ne dépend pas de celui des différentes théories scientifiques en vogue aujourd'hui. Au contraire, c'est lui qui influence le développement des sciences : les sciences morales et politiques se transforment, ainsi que l'avoue L. Say, « sous les yeux du socialisme » (2).

Le socialisme a été accusé, tantôt de sacrifier l'individu à la société (Spencer), tantôt au contraire de sacrifier la société à l'individu (Schaeffle). Ce dernier écrivain a voulu prouver que le socia-

—————

(1) Léon Say, *Contre le socialisme.* Paris, 1896 p. 128-p. 138.

(2) *Loc. cit.* p. 77.

lisme et l'individualisme sont des fils jumeaux du libéralisme (1). Il est plus vrai de dire avec Huxley que, de même que Hobbes et Locke, en partant tous les deux d'une légère divergence, dans l'interprétation d'un hypothétique contrat social originaire, dont personne n'a vu le parchemin, en arrivèrent à préconiser l'un l'absolutisme, l'autre la démocratie ; de même les socialistes, suivant les traces de ces philosophes et de leurs continuateurs, se sont divisés en deux camps : les autoritaires et les libertaires (2).

L'erreur donc (si erreur il y a) n'est pas particulière aux socialistes ; mais elle provient des écrivains politiques, qui faisaient dériver les rapports des hommes, les principes de justice, de certaines idées abstraites, telles que la volonté divine, le juste milieu, l'essence générale de l'homme, la liberté, l'égalité. C'était la méthode *aprioristique*. Une fois le principe posé, on en déduisait, de conséquence en conséquence, telle ou telle autre organisation sociale, suivant le goût, le tempérament ou le caprice de l'écrivain. Les partisans du régime absolu arrivaient aisément à la justification de ce régime; les libéraux concluaient à la sou-

(1) Schaeffle, *Die Aufsichts losigkeit der social demokratie*, Tübingen 1885 pp. 8 et ss. et p. 47. Mackenzie, *Introduction to social Philosophy* p. 250. Robert Flint, *Socialism*, London 1894 p. 97. Cathrein, *Le socialisme*, etc.

(2) Huxley, *On governement*, vol. I des *Essays* publiés par Macmillan Londres.

veraineté du peuple : les socialistes au droit de tous à la terre, etc.

Huxley a raison de critiquer les raisonnements aprioristiques de M. Henry George Il ne se dissimule cependant pas que le même reproche doit être adressé à M. Herbert Spencer lui-même (1).

De même, les objections qu'on peut opposer à la doctrine marxiste de la plus-value, rejaillissent sur la théorie de la valeur de Ricardo et de ses continuateurs. Le socialisme n'est pas solidaire de la doctrine marxiste : il s'accommode des doctrines de n'importe quelle école économique, en tant qu'elles révèlent et expliquent des faits réels.

Enfin les théories de Marx et d'Engels sur l'Etat, la famille et la propriété ne sont pas essentielles au socialisme, non plus que la conception matérialiste de l'histoire. De l'aveu de M. Croce, le matérialisme historique, dépouillé de toute survivance de finalité et de plans providentiels, ne peut fournir aucun appui au socialisme, ni à aucune autre direction pratique de la vie (2).

Les socialistes ne sont pas toujours heureux dans l'exposition de leurs principes. Souvent ils se laissent entraîner par leur enthousiasme pour des doctrines particulières et prétendent forcer le socialisme à faire cause commune avec elles. On les

---

(1) *Natural and political rights.* vol. I et les *Essays* du vol. IX.

(2) Benedetto Croce. *Sulla concezione materialistica della storia.* Discours à l'*Accademia pontaniana*, Naples, 1896, p. 11.

entend, tous les jours, discourir en faveur de telle ou telle autre théorie sur l'égoïsme et l'altruisme, sur l'individu et la société, sur la conception de l'histoire, sur les salaires, l'intérêt et le profit, etc., et affirmer que, hors de là, il n'y a point de salut. Toutefois ils s'aperçoivent de plus en plus, ainsi que le remarque M. A. Chiappelli, « qu'on ne peut pas préparer par les données d'une théorie scientifique une solution satisfaisante de la question sociale ; car la question sociale n'est pas exclusivement économique, mais elle est surtout morale ; aucune doctrine scientifique ne pourra jamais réaliser cette grande préparation des intelligences et des cœurs, cette profonde transformation des idées et des sentiments, qui devra engendrer le nouvel ordre social. La force motrice du mouvement socialiste contemporain n'est pas l'application d'une formule scientifique à la vie, mais un sentiment et une conscience de plus en plus clairs de la dignité humaine : c'est une faim et une soif de justice sociale (1) ».

Nous devons donc dépouiller notre conception socialiste de toute doctrine accessoire, de toute formule scolastique, et nous en tenir à l'essence de la réforme sociale que notre temps réclame.

§ 2

Nous ne devons pas seulement isoler les principes socialistes, en les épurant de toute superféta-

(1) A. Chiappelli, *loc. cit.*, p. 113.

tion ; mais nous devons aussi distinguer et nettement séparer l'objectif réel du socialisme, son vrai
contenu, de ce qu'il y a d'artificiel et de formaliste dans les systèmes proposés pour sa réalisation.

Ainsi que nous le démontrerons dans les pages
suivantes, le socialisme n'est ni le communisme, ni
le collectivisme, ni le mutualisme, ni l'anar-
chisme ; mais c'est le but de toutes ces écoles : l'é-
galité des conditions sociales et la coopération har-
monique des hommes. Sur ce but, tous les socialistes sont d'accord. Les uns croient l'atteindre en
augmentant les attributions de l'Etat, en y comprenant l'organisation de l'industrie et des grands
intérêts économiques de la société ; les autres prennent le chemin opposé, et voudraient détruire
l'Etat, le supprimer, pour permettre à la société
de s'organiser sans la moindre coaction. Au fond,
il est possible que les deux écoles principales de
socialistes (l'autoritaire et l'anarchiste) ne combattent que pour des mots, l'une et l'autre demandant
à transformer l'Etat politique en une administration sociale, plus ou moins décentralisée.

D'aucuns aimeraient voir transférer à la collectivité le droit de propriété et la disposition effective de toute richesse. D'autres se borneraient à
attribuer à la collectivité le domaine éminent des
terres et des capitaux, en laissant à l'individu et
aux associations la possession et l'exploitation.
D'autres encore donneraient aux individus la libre

disposition de tout ce qu'ils auraient pu acquérir par leur travail ; mais ils égaliseraient les conditions par le crédit gratuit universel. Au fond, le but est le même pour tous. La Banque du peuple de Proudhon visait à assurer l'instrument de travail à tous les ouvriers, de même que l'impôt unique de M. Henry George viserait à racheter et à abolir tous les monopoles.

Il n'y a pas jusqu'aux voisins du socialisme — tels que les républicains socialistes préconisant, avec Mazzini, le passage graduel des instruments de travail aux associations de travailleurs, ou les socialistes catholiques, demandant également avec Buchez de « remettre aux mains de l'ouvrier l'instrument de travail », ou l'école coopérative, imaginant de substituer au système capitaliste la fédération générale des coopératives de production et de consommation — qui n'accusent la même tendance, la même aspiration, et qui ne visent le même objectif.

L'essence du socialisme, c'est l'équité des rapports, l'abolition des monopoles, la suppression du salariat, la coopération entre égaux, etc. ; ce n'est pas telle ou telle autre organisation de la production et des échanges, par associations, par communes ou par États.

Nous pouvons imaginer une société où la terre est soumise au régime de la propriété privée, où chaque cultivateur a son lot dont il tire sa subsistance ; s'il existe dans une telle société, une égalité relative de conditions et un échange de services, les principes essentiels du socialisme seront réalisés. Il est probable cependant qu'un tel système n'est pas susceptible d'une large application.

Au contraire, on pourrait avoir une société organisée strictement d'après le principe collectiviste, sans la moindre trace de propriété individuelle, et où pourtant se feraient jour des supériorités et infériorités entre administrateurs et administrés et des inégalités d'une autre espèce. En ce cas, le socialisme ne serait qu'apparent. Le socialisme serait également banni d'une société, où l'on aurait proclamé que « tout est à tous », mais où, cependant, quelques-uns, par fainéantise ou par gourmandise, vivraient aux dépens des autres.

Les formes et modalités du socialisme peuvent être appliquées de façon à en détruire l'essence. Les hommes ne sont que trop enclins à prendre le moyen pour le but et le but pour le moyen ; ils se contentent facilement de l'apparence et renoncent à la substance de leurs revendications. L'histoire des religions nous l'enseigne.

D'autre part, les adversaires du socialisme qui ont critiqué tel ou tel autre système, le collectivisme par exemple, ou le communisme, s'imaginent qu'ils ont réfuté le socialisme. Mais par cela seul qu'ils ont démontré que les systèmes sont tous défectueux, que le socialisme n'est pas destiné à se réaliser dans les formes et avec les modalités qu'on a jusqu'à présent imaginées, qu'une organisation

sociale parfaite n'est pas à espérer et ne saurait
en aucun cas être inventée par personne, ils n'ont
pas prouvé que les sentiments et les besoins, auxquels répond le mouvement socialiste, puissent être
ignorés ou supprimés. Ils ne prouvent pas que la
question sociale n'existe pas : tant que la question
sociale est là, elle demande à être résolue; et la
seule vraie réfutation du socialisme consisterait à
proposer une solution de la question sociale autre
que celle qui a été présentée sous le nom de socialisme. Mais cette nouvelle solution serait encore
du socialisme. Et au lieu de l'avoir réfuté, on se
trouverait l'avoir justifié avec éclat, une fois de
plus.

Nous arrivons donc à cette conclusion : le socialisme, considéré dans son essence, est nécessaire.
Il *doit* se réaliser. *Comment* ?

C'est la seule recherche à faire. Dans cette recherche, nous devons procéder avec la plus grande
précaution, sans parti pris, sans prétendre trouver
une solution inattaquable et parfaite : car les voies
de l'histoire sont obscures et l'étude scientifique
de la vie sociale de l'humanité est à peine commencée. Nous devons nous borner à quelques prévisions et avoir l'esprit ouvert aux changements
qu'une plus mûre réflexion et l'expérience pourront
suggérer.

CHAPITRE II

LES BASES SOCIOLOGIQUES DU SOCIALISME

(*a*) L'organisation générale de la Société.

§ 1er

Tout le monde sait que les individualistes du siècle passé, ainsi que leurs continuateurs contemporains, ont donné pour fondement à la société le consentement de ses membres. Nous n'entendons point parler du fondement historique, ou de l'origine de la société ; mais du fondement logique, du contenu essentiel des sociétés civilisées contemporaines, au gouvernement desquelles tous leurs membres sont censés concourir, sinon également, du moins en raison des intérêts et des capacités respectives.

Il y a cependant des auteurs, qui soutiennent la thèse diamétralement opposée. « La base du pouvoir, dit M. Tolstoï, est la violence physique ; et la possibilité de faire subir aux hommes une violence physique est due surtout à des individus mal organisés qui agissent d'accord, en même temps qu'ils se soumettent à une seule volonté. Ces coalitions d'hommes armés, obéissant à une volonté unique, forment l'armée », base et pivot de l'organisation gouvernementale, vrai fondement des royaumes. « Le pouvoir réside toujours chez ceux qui commandent à l'armée ; et toujours les chefs du gouvernement, depuis les Césars romains jusqu'aux empereurs russes et allemands (1), prennent soin de l'armée plus que de toute autre chose et ne flattent que l'armée, sachant bien que, si elle est avec eux, le pouvoir leur est assuré » (2).

Le pouvoir, dont il est question ici, est particulièrement le pouvoir politique ; mais le gouvernement a étendu sa puissance sur toutes les relations sociales, et il en résulte que, si la violence est dans le gouvernement, elle est aussi dans toute la société. Seulement elle prend des formes moins brutales en s'étendant du gouvernement politique à l'organisation économique et aux autres branches de la vie sociale. Elle n'est pas toujours la force des fusils et des baïonnettes : elle peut être une menace légale, ou une coercition économique ou bien encore s'affirmer par la corruption, la tromperie, l'intrigue ; mais ces formes mitigées de violence présupposent la violence à main armée du gouvernement central. C'est le même auteur qui en fait la remarque : « Les hommes, qui jouissent des privilèges des classes dirigeantes se

____

(1) Il aurait pu mentionner aussi les aspirants au pouvoir, les Napoléon et les Boulanger.

(2) Tolstoï, *Le salut est en vous.*

persuadent et persuadent facilement aux autres,
— puisqu'il y a des cas de violence sans supplices
et sans assassinats — que les avantages dont ils
bénéficient ne sont pas la conséquence des assassinats et des supplices, mais de quelques mystérieuses lois générales. Cependant, si les hommes
qui voient l'injustice des privilèges [et ce sont
presque tous les ouvriers aujourd'hui] donnent
toutefois la plus grande partie du produit de leur
travail aux capitalistes et aux propriétaires fonciers et paient les impôts, tout en sachant à quel
mauvais usage on les destine, il est évident que ce
n'est pas pour obéir à certaines lois abstraites,
dont ils n'ont pas la moindre idée, mais parce
qu'ils savent qu'ils seront frappés et tués, s'ils re-
fusent de le faire. »

Donc, d'après cette doctrine, la société résulterait, non pas du consentement formel ou tacite de
ses membres, non plus que de la limitation mutuelle de la liberté des individus, ni de certains
principes immanents de justice, ni de la communauté d'intérêts entre les hommes, mais purement
et simplement de la violence. M. Tolstoï décrit,
avec la puissance de style qu'on lui connaît, le
« cercle de violence », où sont enfermés les sujets
d'un Etat moderne.

Ce cercle serait composé de quatre moyens d'action, liés entr'eux comme les anneaux d'une chaîne.
« Le premier, le plus ancien moyen d'action du
gouvernement, dit-il, est l'intimidation. Ce moyen

consiste à représenter le régime actuel, quel qu'il soit — depuis la république la plus libérale jusqu'à la plus despotique des monarchies — comme sacré et immuable. Ce moyen a été employé dans le passé et il est employé aujourd'hui par tous les gouvernements : en Russie contre ceux qu'on appelle nihilistes, en Amérique contre les anarchistes, en France contre les impérialistes, les monarchistes, les communards et les anarchistes. Les chemins de fer, les télégraphes, les téléphones, les photographies et les procédés perfectionnés pour faire disparaître les hommes sans avoir recours à l'assassinat, en les enfermant à perpétuité dans des cellules isolées, où, loin du regard de tout le monde, ils meurent oubliés, et bien d'autres inventions modernes, dont font usage les gouvernements, leur donnent une telle force que, une fois le pouvoir tombé aux mains de quelques-uns, avec la police publique et secrète, avec l'administration et toute une armée de procureurs, d'argousins et de bourreaux zélés, il n'est pas possible de se défaire même du plus insensé des gouvernements ».

« Le second moyen est la corruption. Il consiste à prendre au peuple ses richesses au moyen des impôts et à les distribuer aux fonctionnaires, qui s'obligent à maintenir et à accroître l'oppression. Les fonctionnaires achetés, depuis les ministres jusqu'aux copistes, forment un réseau d'hommes liés par un même intérêt — celui de vivre aux dépens du peuple. Ils s'enrichissent d'autant plus qu'ils sont plus soumis aux ordres du gouvernement, toujours et partout, ne reculant devant aucun moyen, en toute chose défendant par la parole et l'action la violence du gouvernement, sur laquelle est fondé leur bien-être ».

Le troisième moyen d'action serait une sorte d'hypnotisation du peuple. Ce moyen consiste à arrêter le développement normal des hommes et, par des suggestions diverses, fomenter en eux les différentes croyances favorables au maintien du gouvernement. L'hypnotisation est pratiquée aujourd'hui de mille manières et incessamment depuis l'enfance jusqu'à la mort de l'individu. Elle commence aux écoles obligatoires, où l'on apprend aux enfants que les premiers devoirs du citoyen sont le service militaire, le paiement des impôts, l'obéissance aux lois quoique injustes. Elle continue pour les adultes par l'encouragement donné aux superstitions religieuses et patriotiques, par des fêtes, des spectacles, des monuments, des solemnités civiles et religieuses, des temples, des processions, des revues militaires, des décorations. La presse est aussi un instrument très puissant d'hypnotisation. Il n'y a pas de folie qu'on ne puisse faire commettre à un peuple, ni de baliverne qu'on ne puisse lui faire croire au moyen des journaux.

Enfin, parmi les hommes qu'on a asservis et abrutis par les moyens précédents, on en choisit un certain nombre, dont on fait les instruments passifs de toutes les violences nécessaires au gouvernement. On y réussit facilement et complètement surtout en choisissant des adolescents, « qui n'ont pu encore se faire une idée exacte de la moralité, et les isolant de toutes les conditions naturelles de la vie : le toit paternel, la famille, le pays natal, le travail utile, etc. On les enferme dans une caserne, on les habille d'une façon particulière, on les oblige à faire tous les jours des exercices corporels, et, par des cris, par le bruit des tambours, par la musique, par des objets resplendissants, on les réduit à un tel état hypnotique, qu'ils cessent d'être des hommes et deviennent des machines dociles à la volonté de l'hypnotiseur. Ces hommes, jeunes et forts, sont ceux qui, une fois hypnotisés, armés, et prêts à l'assassinat sur un ordre du gouvernement, forment le quatrième et plus efficace moyen d'oppression ».

« Par ce moyen, se ferme le cercle de violence. L'intimidation, la corruption, l'hypnotisation font les soldats, les soldats donnent le pouvoir, le pouvoir l'argent, par lequel on achète les fonctionnaires et on recrute les soldats ».

Sur ce tableau, nous avons deux remarques à faire. D'abord, M. Tolstoï néglige un des plus anciens moyens de gouvernement : diviser pour régner. Le gouvernement, organisation centralisée, assujettit les individus, en les tournant les uns contre les autres et en les empêchant de s'entendre entre eux. Né de l'antagonisme des classes, et subsistant grâce à cet antagonisme, il fait de son mieux pour l'entretenir et l'accroître. Cela est vrai, non seulement pour le gouvernement proprement dit, c'est-à-dire pour l'organisation politico-militaire dirigeante (quelle qu'en soit d'ailleurs la forme), mais aussi pour la domination économique, qu'exerce en toute société, — dans laquelle il y a inégalité de conditions, — la minorité privilégiée et riche sur la multitude des travailleurs.

Le gouvernement, — et c'est là une autre addition à faire à l'exposé de M. Tolstoï, — le gouvernement commence à la fabrique et va jusqu'au palais royal, commence au servage domestique et s'élève jusqu'aux hautes sphères de l'État, commence au caporal, au soldat et s'élève jusqu'au général et au ministre. Ce qui distingue l'organisation sociale d'aujourd'hui de la féodalité, du régime des castes et de la société à esclaves de l'antiquité, c'est que la domination et le servage ne sont pas séparés par des barrières fixes et insurmontables, ne constituent pas des catégories légales et héréditaires. Les esclaves des uns sont les maîtres des autres ; le maître d'aujourd'hui peut devenir un esclave demain. Tous les hommes sont enveloppés dans le réseau de l'organisation gouvernementale et capitaliste, dont un petit nombre d'individus tiennent les rênes dans leurs mains. De l'ouvrier au contre-maître, de celui-ci au capitaliste, au banquier, au syndicat, — du soldat au caporal et de celui-ci par différents dégrés au général,

— de l'huissier au président de la République, — ce n'est qu'une échelle. Les inférieurs agissent sous la pression d'en haut, et font à leur tour pression sur ceux qui sont placés plus bas dans la hiérarchie. Tous les hommes sont pris dans cet engrenage ; tous, excepté les chefs suprêmes, subissent quelque autorité ; tous, excepté les infimes, en exercent une. Tous ont l'orgueil de la domination et la résignation du servage.

En dehors de l'organisation, l'individu se trouve isolé, dépourvu des moyens de travailler et de vivre. Il est impuissant à lutter contre l'organisation dont la force peut être dirigée à tout moment sur un point quelconque, contre l'individu récalcitrant. Il est forcé de se soumettre. Dans l'organisation, les individus sont attelés au même char, gouvernés dans leurs mouvements par des lois et des règlements, privés de toute volonté ou initiative personnelle. Un soldat qui ne consent point à exécuter les ordres du chef sera puni de mort, ou envoyé en prison pour de longues années. Un employé, qui ne se soumet pas à la volonté de son supérieur, sera tout au moins renvoyé. Un citoyen, qui se refuse au service militaire ou au paiement des impôts, sera poursuivi, mis en prison ou exproprié de ses biens. Un ouvrier, qui discute les conditions que lui fait son maître, sera jeté sur le pavé. Le consommateur, qui ne voudrait payer que des prix justes et demanderait des marchandises non sophistiquées, risquerait de mourir de faim.

Tous les hommes sont ou des soldats ou des fonctionnaires, ou des ouvriers, ou des consommateurs, ou bien ils appartiennent à plusieurs de ces catégories à la fois : tous donc sont soumis à la coercition du système. Tous résistent quelque peu, car leur liberté et leurs intérêts en souffrent. Mais la moindre tentative de résistance, le moindre signe d'indépendance de la part de l'individu est réprimé, puni sur le champ par l'organisation. L'individu est incarcéré, dépouillé de tout, condamné à la misère, étouffé, écrasé.

L'organisation défend soigneusement aux individus de s'associer en dehors d'elle, de se donner des lois à soi-même, de vivre autrement que dans les formes convenues. On connaît l'acharnement que mettent presque tous les gouvernements à poursuivre les associations et à entraver les initiatives individuelles. L'individu est forcé, par toutes sortes de moyens, directs et indirects, à entrer dans l'organisation, à se faire soldat, ouvrier, contre-maître de fabrique, etc. On l'élève à agir contre sa propre volonté, contre sa conscience et contre ses intérêts. On lui demande parfois de renier sa famille, ses amitiés, sa raison même, de devenir l'instrument passif de la volonté et des intérêts des maîtres. A ce prix, on le remunère, on lui décerne des prix, on lui fait parcourir la « carrière ». Les individus enrôlés dans l'organisation ne sont pas des associés, mais plutôt des compagnons de chaîne, des forçats liés ensemble. Ils se

surveillent et se tiennent mutuellement en échec.
Les soldats font peur aux ouvriers et se font peur
entr'eux. La police est soumise à l'arbitraire du
gouvernement, d'autant plus despotique à l'égard
de ses fonctionnaires qu'il leur concède plus de
pouvoir arbitraire vis-à-vis de la population. Les
tribunaux sont tellement esclaves des formules des
codes et si bien suggestionnés et influencés par le
gouvernement, qu'ils ne peuvent agir que d'a-
près la volonté de celui-ci : au surplus, on sait à
quoi s'en tenir sur l'indépendance de la magistrature. Les différents corps de l'Etat, gouvernés par
des règles particulières, stimulés par le double
aiguillon de la punition et de la récompense,
dominés par l'esprit de corps, agissent en machines
de gouvernement.

Le professeur Freund dit : « Dans les Etats euro-
péens, où le système monarchique prévaut, où du
moins les traditions monarchiques sont encore
vives, l'administration est constituée de telle manière que ses organes paraissent former une portion séparée de l'Etat et de la nation. Le chef du
pouvoir exécutif représente le gouvernement ; il
est à la tête d'une armée de fonctionnaires qui
tiennent leurs places directement ou indirectement de lui, et dont l'organisation hiérarchique
aboutit à sa personne, qui ont reçu une discipline
particulière, qui servent le gouvernement pendant
toute leur vie, et dont les intérêts sont par suite en
grande partie identifiés avec ceux du gouverne-

ment, et en quelque sorte dissociés de ceux du pays regardé comme sujet... »

« Une telle organisation d'un corps séparé et permanent de fonctionnaires unis par des traditions professionnelles, par un *esprit de corps* et par les liens de la hiérarchie, est censée contraire à l'idée américaine du gouvernement populaire. La théorie américaine est que *non seulement le peuple est la source du pouvoir gouvernemental, mais qu'il l'exerce lui-même*. Il l'exerce par des fonctionnaires pris dans ses rangs, qui sont investis des fonctions publiques pour un temps court et déterminé, qui, ensuite rentrent dans les rangs du peuple, dont ils sont sortis temporairement, ne cessant jamais d'être en contact avec lui. Les pouvoirs de ces fonctionnaires diffèrent en degré et en étendue territoriale ; mais un plus haut degré de pouvoir officiel n'implique pas nécessairement le droit de direction ou de contrôle sur le fonctionnaire inférieur dans la même sphère » (1).

Cependant, même aux Etats-Unis la centralisation gouvernementale s'accroît tous les jours ; et s'il est vrai que beaucoup de fonctionnaires sont électifs et ne sont pas soumis à l'autorité centrale, il ne faut pas croire qu'ils relèvent effectivement du peuple et obéissent à sa volonté. Entre le gouvernement et la nation surgit le *caucus*, coalition de politiciens, qui nomme à toutes les places et do-

(1) *Political science quarterly*, septembre 1894, New-York.

mine toutes les administrations, depuis la plus petite école rurale jusqu'au capitole de Washington.

Aujourd'hui, le gouvernement, aux Etats-Unis aussi bien qu'en Europe, n'est pas seulement un instrument de domination, mais il est aussi un grand pourvoyeur de richesse pour la classe dominante. L'histoire financière de tous les Etats modernes est pleine d'illustrations éclatantes de cette vérité : nous n'avons pas même besoin de les rappeler. Là où est le pouvoir, se trouve aussi la richesse ; et là où est la richesse, se trouve aussi le pouvoir. L'organisation hiérarchique du gouvernement créerait l'inégalité des conditions économiques, si elle n'existait pas dans la société : et réciproquement, l'inégalité des conditions économiques, la hiérarchie industrielle, créerait le gouvernement. L'accaparement des instruments de travail et la direction suprême des affaires de toute espèce par un petit nombre d'individus sont les conditions nécessaires de cette organisation ; — le résultat de son action est d'accroître la richesse et le pouvoir de la classe privilégiée aux dépens de la grande majorité. Nous tournons bien dans un cercle vicieux ; mais le cercle est plus large que celui que M. Tolstoï a décrit : ce ne sont plus l'intimidation, la corruption, la mystification, la violence ; mais l'appauvrissement, l'offre d'un salaire, la spoliation et finalement l'appauvrissement qui reparaît.

A l'origine l'appauvrissement par la conquête militaire, par les lois d'expropriation, par les monopoles, etc. Par ces moyens, le laboureur fut séparé de la terre, l'ouvrier de la machine et de la fabrique, le consommateur du producteur; et neuf hommes sur dix furent jetés dans un état de misère permanente. Ensuite on en vint à acheter ces hommes dénués, pour les soumettre à toutes sortes de besognes, y compris celle de réprimer les révoltes qui éclataient parmi eux, pour les tenir en esclavage perpétuel.

L'assujettissement des hommes par l'offre d'un salaire est le second moyen de domination. L'individu se soumet d'abord par nécessité, malgré lui; mais l'habitude de servir devient, avec le temps, une seconde nature; et la corruption est d'autant plus sûre que la place est plus élevée, que le salaire est plus fort et que l'individu est appelé à participer dans une plus large mesure au commandement et aux avantages du pouvoir.

La gradation de la domination, la hiérarchie, est le troisième moyen. On choisit dans la multitude quelques élus, et on les charge de maintenir les autres dans la soumission. On en fait des contre-maîtres, des fonctionnaires, des députés. Ils assurent la discipline parmi les sujets, transmettent les ordres des chefs, et au besoin parent de leurs corps les coups de la masse insurgée contre les maîtres. Le nombre de ces intermédiaires est assez considérable, et leurs relations de dépendance ascendante conduisent insensiblement du bas de la hiérarchie aux chefs, sans solution de continuité, de sorte qu'on a l'apparence d'un système automatique, se régissant par un jeu d'équilibres en vertu d'on ne sait quelles mystérieuses lois économiques et sociologiques.

Le quatrième et dernier moyen d'action de l'organisation consiste à reprendre, par la même hiérarchie et par ses ramifications, moyennant des extorsions pratiquées sur la multitude des sujets, toute la partie du salaire qui excède le minimum nécessaire à la subsistance, replaçant de nouveau et toujours les sujets dans la nécessité d'offrir leurs services et de se soumettre à la domination. Ces extorsions, le gouvernement les opère régulièrement par les impôts, et extraordinairement, par des emprunts, par le cours forcé, et par d'autres opérations financières ; les capitalistes en pratiquent d'ordinaires au moyen des échanges, des oscillations des prix des marchandises et de l'argent, et, d'extraordinaires par les Panamas et autres affaires de la même espèce.

Ici le cercle se ferme. Les individus, revenant à l'état de pauvreté, d'où ils sont partis, sont de nouveau obligés de vendre leurs bras : le gouvernement et les capitalistes les engagent au service de l'organisation et enfin retirent de leur travail un profit supérieur au salaire qu'ils leur paient. Le cercle de l'appauvrissement renferme le cercle de la violence : l'explication que nous proposons de

2.

l'organisation sociale actuelle ne diffère substantiellement pas de celle que propose M. Tolstoï,
mais elle est plus complète.

§ 2

Si le lecteur prenait l'explication que nous venons de donner de la constitution politico-écono-
mique de la société contemporaine pour une de ces
constructions théoriques usuelles plus ingénieuses
que vraies, il n'aurait qu'à observer les faits pour
se détromper.

Puisque les propriétaires et les capitalistes ont
mis la main sur tous les moyens de production,
d'échange et d'existence (quel qu'ait pu être d'ailleurs le procédé historique de l'accaparement),
les ouvriers sont obligés à leur demander, l'un
après l'autre et au jour le jour, la permission de
travailler pour vivre. Ils ne peuvent obtenir autrement les objets dont ils ont besoin, car ils ne peuvent rien produire par eux-mêmes, et après avoir
travaillé pour un maître, ils ne demeurent pas en
possession des produits de leur travail et ne peuvent pas les échanger entre eux. Hier encore, ils
ne pouvaient même pas s'associer pour se secourir
mutuellement, ni pour tenter la résistance au patron. Aujourd'hui, ils ont conquis à peu près ces
droits ; mais ils ne peuvent aller plus loin dans la
voie de l'association ni mettre en commun leurs
forces de travail, faute d'instruments de produc-

tion et de matières premières ; dans le cas assez
rare où des ouvriers réussissent à former un petit
capital, leurs coopératives de production sont soumises à la pression de la concurrence commerciale et dégénèrent bientôt en entreprises capitalistes ou sont condamnées à disparaître. L'ouvrier
se trouve donc toujours impuissant vis-à-vis du capitaliste, de même que le citoyen est impuissant
vis-à-vis du gouvernement. Souvent il a été sans
pain pendant plusieurs jours, et il a vu ses enfants
souffrir la faim. Lorsque enfin, après avoir frappé
de porte en porte, il trouve un maître qui le prend
à ses gages, il est disposé à accepter n'importe
quelle condition, à faire tout ce qu'on exige de lui,
et à se contenter de la plus maigre pitance. Il
éprouve même de la gratitude pour son maître et
s'habitue facilement à lui obéir.

Parmi ses serviteurs les plus énergiques et les
plus zélés, le maître choisit les contre-maîtres, sur-
veillants, *sweaters*, et leur accorde un petit surcroît
de salaire et beaucoup d'autorité. Les préférés
contractent facilement ce sentiment d'orgueil, qui
est propre aux serviteurs commandant à d'autres
serviteurs ; ils se mettent toujours du côté du maître, par vanité, par peur de perdre une place en-
viée, par espoir d'un avancement. De la sorte, le
problème de l'hégémonie du maître sur des centaines ou des milliers d'ouvriers est résolu. Le maître, aidé par ses gardes-du-corps, est législateur,
juge et gendarme dans la fabrique : sa souverai-

neté est plus effective que celle d'un chef d'Etat,
car elle est plus immédiate et plus directe. Le
maître de fabrique sait réprimer chez ses ouvriers
jusqu'aux opinions politiques contraires à ses intérêts : il fait la police mieux que le gouvernement.
Si, au surplus, il sait flatter les petites vanités, rémunérer les services particuliers, s'il institue une
caisse de secours pour les malades et les blessés,
s'il fait bâtir des maisonnettes avec un tout petit
jardin de quelques mètres carrés pour ses ouvriers,
il devient leur maître absolu, maître du corps et
maître de l'âme, et il peut même aspirer, dans un
pays constitutionnel, à devenir député.

Les maîtres sont liés entre eux par une communauté d'intérêts et une communauté d'idées relatives aux droits et aux devoirs de classe, par des
amitiés et des parentés, par des accords avoués et
secrets, par des syndicats, des usages, etc. Au surplus, la loi de la concurrence force les individus à
conformer leur conduite à l'intérêt de l'agglomération à laquelle ils appartiennent. Les dissidents
sont vaincus dans la lutte et expulsés de la
classe ; il n'est pas permis d'être meilleur que les
autres.

Mais bien que solidaires en face des travailleurs, les maîtres sont étagés eux-mêmes en catégories supérieures et inférieures. Les petits
propriétaires, les petits capitalistes, les petits
commerçants sont soumis à la haute féodalité industrielle et financière, et le joug qu'ils portent

n'est pas moins lourd que celui qui pèse sur les ouvriers.

Passons maintenant à l'organisation politique. De même que les capitalistes et les propriétaires ont accaparé les richesses naturelles et accaparent incessamment tout ce qui sort des mains des ouvriers, de même le gouvernement a évoqué et évoque à lui les grandes affaires de la nation, depuis la défense extérieure et l'administration de la justice(ou de ce qui tient lieu aujourd'hui de justice) jusqu'à la poste et aux télégraphes. Tous les intérêts et toute l'activité des citoyens sont, à peu près, à la discrétion du gouvernement; tous les individus dépendent aussi du gouvernement et sont soumis à ses lois et à ses ordres. On ne peut pas mettre en mouvement un métier, ouvrir une boutique, apprendre à des enfants à lire, sans la permission de l'autorité publique. Tout ce que l'individu possède ou produit est assujetti au contrôle du gouvernement. Si grande que soit la misère d'un peuple, le gouvernement trouve toujours de quoi remplir ses coffres ; jamais il ne manque d'argent ni pour l'armée, ni pour la police, ni pour faire bâtir des prisons, ni pour concéder des adjudications, des subsides, des appointements et des pensions, ni pour encourager à sa manière les arts et les industries et acheter les consciences des journalistes et les votes des électeurs et des députés.

Tous les citoyens tendent la main au gouvernement ; tous ont besoin de ses services ; et ceux-là même qui peuvent se passer de ses faveurs ont à craindre ses rancunes, et doivent chercher protection contre ses fonctionnaires. Telle commune demande un tronçon de chemin de fer ; telle autre une école, une caserne ou une garnison. Les propriétaires fonciers soupirent après un droit protecteur : les manufacturiers demandent la liberté du commerce pour les matières premières, mais ils exigent que le gouvernement protège l'industrie nationale par des droits d'importation sur les objets manufacturés. Les compagnies de navigation réclament des primes. Et puis, celui-ci demande une adjudication, celui-là un permis de chasse ou de port d'armes ; Pierre veut un emploi, Paul un bureau de loterie ou un débit de tabacs, l'un sollicite une grâce et l'autre la réparation d'une injustice ; car, sous un tel régime, la justice elle-même apparaît comme un cadeau du gouvernement. Lors d'une élection générale, tous ces intérêts s'agitent bruyamment ; les humbles demandent et obtiennent peu : les gros bonnets exigent beaucoup : les électeurs, qui n'ont rien à attendre du gouvernement, pas même une croix de chevalier, vendent leur vote pour de l'argent ; les pauvres le vendent pour quelques francs, lorsqu'ils ne sont pas forcés de le donner gratis au maître. Et voilà pourquoi la politique sert à enrichir de plus en plus les classes dirigeantes : car, remarquait Rousseau, si un géant et un pygmée marchent sur le même chemin, chaque pas qu'ils feront donnera un nouvel avantage au géant.

Comme le capitaliste discipline ses ouvriers et leur donne des chefs pour les tenir dans l'obéissance, de même le gouvernement dresse ses fonctionnaires. On fait accomplir aux soldats tous les jours les mêmes exercices jusqu'à ce qu'ils s'accoutument à obéir au commandement du chef, comme le chien à la voix du maître. Lorsque le soldat est bien automatisé, on lui donne des galons et un petit surcroît de paie : il est certain que par ces moyens on le rend très fier de son métier et très zélé dans l'exécution des ordres de ses supérieurs. Les récompenses extraordinaires, médailles et flatteries, jointes à l'esprit de corps, à l'école de la caserne et au code pénal militaire, suffisent pour expliquer la brutalité des troupes à l'égard des populations aux jours d'émeute. Quant aux chefs, ils n'ont point besoin qu'on les *monte* : leur orgueil, leur vanité, leur intérêt professionnel et l'intérêt de classe qui les anime les rendent naturellement furieux, lorsqu'il s'agit de réprimer une émeute populaire.

Dans la magistrature, dans la bureaucratie en général, même pression des supérieurs sur les inférieurs, mêmes stimulants au servilisme, appointements, avancements, décorations, etc.

L'organisation crée chez les sujets, convertis en fonctionnaires, un intérêt contraire à leur intérêt d'hommes et de citoyens, et peu à peu des sentiments correspondant à cette situation. Le domestique se dévoue au maître et se glorifie de la livrée ; l'artiste flatte le riche, le puissant ; le journaliste vend sa plume et fait l'apologie du pouvoir qui le paie; le philosophe ment à ses convictions; l'homme d'Etat corrompt et se laisse corrompre ; le magistrat condamne les ennemis du gouvernement ; le policier les emprisonne; le militaire les tue ; et tous prétendent n'être pas responsables de tout ce qu'ils font, car ils sont commandés. Tous souffrent, sinon physiquement, du moins moralement, et sentent qu'ils pourraient vivre infiniment mieux, s'ils n'étaient obligés de se faire du mal réciproquement, s'ils pouvaient se donner la main. Mais ils ne peuvent pas s'unir à cause de la force dissolvante, qui agit au milieu d'eux et domine les uns à l'aide des autres.

Ils perdent le sentiment de leur personnalité et deviennent des personnages conventionnels, revêtus d'uniformes, obéissant à l'intérêt particulier et secret de l'organisation, de la classe ou de la clique gouvernante. Ils ne poursuivent pas leur bien-être directement, mais par des voies indirectes, se ruant les uns sur les autres : chacun tâche de se consoler de la servitude qu'il subit en commandant à d'autres, de se dédommager des tributs qu'il paie en pratiquant des extorsions sur son voisin.

Le vice d'organisation des sociétés civiles contemporaines est la hiérarchie : le petit nombre coalisé au milieu de la multitude divisée ; quelques riches régnant sur une multitude de pauvres : une armée s'imposant à une population désarmée. On prétend que le pouvoir et la richesse de la minorité servent à assurer le bien-être de la majorité, à maintenir l'ordre et la justice dans la société ; — ou du moins on croit avoir inventé des systèmes de freins et de contrepoids, par lesquels on réussirait à tourner le pouvoir et la richesse de la minorité à l'avantage de la majorité, et à enchaîner le gouvernement à la volonté du peuple. On se fait illusion. Dans toute organisation hiérarchique les intérêts généraux sont nécessairement subordonnés à ceux de la classe dominante. La satisfaction des besoins de la multitude des travailleurs est, et sera subordonnée, — tant que durera l'organisation actuelle, — au profit du capitaliste. La quantité et la qualité des marchandises à produire et à consommer, l'étendue et l'emplacement des voies de communication, la santé publique, l'enseignement, tous intérêts sociaux de premier ordre, sont asservis aux vues des capitalistes, dont les caprices ou les convoitises peuvent enrayer considérablement, voire même arrêter le mouvement industriel et commercial. Leur but n'est pas d'accroître le bien-être public, de développer les ressources du pays, les énergies de ses habitants, mais d'accroître leurs revenus à eux, au risque même de provoquer des crises ou de créer la disette.

De même dans le gouvernement, l'intérêt public est subordonné à l'intérêt politique. Les affaires, que le gouvernement se charge d'administrer deviennent une source de gains pour les gouvernants et leurs serviteurs. L'existence même de la nation est subordonnée à l'intérêt du gouvernement, qui préférerait mettre tout à feu et à sang plutôt que de s'effacer. Le but des gouvernants, lorsqu'ils ont souci de l'agriculture, de l'industrie, du commerce, de l'instruction, de la justice, etc., n'est pas d'assurer le bonheur du peuple, mais de disposer d'un certain nombre de places lucratives, d'entretenir leur clientèle, pour rester au pouvoir.

L'organisation politique et l'organisation économique sont gouvernées par les mêmes lois et présentent les mêmes caractères. Les élus du suffrage, plus ou moins universel, en imposent à leurs électeurs, de même que les directeurs des sociétés anonymes en imposent à leurs actionnaires. Les assemblées générales de ces sociétés représentent aussi peu le « peuple » des actionnaires que les députés représentent le «pays». Les partis politiques résultent des ambitions, de la concurrence pour le pouvoir, — ainsi que les spéculations à la hausse ou à la baisse et les autres jeux de Bourse résultent du mécanisme des échanges. La bureaucratie existe chez les grandes compagnies et chez le gouvernement. La multitude désorganisée des consommateurs d'eau, de gaz, etc., est aussi impuissante à l'égard de ces Compagnies que le peuple l'est à l'égard du Gouvernement. En somme, ainsi que le remarquait déjà en 1855 M. Spencer (1) au sujet des chemins de fer, « les vices caractéristiques de no-

____

(1) *Railway methods and railway policy* dans les *Essays.*

tre système politique se reproduisent dans chacune de ces entreprises commerciales. »

Les ressemblances ne s'arrêtent pas là : le pouvoir gouvernemental, de même que la rente foncière, augmente en même temps qu'augmente la population. Quoique celle-ci se soit rapidement accrue aux Etats-Unis, le nombre des individus qui décident du résultat des élections devient de plus en plus restreint, de même que dans les compagnies de chemins de fer, les tarifs et le trafic sont à la merci d'un nombre toujours plus restreint de directeurs. L'arbitraire et la corruption, soit du gouvernement municipal. soit du gouvernement central, augmentent au fur et à mesure que s'accroît la population, qu'il y a plus de places à octroyer, plus d'argent à distribuer, que le nombre des électeurs et celui des élus grandissent; — de même les monopoles et les revenus des capitalistes augmentent au fur et à mesure que se complète la concentration de la richesse, des capitaux et des affaires.

Il est évident, dès lors, qu'il ne faut chercher le remède aux maux de l'organisation actuelle, ni dans l'accroissement des fonctions du gouvernement aux dépens de l'organisation économique, ni dans l'accroissement des fonctions du capitalisme aux dépens du gouvernement. Autrement dit, il ne faut pas soumettre les relations économiques aux formes d'administration gouvernementale, ni abandonner les services publics (la sûreté publique, la justice, etc.) à l'entreprise capitaliste. Le socialisme d'Etat et l'individualisme anarchiste sont les points extrêmes entre lesquels est placé le socialisme, entendu ici dans un sens très général comme une doctrine ayant pour but la réforme de l'organisation sociale.

Le vrai socialisme est également loin de l'un et de l'autre, et il consiste justement dans la conciliation de la liberté individuelle avec l'intérêt collectif, dans la substitution de l'association entre égaux à l'organisation hiérarchique actuelle.

CHAPITRE III

(*b*) La lutte des classes.

§ 1ᵉʳ

La société moderne, nous venons de le voir, est une hiérarchie, ou, pour mieux dire, un composé de hiérarchies. Les différentes hiérarchies — économique, politique, administrative, militaire, etc. — se rencontrent, s'enchevêtrent, se fondent en une seule, formant ce que nous appelons la division générale de la société en classes, ou conditions ou rangs, supérieurs et inférieurs.

Aux rangs infimes, les gens sans propriété, sans travail assuré, sans instruction, — des parias. Leur situation précaire ne leur permet presque jamais d'avoir une famille, ni de s'associer entre eux pour améliorer leur sort, ni d'exercer une influence sensible sur les affaires publiques. Leur action, peut-on dire, est principalement perturbatrice : l'émeute, la concurrence aux ouvriers de métier, qu'ils remplacent (notamment en temps de grève), le crime. Cette classe est particulièrement nombreuse dans les grandes villes,

Au-dessus d'elle, est située la classe des ouvriers de métier, dont le travail est censé être régulier ; — il l'est, dans une certaine mesure, et le gain suffit à entretenir tant bien que mal une famille. On peut faire rentrer dans cette catégorie les artisans, les commis, les petits employés, les boutiquiers au capital minime. Les conditions d'existence de ceux-ci varient beaucoup d'un pays à l'autre. Dans les campagnes le métayer, le petit fermier ont un rang correspondant à celui de l'ouvrier de métier de la ville : rarement un rang supérieur

Plus haut encore dans la hiérarchie, sont placés les petits propriétaires, industriels, commerçants, employés, artistes ; en un mot, la petite bourgeoisie. Ils possèdent déjà quelque capital, de l'instruction, ou du moins des forces sociales donnant accès à des professions et à des situations un peu plus lucratives que celles de simples ouvriers. C'est peut-être la classe la plus agitée, la plus mouvementée, car ses membres peuvent, avec une égale facilité, s'élever jusqu'à la classe supérieure ou se voir rejetés au rang des ouvriers ; et cela non seulement à cause de leurs qualités et de leurs chances personnelles, mais aussi par suite d'événements de toute sorte, d'une crise, des mauvaises récoltes, d'impôts trop lourds, etc.

En montant encore, on arrive à la classe réellement souveraine, composée d'un certain nombre de familles opulentes, chez lesquelles se perpétue la possession de la plus grande partie des richesses immobilières et mobilières d'un pays, — et d'individus occupant les hautes places du gouvernement et les autres situations supérieures. Cette classe renferme dans son sein ce qui reste de l'aristocratie de l'ancien régime (soi-disant aristocratie du sang), les professionnistes les plus fortunés et les chefs de toutes les hiérarchies que nous avons décrites dans le chapitre précédent.

Les classes se distinguent donc par le plus ou moins d'aisance dont chacune jouit, et par le genre de leur activité.

Les classes supérieures ont le commandement, la direction de toutes les affaires, le travail facile et agréable. Les classes inférieures ont le labeur épuisant, les œuvres de servitude.

La rémunération de chaque classe suit une gradation inverse ; elle est relative à son état : ceux qui vivent dans les hautes sphères *doivent* gagner en appointements, profits, etc., immensément plus que les humbles travailleurs. Les honneurs sont prodigués aux grands : charges et peines incombent spécialement aux petits. C'est là une loi de *gravitation sociologique* tellement rigoureuse que même les impôts qu'on demande aux riches sont rejetés en grande partie sur les travailleurs.

Cette loi de gravitation sociologique a une grande importance pour l'explication des faits économiques. Car les choses ont, à parité d'autres conditions, une valeur proportionnelle à l'état de nécessité de ceux qui demandent à les acquérir. Un morceau de pain a une valeur très grande pour un affamé ; mais il n'en a aucune pour un repu. Les pauvres se soumettent à des sacrifices inouïs pour obtenir les objets indispensables à leur existence, tandis que les riches ne cèdent l'usage des richesses dont ils se sont emparés, ne prêtent le moindre service sans une forte rémunération. Les échanges (prenons le mot dans le sens le plus large, de façon à y comprendre tous les rapports de doit et avoir, qui se produisent entre les membres d'une société) donnent aux riches un nouvel avantage sur les pauvres.

Pour le riche l'argent a une valeur beaucoup moindre que pour le pauvre ; néanmoins il a pour lui une puissance d'acquisition bien plus grande. La même monnaie, remarque l'économiste von Wieser, sert à acheter le pain du pauvre et celui du riche. Mais le riche, lorsqu'il a satisfait les besoins primaires par un sacrifice personnel beaucoup moindre que celui auquel se soumet le pauvre, se procure des plaisirs et des satisfactions matérielles et morales, les délicatesses de la civilisation, qui ont coûté des sacrifices énormes à ceux qui les ont inventées et produites et qui représentent souvent les efforts de plusieurs générations. Le riche a, dans la jouissance du fruit du travail passé et dans les œuvres publiques de toute espèce (y compris l'administration de la justice, l'instruction, etc.) une part beaucoup plus grande que le pauvre.

« Dans une société, où la richesse est inégalement répartie, les biens libres de la nature échappent aux classes ouvrières ; le *gain du consommateur* (1) (excédent de l'utilité sur la valeur d'échange) va à ceux dont le revenu est si grand, qu'ils peuvent doubler les objets de consommation, destinés à satisfaire un besoin donné... Et seuls peuvent se servir des connaissances et expériences d'un peuple, du savoir accumulé dans le cours du temps, ceux qui ont hérité de certaines capacités intellectuelles ou les ont acquises par l'éducation » (2).

Les membres de chaque classe, ainsi que nous l'avons vu au chapitre précédent, sont liés entre eux par des parentés, des relations d'amitié, des coutumes, des habitudes, et par un esprit de corps qui les unit dans la défense de leurs intérêts. La physionomie elle-même, les manières, le langage, le teint de la peau, les sentiments diffèrent d'une classe à l'autre. La loi d'imitativité fait que les membres d'une classe se ressemblent : la loi de différentiation fait que les individus de classes différentes s'efforcent de se distinguer. On a dit avec raison que la différence est plus remarquable entre individus de classes différentes du même pays,

(1) *Consumers' rent* de M. Marshall.
(2) Simon Patten *die Bedeutung der Lehre von Grenz-nutzen* dans les *Jahrbücher für Nat. Oek. und Statistik,* Dritte Folge, 2 Band, pp. 529 et ss.

qu'entre des individus de la même classe, mais de nationalités différentes.

La moralité aussi diffère d'une classe à l'autre. Nous ne sommes pas disposés à admettre ni qu'il n'y ait de moralité que chez le riche, ni encore moins qu'il n'y en ait que chez les ouvriers. Chaque classe a les qualités de ses défauts et les défauts de ses qualités. Il y a des paysans très honnêtes, très ponctuels dans l'accomplissement de tous leurs devoirs, mais qui ne sont pas *moraux* dans le sens vrai et moderne de la parole, car *ils ne sentent pas leur dignité d'hommes* ; ils ont encore l'obéissance connaturelle, le culte du maître. Les mœurs des pauvres gens sont souvent plus simples, le peuple est moins corrompu, n'a pas le vice raffiné des riches, est plus primitif, plus prompt à sentir les effets des offenses ou de la générosité, plus impulsif. Au contraire, les individus des classes aisées savent mieux se maîtriser, se contenir, évitent de déplaire et, en somme, se comportent assez bien entr'eux.

Les hommes ont deux conduites parfaitement différentes : une conduite d'amitié à l'intérieur de la classe, une conduite d'inimitié, de lutte, d'oppression, ou de réaction à l'extérieur, c'est-à-dire dans leurs rapports avec les membres des autres classes. Les barons et chevaliers du Moyen-Age, polis et charmants à l'égard des dames et de leurs pairs, étaient sans foi ni pitié pour les pauvres paysans et les malheureux artisans des communes.

Une telle morale à double face ne peut progresser que lentement et péniblement ; il en est de même pour l'économie à double face résultant de la division de la société en classes, le luxe du riche limitant la production du nécessaire pour le pauvre.

« Le progrès économique — a dit à ce propos un économiste — réclame la liberté et la responsabilité de l'individu, non pas le maintien de ces droits de propriété, qui mènent à des inégalités extrêmes de fortune. De telles inégalités tendent de différentes manières à empêcher que les facultés humaines ne soient employées de la façon la plus avantageuse » (1).

§ 2

La division de la société en classes est un fait permanent. Les individus changent, mais la hiérarchie reste. Cependant personne, pas même le plus obtus réactionnaire, n'oserait aujourd'hui soutenir que les classes sont destinées à exister éternellement.

M. le sénateur Boccardo a écrit récemment : «Les classes oisives et parasites doivent, par un décret de la nature, se corrompre et disparaître, après avoir accompli la mission temporaire, que des vicissitudes historiques leur avaient confiée. Les aristocraties féodales subirent le même sort lorsque fut devenue

____

(1) *Some aspects of competition* dans le *Journ. of Stat. Soc.* de Londres, déc. 1890.

inutile leur épée conduisant les hordes populaires à la bataille. Maintenant, c'est le tour de la haute bourgeoisie de s'effacer et de renoncer à l'hégémonie sociale. Il faut qu'elle aussi se plie à la grande loi du travail. La diminution progressive du profit des capitaux lui impose le dilemme : travailler ou périr. Le jour n'est pas loin où, ainsi que le dit M. Cheysson, se vérifiera le mot de fer de saint Paul : *qui non laborat nec manducet* » (1). Prenons acte de cet aveu.

M. Gaston Richard admet également, dans un ouvrage consacré comme celui de M. Boccardo à la réfutation du socialisme, que « la sociologie peut prévoir l'inévitable disparition de la classe oisive » (2).

Nous pourrions facilement citer nombre d'auteurs qui se prononcent dans le même sens : arrêtons-nous à M. Herbert Spencer. Cet écrivain anti-socialiste croit cependant que, « quoique dans l'avenir puissent subsister des inégalités économiques, — d'aucunes peut-être insignifiantes, — renaissant après le triomphe temporaire des socialismes et des communismes, nous pouvons néanmoins présumer que, sous des formes sociales plus élevées et avec un meilleur type d'hommes, les inégalités économiques ne seront pas aussi graves qu'elles le sont aujourd'hui. Il n'y aura ni la possibilité, ni le désir

(1) *Socialismo sistematico e socialismo incosciente.* Rome, 1896, pp. 43-44.

(2) *Le socialisme et la science sociale.* Paris, 1897, p. 164.

d'accumuler de grosses fortunes » (1). On peut beaucoup pardonner à M. Spencer en considération de cet aveu, et de l'autre aveu que voici : « une société, où il y a des classes nettement distinctes n'offre pas les conditions pour le plus grand bonheur de ses membres » (2) ; et, si l'égalité et l'uniformité absolues ne sont pas possibles, « une distribution approximativement égale de capacités est à la fois possible et désirable, — ceux qui sont inférieurs sous certains égards étant supérieurs sous d'autres égards, — de sorte qu'on ait une variété infinie avec une uniformité générale, toute gradation de conditions sociales étant exclue ».

Sous une forme quelque peu abstruse, M. Spencer admet la revendication fondamentale des socialistes. Cependant cela devrait se produire, selon M. Spencer, après un bref passage des socialismes et des communismes à l'horizon !

M. de Vogüé, dans une lettre devenue célèbre, proclame l'éternité de la guerre, « loi pénale de l'humanité », sur laquelle nous devons faire le même travail que sur toute autre loi pénale, l'adoucir, l'appliquer aussi rarement que possible, essayer de la rendre inutile, mais qu'on « ne pourra pas supprimer tant que resteront sur la terre deux hommes et du pain, de l'argent et une femme entr'eux ». Cependant, le temps où l'on faisait la guerre pour la belle Hélène est passé. Espérons que passera

(1) *The Principles of Æthics*, § 436.
(2) *Loc. cit*, p. 472

aussi le temps où l'on fait la guerre pour du pain (Quant à l'argent, il fait évidemment, dans la phrase de **M.** de Vogüé, double emploi avec le pain).

Au demeurant, ne serait-il pas possible d'adoucir la lutte économique, d'éliminer de la société les plus criantes inégalités de conditions ? Pourquoi pas ?

Parce que les hommes, dit-on, doivent lutter. Cela est dans leur nature et dans la nature des choses. Et, comme ils ne peuvent plus lutter par la force de leurs bras, qu'ils luttent par la force de l'argent! Ceci est un vieil argument métaphysique, par lequel on prête des intentions à la nature. La nature n'en a pas. C'est un fait, que les êtres vivants luttent parfois pour la conquête des moyens de subsistance, pour la satisfaction du besoin génésique, pour la suprématie, voire même pour des lubies. Mais il est un autre fait, à savoir que le faible réussit souvent à se défendre et à vivre, à côté du fort. Parmi les animaux, les faibles trouvent des moyens de défense contre les forts dans les circonstances en apparence les plus insignifiantes : la couleur de la peau, la rapidité des mouvements, des ruses particulières, etc. Dans la même espèce, c'est souvent le fort, le mâle adulte, qui se sacrifie pour le faible, la femelle et les petits. Sera-t-on autorisé par ces exemples à dire que la nature *veut* la survivance des faibles, renversant ainsi la formule des darviniens ?

La nature ne *veut* rien : elle n'est que le monde matériel d'où les hommes tirent le monde artificiel, dans lequel ils vivent à présent. L'état de nature n'est qu'une fiction métaphysique ; nous vivons dans l'état de société, qui est essentiellement un *état d'art*. L'homme, qui a assujetti la foudre, l'enchaînant à sa volonté et la forçant à suivre le paratonnerre et à se perdre au fond d'un puits, ne saurait-il assujettir l'instinct de lutte (qui est plutôt l'effet de la lutte que sa cause) et le rendre également inoffensif? Ne pourrait-il pas substituer l'association à la lutte ? Ne l'a-t-il pas déjà fait ? L'association n'est-elle pas aussi une loi de nature ?

La lutte est tout simplement la conséquence d'un défaut d'amalgamation, d'un défaut d'organisation. Il y a lutte dans la personnalité humaine, lorsque ses parties ne sont pas assez cohérentes pour agir d'accord, notamment dans les maladies de la personnalité. Il y a lutte dans la société, lorsque celle-ci est encore imparfaitement organisée. Tout progrès de l'organisation sociale est une restriction du principe de lutte.

On peut admettre avec M. Gumplowicz (*La lutte des races*), que la loi de l'évolution est le passage du multiple à l'unité. L'humanité a débuté par un nombre considérable de bandes, de langages, de religions, de coutumes : peu à peu, tout cela s'est fondu, s'est systématisé tant bien que mal. La systématisation est encore imparfaite (1). « Le monde

—————

(1) F. Paulhan, *L'évolution mentale*, p. 504.

moderne attend encore une systématisation générale (du régime industriel), dont l'agitation socialiste du moment actuel est la gestation labo-
rieuse » (1).

Il est difficile de croire que la lutte entre les
groupements soit une loi naturelle et perpétuelle,
— ainsi que le prétend M. Gumplowicz, — que la
nature ait doué l'homme primitif de sentiments humains pour les membres de sa propre bande, mais
qu'elle ait mis dans son cœur « la haine pour l'é-
tranger, l'insensibilité complète à l'égard des souffrances de tout groupe social de toute autre provenance ». « La perpétuelle lutte des races est, selon M. Gumplowicz, la loi de l'histoire, tandis que
la paix perpétuelle n'est que le rêve des idéalistes » (2). D'après cet écrivain, l'histoire serait « toujours la même lutte, avec les mêmes motifs, pour
les mêmes buts ». « L'issue du combat est toujours
la même : l'élément ethnique le plus puissant
prospère, puis il exerce sa domination, dont *l'influence* est toujours et partout civilisatrice : il s'assimile ce qui est d'autre provenance ; il divise le
travail, favorise la culture intellectuelle, forme des
races. Et toujours l'une des deux civilisations cesse
d'exister ; elle disparaît devant la « barbarie » qui
monte ; puis le même processus recommence, mais
sur *une plus grande échelle ethnique*, avec des collectivités plus hautes, mieux quintessenciées, en

(1) Tarde, *Logique sociale*, Paris, 1895, p. 203.
(2) *La lutte des races*, p. 261.

quelque sorte, au point de vue *national et social.*
Et le résultat de ce processus? Les uns triomphent,
affirmant que c'est le « progrès » ; les autres gémissent, en prétendant que c'est le recul et la décadence. A 'vrai dire, ce n'est ni l'un, ni l'autre.
C'est toujours la même chose. Comment, du reste,
pourrait-il en être autrement ? C'est toujours le
même processus naturel social. Les *formes* de ce
processus présentent, il est vrai, des changements,
mais peu importants ; la scène peut bien être différente selon les régions et les époques, mais la nature du processus reste toujours la même. Toujours la même masse inculte, toujours la même minorité « exploiteuse », qui s'en donne à cœur joie
momentanément aux dépens de la masse ; et, répandues ça et là, quelques têtes pensantes. *Celles-ci* travaillent intellectuellement pour la minorité gouvernante et aussi pour les masses. Et
comme de temps en temps il leur arrive de découvrir quelque vérité, de faire une invention quelconque, qu'ils mettent à la disposition de la minorité dominante et même de la masse, on s'exclame
sur le progrès réalisé. On oublie que ces inventions et ces découvertes faites par des individus,
découvertes qui se sont toujours produites, ne
changent pas l'essence de l'humanité, *n'améliorent
pas les hommes* ».

« Ceux-ci restent toujours les mêmes, soit qu'ils
rament en canot, soit qu'ils voguent dans un navire à voiles, ou qu'avec l'aide de la vapeur ils

franchissent rapidement l'océan ; ils restent toujours les mêmes, soit que dans les deux hémisphères, ils n'aient aucune notion les uns des autres, soit qu'au moyen du télégraphe et du téléphone ils essayent de se duper d'un bout du monde à l'autre ; ils restent les mêmes, soit qu'ils s'assomment à coups de massue, se pourfendent à coups de yatagans, soit qu'ils se fusillent ou se canonnent, qu'ils se fassent sauter en l'air avec de la dynamite et des torpilles (1). »

Voilà à quelles conséquences pessimistes mène la théorie de la lutte perpétuelle entre les hommes, — à la négation du progrès moral.

Cependant, le progrès de la moralité, quoique lent et pénible, est un fait indéniable. L'homme d'aujourd'hui connaît mieux l'*art de vivre avec ses semblables* que l'homme primitif. Celui-ci était obligé de se tenir dans sa bande ; il ne pouvait s'en détacher sans courir danger de mort ; il ne rêvait même pas les innombrables relations et complications de la vie moderne. La somme des principes de conduite, qui le gouvernaient, était immensément plus petite que celle qui gouverne l'homme moderne. Cela suffit à mettre hors de doute le progrès de la moralité.

Assurément, nous ne sommes pas encore arrivés au règne de la justice et de la raison : mais nous nous sommes notablement éloignés du règne de la force brutale.

(1) *Loc. cit.*, p. 344-346.

§ 3

A part toute question métaphysique, personne ne niera que la lutte sanglante entre les hommes a été remplacée par des rapports plus équitables, du moins par une lutte moins violente. Observons comment le changement s'est opéré : cela nous donnera la clef de l'évolution ultérieure.

Au règne de l'épée a succédé le règne de l'argent : au guerrier a succédé l'homme aux écus dans l'hégémonie sociale. La substitution a pu être due soit à un décret de la Providence divine, soit à un accès de générosité du guerrier lui-même, qui a bien voulu abdiquer le pouvoir, soit à une révolte heureuse des sujets : trois causes qui, ayant agi une fois, ne peuvent s'être épuisées, et qui, ayant opéré une ou plusieurs transformations, ne peuvent avoir perdu la vertu d'en opérer une ou plusieurs autres.

Mais on pourrait dire que le changement a pu se produire d'une autre manière, par la modification des qualités de la classe dominante. Le guerrier n'a pas été détrôné, n'a pas été vaincu, n'a pas non plus abdiqué ; il n'a pas été remplacé au pouvoir par ses sujets d'autrefois. Il s'est converti lui-même en bourgeois, en capitaliste, en banquier, en spéculateur, en politicien. Il est possible, en effet, qu'une partie de la classe des nobles ait abandonné le métier des armes pour s'adonner à l'industrie et au commerce ; mais il faut aussi admettre qu'une grande partie de la bourgeoisie est sortie des rangs inférieurs, de même que des rangs des esclaves de l'antiquité sortit le clergé, qui devint au Moyen-Age le maître des maîtres.

Les classes dominantes se corrompent et dépérissent après avoir joui d'une longue tranquillité. Elles se déchargent sur leurs sujets de toutes les besognes et perdent ainsi la capacité qui les avait amenées au faîte de la société. Le processus inverse se produit dans les classes inférieures. En outre, — et c'est là une chose bien remarquable, — il y a aussi changement dans les conditions de la vie. On découvre de nouveaux moyens de subsistance, qui demandent pour les produire une activité particulière : le chasseur, le berger, l'agriculteur, le guerrier, le prêtre, le marchand, le capitaliste, représentent des activités différentes, dominantes à des époques successives de l'histoire. De telles activités ne se continuent pas dans la même classe dirigeante. Un chevalier des croisades ne pouvait pas devenir, après la découverte de l'Amérique, un bon marchand ; ni un aristocrate ne pouvait, après l'invention du machinisme moderne, devenir un bon fabricant de tissus. Aujourd'hui l'activité dominante est celle du capitaliste ; organiser la production et les échanges est la besogne principale ; dans la société moderne ceux qui l'accomplissent ont la puissance, sont les maîtres.

Néanmoins la domination de la classe capitaliste n'est pas aussi exclusive que l'était auparavant celle de l'aristocratie du sang. D'un côté, les capacités, qui, dans le passé, donnaient la puissance, n'ont pas perdu toute valeur ; de l'autre côté, de nouvelles capacités sont demandées. La réciprocité des services augmente et les hommes apprécient de plus en plus les services. qu'ils reçoivent de leurs semblables. Aux distinctions des classes succèdent des distinctions moins rigoureuses, purement professionnelles, de même que jadis les classes ont succédé aux castes.

A travers toutes ces distinctions jaillit l'idée d'égalité de droits et de devoirs entre les hommes, l'idée et le sentiment de justice. On ne peut pas abolir la division du travail. On ne peut non plus égaliser les situations d'une façon absolue, ni empêcher la formation des agrégats professionnels et territoriaux. Mais de même que les privilèges des corporations ont été abolis, de même vont être abolies les inégalités permanentes de situation entre les classes. L'individualité reste, mais sur elle plane la communauté des intérêts.

Les socialistes ont quelque peu exagéré la lutte des classes. Ils ont imaginé que cette lutte devait s'aggraver de plus en plus par l'augmentation progressive de l'accumulation des richesses aux mains de la classe capitaliste, et qu'enfin la société se trouverait divisée en un tout petit nombre de richards et en une multitude d'affamés. Une de leurs théories favorites est, ou du moins a été, celle de la concentration progressive des richesses, qui aurait pour conséquence de jeter les classes moyennes dans les rangs du prolétariat, d'ouvrir un gouffre où disparaîtraient les institutions actuelles.

Un processus de concentration capitaliste dans la société actuelle est indéniable. Plus que la *concentration en nature*, est remarquable la *concentration économique*, qui s'opère par la direction suprême que les banques et les syndicats prennent sur de nombreuses entreprises. Mais les classes moyennes restent, et resteront jusqu'à la fin de l'époque capitaliste, ne fût-ce que pour servir de bouclier aux gros capitalistes contre les attaques des ouvriers. On parle beaucoup de supprimer les intermédiaires : cependant le nombre des *sweaters*, des commis-voyageurs et d'autres intermédiaires augmente, ainsi que le nombre des fonctionnaires de l'Etat, des politiciens, des professionistes, appartenant la plupart aux classes moyennes. Le nombre des membres de ces classes ne semble pas diminuer. Tel est du moins l'avis de la plupart des statisticiens, Giffen, Levi, Cheysson, Engel etc.

M. Graham, dans son ouvrage, *Socialism old and new*, fait remarquer que la formation de sociétés par actions augmente plutôt qu'elle ne diminue le nombre de ceux qui possèdent.—Nous avons rapporté ailleurs des chiffres empruntés aux statistiques de l'impôt du revenu en Allemagne, d'après lesquels les fortunes moyennes continuent à augmenter, bien que dans une moindre proportion

que les grosses (1). Un écrivain russe, M. Tcherkesoff
a cité aussi des statistiques tirées du *Statesman's
Year Book*, d'après lesquelles le nombre des possesseurs de terre en Angleterre, dans le pays de
Galles et en Ecosse serait augmenté de 392.203 à
409.422 c'est-à-dire de 17.219 dans les quatre
années 1885-1889 : la moitié de l'augmentation
reviendrait aux petites possessions de 1 à 5 acres. —
En France, le nombre des propriétaires a augmenté de 1.300.000 (qu'il était en 1826) à 1.825.000
en 1885. Tout cela ne ressemble pas beaucoup à
un processus de prolétarisation des classes moyennes.

Il n'est pas nécessaire que les classes moyennes
se prolétarisent, que le petit propriétaire rural ou
le colon ou le métayer deviennent de simples
laboureurs pour qu'ils aspirent et coopèrent à
l'avènement du socialisme. Sans parler de leurs
souffrances morales, la précarité même de la
situation des membres de ces classes les prédis-
pose contre l'ordre de choses actuel. Tout le monde
sent aujourd'hui que le système capitaliste, après
avoir augmenté la richesse et les besoins des hommes, est devenu à son tour un obstacle au progrès de l'agriculture et de l'industrie et un vaste
engin de monopole. Cela suffit pour tourner les
esprits contre ce système.

La lutte ne se combat pas aujourd'hui entre

(1) *Société Nouvelle*, 1893, v. p. 534 et ss., article sur la
législation du travail.

deux classes seulement, mais entre des groupes divers, qui tantôt s'unissent, tantôt se séparent, se coalisent, et se combattent pour des intérêts momentanés. Chaque groupement a des intérêts communs avec d'autres, et des intérêts opposés. La classe des petits propriétaires ruraux a des intérêts contraires à ceux des journaliers des campagnes ; mais elle a aussi des intérêts opposés à ceux de la féodalité financière, des capitalistes qui ont hypothéqué ses biens, et du gouvernement qui les lui vend aux enchères pour quelques francs d'impôt non payé. La classe ouvrière elle-même se compose de catégories diverses, dont les intérêts ne concordent pas parfaitement ; le travailleur sans métier; (*unskilled*) entre en lutte avec l'ouvrier de métier, les ouvriers organisés ont un formidable concurrent et un ennemi dans le *sans-travail*. Les ouvriers ne sont pas tous organisables ; et les organisations ouvrières tendent à faire valoir des intérêts particuliers et immédiats. C'est une utopie que de croire pouvoir réduire, pour ainsi dire, toute la classe ouvrière à un seul homme, luttant corps à corps contre la classe bourgeoise également coalisée.

La question sociale n'est pas exclusivement la question des travailleurs. La classe ouvrière est appelée sans doute à jouer un grand rôle dans la rénovation de la société contemporaine ; il se peut même que ce soit elle qui donne l'impulsion au mouvement. Mais la coopération des autres classes, surtout des classes moyennes, est certaine.

Quel intérêt aurait le petit bourgeois à la conservation de l'ordre de choses actuel? Il ne possède pas une propriété, qui lui permette de vivre de ses rentes, comme l'aristocratie, ou la haute bourgeoisie ; il a à peine l'instrument de travail, le petit champ que des créanciers ou le fisc se préparent à lui enlever, ou bien il possède la petite boutique et le petit capital qui l'aide à vivre maigrement. Souvent même de ce capital il est débiteur à la Banque, de sorte qu'il vit tout le temps par la grâce de celle-ci, et lors même que ce capital serait à lui, il pourrait tout perdre d'un instant à l'autre, à la suite de la faillite d'un banquier ou par effet d'une spéculation de Bourse, ou de la dénonciation d'un traité de commerce. Il vit dans la continuelle crainte du lendemain. Quel intérêt aurait-il donc à combattre le socialisme ? Son désir n'est pas de vivre dans l'oisiveté et de se gorger de luxe, mais de pouvoir satisfaire ses besoins et ceux des autres membres de sa famille par un travail modéré et intelligent ; il ne veut pas travailler en esclave ou en bête de somme, comme l'ouvrier actuel. Il réclame pour lui précisément ce que le socialisme réclame pour tous.

Les classes qui opposeront de la résistance au socialisme sont la bureaucratie, la magistrature, le clergé et l'armée, à cause de l'esprit d'autorité dont elles sont imbues.

Au surplus, la question de savoir de quelle manière les différentes classes se comporteront dans la solution du problème social ne saurait être résolue sans égard aux circonstances de temps et de lieu, notammént à la composition particulière de chaque société. Ce qui est certain, c'est le processus d'amalgamation des classes, le progrès de la sociabilité.

Les socialistes ont eu tort de nier presque l'existence d'idées et de sentiments unissant les hommes. Dans le *Manifeste communiste* il est dit :

« L'histoire de toute société jusqu'à nos jours n'a pas été autre chose que l'histoire de la lutte des classes.

« Le gouvernement moderne n'est qu'un conseil d'administration des affaires de la bourgeoisie.

« Le droit n'est que la volonté de la classe bourgeoise, érigée (la volonté) en loi.

« On dira : il y a des vérités éternelles, telles que la liberté, la justice, etc., qui sont communes à toutes les conditions sociales... (Mais cela tient à ce que) l'exploitation d'une partie de la société par l'autre partie est un fait commun à tous les siècles antérieurs. Donc, il ne faut pas nous étonner que la conscience sociale de toutes les époques, et malgré toute diversité et divergence, ait toujours tourné dans certaines formes communes, dans des formes de conscience qui ne se dissoudront complètement qu'avec la disparition entière des antagonismes de classe ».

Si nous saisissons bien la pensée quelque peu obscure des auteurs du *Manifeste*, les idées et les sentiments de liberté et de justice ne seraient, d'après eux, que le reflet de la domination de classe, et seraient destinés à disparaître dans l'avenir, laissant l'humanité sans guide ni lumière.

Nous ne le croyons pas. Nous croyons qu'il y a des idées et des sentiments qui unissent les hommes, qui répondent aux conditions essentielles et permanentes de l'existence de l'individu et de la société, et qui, d'abord vaguement conçus et pressentis, se développent et se perfectionnent incessamment. Le phénomène de la lutte des classes n'a pas été et il n'est pas le contenu entier de l'histoire. Les classes s'émoussent et fusionnent. Le vent de la justice enfle déjà les voiles du navire, qui nous transporte vers le rivage depuis longtemps souhaité.

CHAPITRE IV

LES BASES JURIDIQUES DU SOCIALISME

(a) Liberté et égalité.

Longtemps après que l'égalité des conditions économiques, — dans sa forme primitive d'une égale répartition de la terre, — et l'égalité politique, — dans sa forme primitive d'une égale participation à la délibération des affaires communes, — eurent disparu des lois et coutumes de l'Europe et que la communauté de village eût presque partout succombé devant l'envahissement du féodalisme, on vit cette conception élémentaire de la justice reparaître sur le sol vierge de l'Amérique.

Les puritains anglais, débarqués du *Mayflower* sur la côte du Massachussets, reproduisirent dans la Nouvelle Angleterre l'ancienne *township* anglo-saxonne, partageant le territoire qu'ils occupaient en *homesteads*, portions assignées aux colons en possession particulière, et en *common fields*, terrains destinés au paturage et à d'autres usages communs.

Une telle égalité trop matérielle ne pouvait pas durer. Elle ne tarda pas à disparaître par l'effet de la *spécification* du travail et par suite de l'accroissement de la richesse et de la population. Mais au fur et à mesure que le type de la *township* était abandonné dans les régions devenus prospères, il était transporté dans les territoires plus reculés par des colons moins riches, qui cherchaient de nouveaux établissements. Aujourd'hui il en reste des vestiges dans le Michigan, le Wisconsin, le Minnesota et l'Illinois.

Lorsque en 1833 le gouvernement des États-Unis à la suite d'un traité avec les Indiens, entra en possession de leur territoire, il le trouva occupé par des légions de mineurs et de cultivateurs blancs, qui y étaient accourus des alentours et y vivaient depuis des années réunis en associations, se défendant contre les bandes de brigands et tenant tête aux troupes fédérales elles-mêmes, qui essayaient de les disperser. On parle aujourd'hui de ce temps-là à Iowa comme de l'âge d'or du pays. Tous les immigrés étaient censés avoir un égal droit à la terre ; les associations fixaient l'étendue que chacun pouvait occuper ; mais pour rester possesseur de son lot, on devait le cultiver soi-même. La forêt demeurait commune et s'il y avait un moulin, celui-ci appartenait à tous.

Le gouvernement des Etats-Unis ne voulut pas reconnaître un tel état de choses ; il mit le sol aux enchères, ne tenant aucun compte des droits de possession ; mais les associations décidèrent que les lots seraient adjugés aux possesseurs respectifs au prix nominal d'un dollar et demi par acre, tandis qu'ils en valaient réellement plus de cent ; — et tout se passa ainsi que les associations l'avaient décidé.

De la même manière s'opéra la colonisation des régions minières de la Sierra Nevada et des Montagnes Rocheuses. Trois ans après la découverte des mines, en 1850-1851, un *bill* fut présenté au Sénat de Californie pour assujettir la région à des règlements de police et les mineurs à un impôt. Quelques sénateurs proposaient que l'Etat prît possession des terres et les mît aux enchères en gros lots. On avait déjà tout préparé pour les accaparer. Heureusement, le Sénat craignit d'allumer une guerre civile : les soldats qu'on tenait à la frontière n'inspiraient pas grande confiance, car souvent ils désertaient pour aller rejoindre les mineurs. Aussi, le *bill* fut-il rejeté ; et l'exploitation des usines demeura libre pour tout le monde. En 1866, lorsque le pays fut régulièrement annexé aux Etats-Unis, il y avait plus de 500 districts miniers en Californie, 200 en Nevada et 100 dans chacun des trois Etats d'Arizona, Idaho et Orégon ; au total, mille petites communautés vivant paisiblement l'une à côté de l'autre.

Les principes de l'organisation étaient : égalité de l'occupation et liberté du travail. Les mineurs d'un district se rassemblaient et fixaient, à la majorité des voix, l'étendue des occupations, proportionnellement au nombre des colons. Il arrivait d'ailleurs qu'à côté d'un mineur gagnant à peine sa journée, un autre retirait 500 dollars d'une espace de vingt pieds carrés et quatre ou cinq de profondeur. Une telle inégalité était supportée en paix, chacun attendant sa chance. Mais la possession d'un fossé *(gulch)* ne se conservait qu'à la condition d'y travailler. On ne pouvait pas travailler pour un autre. Une compagnie de capitalistes de l'Est envoya des ouvriers travailler pour son compte : les colons s'y opposèrent et ne permirent de rester qu'à ceux qui consentirent à devenir des colons. Au contraire, les mineurs d'un camp cédaient volontiers une heure de leur travail à un nouveau venu, afin qu'il pût acheter les outils et se mettre à l'œuvre (1).

On a dans ces embryons de société les principaux éléments de l'idée de justice : droit de vivre, devoir de travailler, participation de tous à l'usage du sol, interdiction des monopoles.

Dans ces derniers temps, la colonisation aux Etats-Unis a procédé d'une autre façon : le *squatter*, les compagnies se sont emparées du territoire et l'ont gardé jusqu'au jour où, la population du pays ayant augmenté, ils ont pu vendre pour 100 ou 1000 ce qu'ils avaient payé 1 ou rien du tout.

Chose bien remarquable, avec la disparition de l'égalité économique, et par les mêmes causes, cessent aussi les formes démocratiques de l'administration. Dans le Iowa avant 1833, les assemblées générales des associations, dans la Californie celles des « camps », délibéraient sur les affaires

(1) *Hopkins' University Studies.* Baltimore.

d'intérêt commun. Devait-on construire un chemin, un pont, des palissades contre l'incursion des animaux errants, une école, on se rassemblait et on décidait ce qu'il y avait à faire. De même, lorsque il y avait à juger un crime, on se réunissait en plein air et on délibérait : les peines autorisées par la coutume étaient l'expulsion de l'association, le bannissement, l'emplumage, la mort. Parfois l'assemblée décidait que le coupable avait perdu la confiance et l'estime de l'association et que personne désormais n'aurait plus de rapport avec lui : on ne lui achèterait, on ne lui vendrait plus rien ; on ne lui rendrait plus visite, non plus qu'on ne le recevrait plus chez soi ; on ne devait plus lui accorder d'abri contre la tempête, ni l'avertir de l'imminence d'un danger.

Dans la Nouvelle Angleterre, tant que l'égalité régna dans le village, les affaires d'intérêt général furent traitées en assemblée plénière (*folkmote*). Mais voilà que le village prospère, s'agrandit et qu'un certain nombre de ses habitants deviennent plus riches que les autres. Lorsque la population a atteint un certain chiffre, le village a droit à une *charte* de ville. L'événement est fêté au son des cloches. Mais l'acquisition d'une *charte* marque la fin de l'administration directe du peuple par le peuple ; les citoyens ne se rassemblent désormais plus pour délibérer : ils se bornent à choisir parmi eux un maire et des *aldermen*. Le peuple divisé déjà par l'inégalité des fortunes, se divise

encore en partis politiques; la majorité se désinté-
resse des affaires publiques, quelques-uns se font
dans la Commune un nid et s'y blottissent. L'administration collective, le gouvernement réellement
démocratique n'est dès lors plus possible. L'égalité disparaît des rapports politiques, de même
qu'elle a disparu des rapports économiques. Peu à
peu s'organise un *pouvoir politique* ou gouvernement, dont la puissance augmente au fur et à mesure que la population devient plus nombreuse et
plus divisée.

« Dans la commune rurale russe, dont les membres se rassemblent tous les huit jours régulièrement et même plus souvent, il n'y a pas de gouvernement dans le vrai sens du mot ; on ne fait pas de
lois visant une série de cas prévus, par analogie
avec les cas jugés; on traite les affaires une à une.
Le *mir* est un pouvoir législatif et un pouvoir exécutif en même temps » (1).

Dans la *Landsgemeinde* de la Suisse, qui est une
communauté provinciale, la chose change déjà.
« Elle ne peut se réunir qu'une fois par an ; rarement il arrive qu'on tienne, pour des nécessités
urgentes, un *meeting* accessoire (*nachgemeinde*) ;
car, pour petit que soit le territoire, il n'est pas
facile d'assembler souvent les membres adultes
dans une localité. De là une vraie et propre organisation de pouvoir exécutif ; — on ne se contente

(1) A. Cantalupi. *Il referendum*, dans l'*Avvenire*, Rome
30 juin et 20 août 1897.

plus de résoudre dans les assemblées les cas graves, mais on édicte de véritables lois, simples, il est vrai et élémentaires; — on élit des fonctionnaires publics et on établit des règles fixes sur la manière de traiter les affaires. Nous avons ici une survivance, une marque et une preuve d'un auto-gouvernement direct » (1).

La formation d'un corps gouvernant a lieu de cette manière. Mais, une fois le corps gouvernant formé, il « tend à élargir le cercle de son au-torité, à interpréter son rôle avec toujours plus d'indépendance; il ne reconnaît plus cette forme originaire du mandat, qui dépend seulement de l'impossibilité matérielle où se trouvent tous les citoyens réunis de gouverner et de légiférer directement; peu à peu il prête au mandat la valeur d'une procuration générale en blanc, qui lui attribue tous les pouvoirs et toutes les facultés, pour les exercer d'une manière discrétionnaire, — sans autre sanction que celle de la non-réélection » (2). Enfin le gouvernement se spécialise dans une classe de politiciens, qui s'emparent du pouvoir et l'exercent dans leur intérêt particulier et dans l'intérêt de la classe des détenteurs de la richesse.

De cette manière, on passe de l'égalité originaire à un état d'inégalité permanente et à l'organisation hiérarchique que nous avons décrite dans un chapitre précédent.

(1) *Loc. cit.*
(2) *Loc. cit.*

CHAPITRE V

(*b*) Justice et théories de la justice.

La théorie commune, celle de l'école individualiste dont M. Spencer est le chef reconnu, attribue
à tous les hommes des libertés égales — telles que
le droit à la vie, à l'intégrité de la personne, à l'u-
sage du sol etc. Mais ces droits, dépourvus des
moyens nécessaires pour les faire valoir, ne sont
en réalité que des fictions juridiques. Etant donnée
l'inégalité permanente des conditions, trait principal de la société d'aujourd'hui, d'aucuns ne peuvent exercer que faiblement leurs facultés; d'autres
ne les exercent que trop et aux dépens des premiers.
Il en résulte des conflits, que la justice essaie parfois de réprimer, mais qu'elle ne se soucie pas, en
règle générale, de prévenir.

Peut-on dire qu'il y ait liberté égale dans une
telle société ? à quoi sert que le pauvre ait le même
droit (si toutefois il l'a) que le riche, quand il ne
peut pas le faire valoir ? Que lui vaut la liberté
de se choisir un genre de travail, d'en discuter le
prix, d'acquérir de la richesse, de concourir à tous

les emplois publics, quand, en fait, il doit demander en grâce de pouvoir travailler, quand il doit
subir la loi du maître, quand il doit vivre dans la
misère et dans l'ignorance et voir ses enfants gran-
dir dans les mêmes conditions, — si toutefois ils
ne succombent pas faute de nourriture ? La liberté
personnelle et l'égalité juridique, loin de lui être
utiles, le laissent sans défense vis-à-vis du riche,
dont la liberté d'action, est bien autrement réelle
et positive. De sorte qu'en somme la liberté égale
dégénère en tyrannie pour les uns et servage pour
les autres, et aboutit en économie au monopole,
en politique au gouvernement ploutocratique.

Il s'agit d'assurer aux hommes, au lieu d'une liberté académique ou platonique, une *liberté concrète*, basée sur des conditions réelles d'égalité, et,
par suite, capable de durer. Le sauvage a une
grande *liberté abstraite*, mais l'horizon de sa vie
physique et intellectuelle est très borné ; par
suite, il n'a presque aucune liberté dans le choix
du genre de son travail, non plus que des objets
de sa consommation. L'homme isolé est le moins
libre de tous. La vraie liberté est un produit de
la société, de la variété d'adaptation, de la variété
des travaux et des jouissances. Le sauvage oscille
entre l'extrême isolement, et l'extrême soumission.
Une fois accoutumé à servir, il ne comprend pas
qu'on puisse vivre autrement, il prend en pitié le
sort de celui qui n'a pas de maître. En ce sens,
beaucoup d'hommes sont sauvages encore aujour-

d'hui : car beaucoup vantent leur servage, et d'autres ne voient de liberté que dans le commandement, c'est-à-dire, non pas dans l'usage de leurs facultés à eux, mais dans l'exploitation de celles des autres. L'idée d'une société sans esclaves ni maîtres est regardée, encore aujourd'hui, par la grande majorité des hommes comme une idée subversive ; et, en effet, elle est incompatible avec le monopole de la richesse. Aujourd'hui, personne ne naît esclave ; mais des millions d'hommes se trouvent dans la nécessité de vendre leurs bras, dès qu'ils ont la force de faire le moindre travail ; et, ce qui est plus grave, ils sont obligés de renouveler à chaque échéance le contrat, pendant toute leur vie. La liberté de l'ouvrier est nulle. « Refoulés par une concurrence, à laquelle ils ne peuvent pas résister, enchaînés dans certaines localités par la pauvreté, l'ignorance, les dettes, la peur, rendus incapables de profiter du meilleur marché, les ouvriers sont dupés dans la qualité, dans la quantité, dans le prix de tout ce qu'ils achètent ; ils sont obligés d'accepter le salaire qu'on leur offre, et parfois confinés dans des bouges par le *sweater* »(1). Politiquement aussi, ils sont des non-valeurs : celui qui est pauvre est esclave. De même que la liberté abstraite sans égalité de conditions, l'éga-

(1) Walker. *Discours inaugural à l'American-economic-association*. Publications de cette association, New-York, 1889.

lité sans liberté est une chimère : liberté et égalité sont des termes corrélatifs.

Les hommes ne sont pas, ne seront peut-être jamais égaux en fait de capacités et de besoins : leurs situations même ne seront jamais tout à fait égales. L'égalité, à laquelle ils aspirent, ce n'est pas une égalité extérieure ou matérielle, consistant : dans la répartition égale de la terre et de la richesse accumulée, *pro capita*, entre les membres de chaque communauté ou de toute la famille humaine ; ni dans les repas communs ; ni dans l'obligation d'un égal nombre d'heures de travail ; mais, c'est une égalité morale ou substantielle, résultant de l'ensemble des conditions et des pactes fondamentaux de la société, visant à réprimer les monopoles, à maintenir l'équité dans les échanges, à inculquer à tous les hommes l'obligation du travail, à donner à tous ceux qui aiment le travail, le moyen de travailler et à ôter à ceux qui n'aiment pas le travail, toute possibilité de vivre aux dépens des autres.

Les disciples de M. Spencer, plus spencériens que leur maître, ont subtilisé encore plus que lui la conception de la justice, l'identifiant avec l'absence de toute violence et de toute fraude. Le consentement des parties rendrait juste et obligatoire n'importe quel contrat : et il n'y aurait d'injustice que dans la violence et dans la fraude (1). Si j'oblige

____

(1) Auberon Herbert, *The right and wrong of compulsion by the State*. London, 1885, et autres ouvrages.

un individu à travailler pour moi, le menaçant
d'un *mal immédiat* au cas où il refuserait, son consentement serait vicié ; mais, si je lui ai ôté d'a-
vance tout moyen de travail et si je l'ai réduit à la
nécessité de vendre ses bras, je peux lui imposer
des conditions léonines, et pourtant le contrat sera
juste. Si je ne lui ai rien pris personnellement,
mais s'il est né de parents pauvres, dans un pays
où tout le sol est accaparé, et s'il a faim, si, dans
ces circonstances je lui propose de me servir, peut-
être au risque de sa vie, pour un salaire dérisoire,
le contrat sera juste. Autant dire, que si, voyant la
maison du voisin entourée de flammes, je me place
sur la limite de ma propriété et si je m'oppose à
ce qu'il s'y sauve, à moins que, pour se sauver, il
ne consente à me payer une rançon, j'agis honnê-
tement. Autant dire que celui qui rencontre un
homme avec les bras liés, est dans son droit, s'il le
dévalise.

Si je vends de la laine pour de la soie, ou si je
falsifie une marque de fabrique, je me rends coupable de fraude. Mais, si je ne déclare pas la qualité de la marchandise, confiant dans l'ignorance
de l'acheteur (ignorance qui n'est pas même une
faute, car on ne peut pas être connaisseur de tous
les articles, qu'on achète), ou bien, si ayant affaire
à un acheteur pauvre, je ne dissimule même pas
la mauvaise qualité de la marchandise, car je sais
qu'il doit s'en contenter, le contrat sera juste.
Aussi bien, si quelqu'un souffre une injustice en

l'ignorant, son consentiment sera vicié : s'il la connaît, mais ne peut pas s'y soustraire, son consentiment sera valable.

Si j'attends les émigrants au débarcadère et, sachant qu'ils sont pauvres et ne connaissent pas le langage et les coutumes du pays, si je les persuade d'accepter un travail ruineux pour leur santé et de se contenter de la moitié du salaire généralement payé pour ce travail, l'autre moitié rentrant dans ma poche, aurai-je bien agi ? Le fait que les ouvriers consentent au contrat, le rendra-t-il légitime ? Est-ce que celui qui est attaqué, ne consent pas parfois à livrer sa bourse aux voleurs ?

On dira que ce sont là des cas exceptionnels. Mais l'inégalité des conditions est un fait permanent qui vicie tous les contrats entre riches et pauvres, supérieurs et inférieurs. L'homme aux écus et le misérable, le marchand en gros et le petit boutiquier, le boutiquier et le consommateur pauvre sont dans des conditions inégales : *un juste contrat entre eux n'est pas possible.* La coaction, qu'on exerce au moyen de l'argent, est assimilée, même dans le langage commun, à la violence physique : mettre le couteau sous la gorge, c'est l'expression populaire pour chaque contrat où l'un des contractants, tirant parti des nécessités de l'autre, lui impose des conditions injustes. Les monopoles, certains jeux de Bourse, les coalitions pour augmenter les prix, le *trucksystem*, certaines usures, sont de véritables extorsions. *Tout rapport entre individus qui se trouvent en conditions sociales inégales, est nécessairement injuste.*

M. Spencer donne lui-même des exemples à l'appui de notre thèse : les colons irlandais, qui, après avoir rendu propres à la culture des terrains pierreux ou marécageux, se voient dessaisis ou obligés à payer des baux élevés ; — les *crofters* de l'île de Skye qui ne peuvent ni émigrer, ni changer de maître ; — un boutiquier, auquel un spéculateur fait longuement crédit et qui se trouve ensuite poursuivi sans pitié par son créancier et dépouillé de tout ce qu'il possède. Dans ces cas les formes de la justice sont respectées, mais l'iniquité saute aux yeux. Il y a là « violence des choses », « assassinat commercial », « négation de la concurrence » ou bien « destruction de la concurrence par les formes de la concurrence même. » « En certains cas, dit M. Spencer, il faut s'en tenir au dicton populaire « vivre et laisser vivre ». Celui qui possède un gros capital et un talent commercial supérieur ne doit pas pousser à bout ces avantages ; mais il doit restreindre son activité à la limite où ses besoins personnels et ceux de sa famille sont satisfaits, pour laisser vivre les autres (1) ». La justice humaine, à la différence de la justice inférieure, exige la limitation de la lutte, défendant les agressions directes et indirectes et garantissant à tous les hommes la vie et une égale liberté.

(1) Spencer, *The principles of Ethics.* § 397-§ 404 et *passim.*

M. Spencer se garde bien d'appliquer ce principe aux rapports entre maîtres et ouvriers, pour défendre aux premiers d'abaisser les salaires toutes les fois que l'offre du travail dépasse la demande. Il considère que, le marché étant plein d'ouvriers, si le patron n'abaissait pas les salaires, il repousserait la demande des ouvriers qui sont les plus nécessiteux! Au surplus, le patron doit se faire une forte réserve pour les temps de crises, etc. Les ouvriers peuvent-ils du moins tâcher de limiter la concurrence entre eux par des associations de résistance? M. Spencer ne le nie pas absolument; mais il élève la voix contre la tyrannie des *Trade-Unions*, contre ceux, surtout, qui disent qu'un bon ouvrier ne doit pas faire concurrence à ses camarades. A ses yeux l'ouvrier qui offre de travailler à plus bas prix est un « bienfaiteur de l'humanité »; car « les marchandises produites à un plus bas prix *peuvent* être vendues à un plus bas prix! » Que la réduction du salaire nuise à la santé de l'ouvrier et à la productivité du travail et cause, avec d'autres maux, la dégénération de la race, cela n'inquiète pas M. Spencer; — et cependant, quand il s'agit d'avocats et d'autres professionnistes, il a formulé des réserves sur l'excès du travail qu'on peut s'imposer (1).

La conception de la justice comme équation des volontés des individus, est donc absolument fausse. La justice ou l'injustice d'un acte dépend

(1) *Loc. cit.* § 398.

de son contenu : la forme ne vient qu'en seconde ligne. Qu'on me vole en mettant la main dans ma poche, ou qu'on m'oblige directement ou indirectement à vider ma poche, cela revient sûrement au même : tuer un homme par le fer ou le venin, ou bien le soumettre à un labeur qui détruit sa santé, sont choses équivalentes. Notre sentiment de justice est assez développé pour que nous voyons l'injustice dans la lésion, dans l'appropriation du bien d'autrui, et non dans les modalités et dans les formes extérieures de l'acte. On pourrait dire que nous la voyons dans le mal en lui-même et non dans le « *geste* ».

Il y a bien des actes qui ne sont (pour revenir à la théorie de M. Auberon Herbert) ni violents, ni frauduleux, et qui, cependant, sont criminels. Prenons, par exemple, les attentats aux mœurs. On les punit, certes, non pas en hommage à la pudeur de ceux qui les commettent, — ou à celle des personnes qui peuvent être présentes, — celles-ci demeurant libres d'en faire ou de n'en pas faire autant ; — mais plutôt parce qu'ils sont intrinsèquement mauvais. M. Auberon Herbert prétend que l'injustice de ces actes consiste dans le fait qu'ils sont commis dans un lieu public, sur lequel l'Etat, la municipalité, la compagnie des chemins de fer, ou tout autre, a droit de propriété, et partant aussi droit de prohibition de tel ou tel autre acte, qui devient illégitime à cause de l'infraction à la loi ou au règlement. On aperçoit le sophisme. Pourquoi donc l'Etat, la municipalité, la compagnie défendent-ils des actes qui ne lèsent apparemment la liberté de personne ? Pourquoi tout le monde convient-il que de tels actes doivent être prohibés ? La raison en est que ce sont des actes anti-sociaux, violant les conditions de la vie en commun ; de sorte que le problème de la justice ne peut être résolu que par la détermination de ces conditions, — relatives à l'homme civilisé contemporain.

§ 2.

Les rapports entre les hommes ne peuvent être que de trois espèces : rapports de *lutte,* rapports de *réciprocité*, rapports de *solidarité.* Les rapports de lutte ne rentrent évidemment pas dans le domaine de la justice. Aux deux autres espèces correspondent deux espèces différentes de justice, qu'on appelle communément *justice rétributive* et *justice distributive.* Montrons par des exemples la différence.

Nous disons : il est juste que la récompense soit proportionnée au travail (mérite); il est juste que celui qui pouvant travailler ne veut pas travailler, ne mange pas ; — ou bien, il est juste que dans les échanges on donne l'équivalent de ce qu'on reçoit. Nous disons cela dans le même sens où nous disons qu'il est juste que le coupable soit puni, que l'homme vertueux soit honoré et rémunéré. Le concept de justice, qui ressort de ces exemples, est celui d'une équation entre le mérite et la récompense, entre la culpabilité et les peines ; c'est donc celui de la responsabilité individuelle (justice rétributive).

Mais ce concept n'est qu'un élément de la justice ; ce n'est pas toute la justice. En effet, lorsqu'on dit : il est juste qu'un homme puisse disposer de ce qu'il a produit par ses bras ou par son talent, on fait deux suppositions. La première est que, vraiment, ce dont il dispose n'est que le fruit de son travail, et non pas le fruit du monopole de biens naturels, dont il est censé n'avoir qu'une partie égale à celle de tout autre individu. Le principe énoncé n'est donc juste que si on le complète par celui-ci : « il est juste que tous les hommes aient également accès aux biens de la nature ». La seconde supposition est que l'individu, en disposant librement de ce qu'il a produit, ait affaire à d'autres hommes également libres et qui, à leur tour, ont travaillé et produit, de telle sorte que chacun obtienne dans les échanges approximativement l'équivalent de ce qu'il donne. Et lorsqu'on dit qu'il est juste que, si l'on n'a pas travaillé, on ne mange pas, on suppose que tous puissent, quand ils le veulent, travailler à des conditions équitables et qu'ils en aient la force et la capacité. Enfin on suppose que de la liberté et de la possibilité du travail et des échanges chez tous les hommes découlent la meilleure distribution possible des activités et des instruments de travail — et le plus grand bien-être général.

Donc, la réciprocité présuppose la solidarité : la justice rétributive se base sur la justice distributive.

En effet, on dit aussi : il est injuste de faire travailler le malade, le vieillard ; il est injuste de soumettre la femme ou l'enfant à des travaux trop lourds ; le travail doit être proportionné aux forces de l'individu ; la consommation doit être proportionnée aux besoins de l'individu ; il est injuste de se gorger tandis que d'autres souffrent la faim ; il n'est pas juste qu'une classe sociale toute entière soit condamnée à vivre dans la misère et dans l'ignorance ; il n'est pas juste qu'un homme se place à un carrefour et empêche les autres de passer ; il n'est pas juste que, si j'invente un remède contre la phtisie, je prétende que les malades me cèdent leur fortune pour s'en servir ; il est juste que les parents élèvent leurs enfants, que les citoyens défendent la patrie, etc. Dans tous ces exemples le principe de justice est un rapport entre les besoins et les moyens, une limitation du principe de rétribution, un appel aux intérêts généraux ; en somme, c'est l'égalité des conditions et la solidarité entre les membres d'une société, d'une famille ou d'un Etat.

Si la justice rétributive est basée sur la justice distributive, la réciproque est aussi vraie.

Il n'y pas de vraie solidarité sans la mutualité des services : autrement dit, la solidarité doit être bilatérale. Qu'on prête secours au nécessiteux, c'est bien ; mais celui qui, pouvant travailler, ne le fait pas, n'a pas droit à notre aide. La bienfaisance elle-même n'est pas sans rapport avec le mérite. On ne vient pas en aide à un homme indigne : donner de l'argent à un joueur ou à un dissipateur, ce n'est pas de la bienfaisance, c'est simplement de la sottise. Il importe beaucoup qu'on n'abuse pas de la bonté et de la générosité de ses amis et de ses parents pour vivre à leurs frais. Ce sont des individus d'une moralité inférieure qui vivent ainsi en parasites. L'obligation du travail et la limitation de la jouissance matérielle au produit du travail sont l'expression de la solidarité.

Récemment, on a vu s'accréditer l'opinion que, dans une société mieux constituée que celle d'aujourd'hui, le travail journalier serait limité à un tout petit nombre d'heures, peut-être à quelques minutes par individu, tandis qu'il n'y aurait pas de bornes à la consommation individuelle ; chacun puiserait « au tas ». C'est une illusion dangereuse. Sans doute, le travail actuel est souvent excessif et il est loin d'être aussi productif qu'il pourrait être. Mais jamais les hommes ne pourront rester dans une oisiveté capable d'engendrer l'ennui ; jamais leurs désirs ne seront complètement satisfaits. Ayant atteint un certain degré de bonheur, ils en convoiteront un plus grand encore : ayant satisfait les besoins qu'ils ont aujourd'hui, ils en ressentiront d'autres. Ils porteront toujours plus loin le but de leur activité, les horizons de la civilisation. Au surplus, il faudra beaucoup de peine avant qu'on puisse assurer à tous les hommes la satisfaction des nécessités les plus élémentaires. Ainsi que le fait remarquer M. Novicow, « neuf habitants de notre planète sur dix n'ont pas de quoi satisfaire les besoins de leur estomac... Il n'y a peut-être pas un homme sur trois cents qui soit couché dans un bon lit et qui ait une habitation convenable (1). »

Nous devons donc reconnaître l'obligation du travail et une certaine proportionnalité de la jouissance au travail, comme conditions fondamentales de la vie sociale ; car celui qui, dans une société quelconque, voudrait consommer plus qu'il ne produit, obligerait les autres à travailler pour lui : il serait un exploiteur.

Est-ce à dire que ce principe de justice puisse recevoir une application rigoureuse dans tous les rapports sociaux ? qu'on puisse procéder à une évaluation exacte de tout travail et mesurer aussi toute jouissance ? Cela est hors de question. Il y a des œuvres qui sont au-dessus de toute rémunération, par exemple un acte de dévouement, une découverte scientifique, un conseil d'ami. Le principe « le produit au producteur » ne trouve pas ici d'application. Quant aux produits matériels, il est souvent difficile de les répartir entre les nom-

(1) J. Novicow, *Les gaspillages des sociétés modernes*, Paris, 1894, p. VIII.

breuses catégories de personnes, — producteurs immédiats, fabricants des outils et des machines, mineurs, inventeurs, etc., — qui ont contribué à les réaliser. Au surplus, il faudrait faire aussi une part aux influences sociales ; car tel produit a une utilité surtout par rapport à telles circonstances, à tel degré de culture, à telles habitudes, à l'existence de personnes capables de s'en servir et de produire à leur tour d'autres objets ou de rendre d'autres services. Il n'y a pas jusqu'à la mode, aux cas fortuits, qui ne contribuent à déterminer la productivité du travail et la valeur des choses, et partant le plus ou moins de récompense qu'obtiennent les producteurs. Le résultat de la conduite individuelle est modifié par des faits sociaux de la plus haute importance. C'est justement sur cela qu'est fondé le principe de solidarité.

M. Spencer a écrit : « Tout ce qui accroît la capacité productive de nos semblables nous profite, car cela diminue le coût des objets dont nous avons besoin. Ce qui les préserve des infirmités nous profite, car cela diminue les pertes que nous souffrons tous les jours, à cause de l'ignorance ou de la folie des autres. Ce qui élève leur caractère nous profite, car nous souffrons continuellement de l'immoralité des autres ». Et Huxley ajoute : « plus la civilisation est élevée, plus les actions de chaque membre du corps social intéressent les autres », et les répercussions sont mieux ressenties. D'où la nécessité d'assurer à tous les hommes la possibilité de travailler, de s'instruire, et la nécessité de venir en aide aux incapables.

La société ne peut pas se désintéresser du sort des malades, des ignorants, des faibles, des pauvres : elle ne peut voir avec indifférence l'existence de millions d'affamés, de sans-travail dans son sein. Elle doit éliminer les causes qui produisent un tel état de choses, si elle ne peut pas y remédier directement : elle doit, enfin, se donner une organisation qui la mette à l'abri de tels maux.

En d'autres termes, la bienfaisance n'est pas à regarder comme une mesure d'exception laissée au bon vouloir de l'individu ; elle s'organise comme service public dans l'intérêt non seulement de ceux qui en bénéficient, mais de la société toute entière. Il faut généraliser les conditions du bien-être : la solidarité humaine doit se manifester avant que l'individu ne soit devenu incapable de se relever.

Le grand reproche, que M. Spencer fait au socialisme, est justement de s'éloigner de la stricte proportionnalité entre le mérite et la récompense, entre l'activité de l'individu et sa jouissance. « Le socialisme, ou communisme, demande, d'après cet auteur, que pour des quantités et des qualités inégales de travail on ait droit à la même récompense », qu'il y ait « égale division de gains inégaux ». « Jadis un petit nombre de supérieurs se faisaient la part belle aux frais du grand nombre des inférieurs : à présent on propose de permettre aux nombreux inférieurs de vivre largement aux frais d'un petit nombre de supérieurs » (1).

M. Spencer est-il bien sûr qu'aujourd'hui les inférieurs ne jouissent jamais aux dépens des supérieurs et réciproquement? que nous possédions un parfait équilibre, une proportionnalité exacte entre le travail et la jouissance? Il suffit cependant de faire attention aux faits les plus ordinaires de la vie pour se convaincre du contraire.

En vérité, on ne saurait admettre que dans les contrats « les parties donnent et reçoivent réciproquement des choses approximativement équivalentes », lorsque les prix des marchandises ne se mesurent presque en aucun cas au coût, mais s'élèvent et descendent selon des circonstances que les plus experts même ne sauraient prévoir et apprécier, — souvent au gré de quelques spéculateurs syndiqués pour dévaliser les petites bourses. On ne saurait admettre l'équivalence des échanges là où les tarifs du transport, les loyers et les prix de beaucoup de choses sont réglés sur le pouvoir d'achat, c'est-à-dire sur la rondeur de la bourse des consommateurs, et souvent justement en raison inverse des moyens dont dispose l'acheteur. Qui ne sait que les voyageurs de troisième classe et les pauvres émigrants paient le luxe des voyageurs de première classe; que l'habitant de la mansarde paie un loyer proportionnellement plus élevé que le locataire d'un appartement somptueux; que les

(1) *Loc. cit.*, § 301.

marchandises de qualité inférieure sont vendues proportionnellement plus cher que celles de qualité supérieure ; que l'intérêt que paie le pauvre à l'usurier, est bien plus fort que celui que paie l'usurier à la Banque ; que les taxes imposées sur les riches se répercutent pour une grande part sur les pauvres ; enfin que toutes les crises, les baisses des prix et des valeurs, etc., apportent des pertes aux débiteurs, obligés à vendre, pour payer leurs dettes, leurs biens, quels qu'ils soient, à des conditions ruineuses ?

S'il n'y a pas équivalence dans les prix des objets de consommation, y aurait-il du moins proportionnalité entre le travail et le salaire ? Tout le monde sait que les labeurs les plus lourds sont les plus mal payés et qu'on peut gagner une fortune en un seul coup de dé, lorsque, au lieu de travailler, on joue à la Bourse.

Dans notre système économique, il n'y a pas, et il ne peut pas y avoir, de proportion entre la récompense et le mérite. L'organisation actuelle du commerce et du crédit supprime la responsabilité de l'individu : *les affaires, c'est l'argent des autres.* La dégringolade d'une Banque entraîne la ruine d'une foule de commerçants, d'industriels, de rentiers. La dénonciation d'un traité de commerce détruit les espoirs et la fortune de milliers de commerçants et d'industriels, et peut en enrichir d'autres. Un droit protecteur, une grève, une invention ont les mêmes effets.

Où sont, en tout cela, le mérite et le démérite individuels ? Peut-on dire que les possesseurs de titres du Panama aient mérité de perdre leur argent, parce qu'ils n'ont su ni pu voir clair dans les rapports des ingénieurs, dans les articles des journaux et dans les votes du parlement? On ne peut pas aller au fond de certaines affaires ; et il est assez facile à un Jay Gould de devenir millionnaire par la ruine de milliers de ses actionnaires. Dans la *Gründerperiode*, qui suivit la guerre de 1870 en Allemagne, on vit toutes les propriétés, tous les capitaux entraînés dans la spéculation : il n'y avait plus de placements honnêtes, ainsi que le constatait M. Otto Glagau, historiographe de cette pé riode ; on était forcé de faire comme les autres et de se ruiner.

Voici quelques propositions qu'on rencontre dans les ouvrages d'économie, et qui font penser à des gains et à des pertes considérables que d'innombrables personnes ont faits sans le moindre mérite ou démérite de leur part. « L'invention de Bessemer a produit une révolution dans l'industrie et dans le commerce ». — « Le canal de Suez a bouleversé tellement le cours et les conditions des trafics qu'il en est résulté beaucoup de confusion et de pertes. » — « La mauvaise monnaie chasse la bonne ». (On peut dire, de même et dans le même sens, que la mauvaise marchandise chasse la bonne, les mauvaises affaires chassent les bonnes, les mauvais maîtres, les mauvais ouvriers, chassent les bons). — Enfin « les caprices du commerce de la laine aux ventes publiques (de Londres) sont tels que le courtier le plus expérimenté n'oserait hasarder une prévision (1). »

On est tenté de dire que, — contrairement aux affirmations de M. Spencer, — dans la société actuelle la récompense est en raison inverse du mérite. Les individus et les classes, qui possèdent la richesse ou qui occupent les hautes places du gouvernement, travaillent peu et gagnent beaucoup. L'ouvrier travaille beaucoup et perçoit à peine de quoi vivre maigrement et procréer de nouveaux esclaves pour le maître. Les échanges réalisent le principe de répartition de la richesse en raison inverse du mérite, perpétuent et aggravent les inégalités des fortunes.

Inutile de dire qu'un tel régime ne saurait stimuler, quoi qu'on dise, *l'activité socialement utile.* Un gros propriétaire, un héritier, un millionnaire, ne déploient pas beaucoup de zèle dans l'exploitation de leurs richesses : ils se contentent d'exploiter à blanc les hommes, ouvriers, locataires, débiteurs. L'ouvrier non plus ne travaille pas avec zèle, et il n'a ni force, ni volonté, ni intérêt à le faire. Résultat : la grande majorité des hommes gémit dans la plus affreuse misère et manque des choses qu'il serait d'autant plus facile de produire que des foules innombrables de gens ne demanderaient pas mieux que de travailler.

(1) Barkers, *Trade and finance annual*, 1886-1887, p. 300.

Dans la société d'aujourd'hui, « les intérêts particuliers des commerçants et les intérêts généraux
de la nation sont deux choses tout à fait distinctes »
(List). Le gain d'un individu est souvent la perte
d'un autre : le gain de quelques individus peut être
la perte de la nation.

On a prétendu que l'individu, sans l'espoir d'un
gain proportionné à son travail, ne se déciderait
pas à accomplir certaines besognes extrêmement
utiles à la société. M. Pasteur n'aurait pas usé les
deux tiers de sa vie sur le microscope ; Victor
Hugo, Zola, Verdi n'auraient pas créé leurs immor-
tels chefs-d'œuvre, s'ils n'avaient eu l'espoir de
devenir millionnaires.

Erreur ! La découverte scientifique, la création
d'un œuvre d'art sont la plus haute jouissance de
l'esprit. Un savant, un homme de lettres, un artiste, digne de ces noms, ne demandera jamais
d'autre récompense ; il donnera, même au besoin,
sa vie pour la réalisation de son rêve.

« Les plus grands progrès scientifiques, a constaté
Huxley, ont été faits, et seront toujours faits, par
ceux-là qui aspirent au savoir pour le savoir. Les
avantages pratiques, qui dérivent des découvertes
scientifiques, n'ont jamais été, et ne seront jamais,
pour celui dont le génie inné fait l'interprète de la
nature, un stimulant suffisant pour l'amener à souffrir les durs labeurs et les sacrifices que la science
exige de ceux qui se vouent à elle. Leurs cœurs

sont tourmentés par l'avidité de savoir et par la joie de découvrir la raison des choses (1). »

L'ouvrier manuel lui-même, bien qu'il travaille pour un salaire, trouve le vrai stimulant au travail et la vraie récompense dans l'amour de la femme et des enfants, qui attendent le soir son retour au foyer domestique.

La récompense matérielle n'est qu'*un* mobile, souvent secondaire, de l'activité humaine. Les hommes travaillent pour le plaisir de travailler, pour la renommée, par un sentiment de devoir, et pour la satisfaction de leurs besoins. Voilà assez de raisons pour continuer à travailler dans la société socialiste.

Aujourd'hui, l'homme devient fainéant et paresseux par le mauvais exemple des riches, par faiblesse organique découlant des privations, par aversion pour les conditions du travail, enfin par les habitudes de paresse qu'on contracte dans le temps de chômage forcé. L'état de lutte rend les hommes égoïstes : ils tâchent de vivre plutôt en exploitant les autres qu'en travaillant eux-mêmes.

Mais dans une société où les conditions du travail seraient égales pour tous, où le travail serait organisé dans l'intérêt de tous, l'individu serait porté à travailler pour accroître son bien-être en même temps que celui de tous les autres. On a eu tort de soutenir que dans une société socialiste

---

(1) Huxley, *The progress of science. Essays*, vol. I.

chacun bénéficierait d'une fraction d'autant plus petite du produit de son travail que le nombre des membres de la société serait plus grand. Si nous sommes un million, et que je produise une utilité quelconque, je ne profiterai pas seulement d'un millionième du produit de mon travail, mais des autres 999.999 millionièmes aussi ; car tout ce qui augmente le bien-être de mes camarades, augmente leur force de travail, élève leur intelligence, fortifie leur santé et en définitive tourne aussi à mon avantage. C'est pourquoi le socialisme demande que le travail soit organisé dans l'intérêt, non plus d'une classe, non plus d'une oligarchie dominante, mais de tous les travailleurs. Question de ventre ! dit-on. Mais y a-t-il une question plus hautement morale que celle d'assurer à tous les hommes leur pain quotidien ? Assurer à chacun le moyen de vivre sûrement de son travail, n'est-ce pas lui assurer l'indépendance de son esprit et la pleine faculté d'employer ensuite ses facultés intellectuelles à l'accroissement du patrimoine intellectuel de l'humanité ?

CHAPITRE VI

La question sociale est une question juridique, non pas dans le sens que la réforme, que préconisent les socialistes, ou toute autre réforme ayant pour but de rendre plus équitables les relations sociales, soit dérivée directement et exclusivement d'une nouvelle conception de la justice, germée par génération spontanée dans le cerveau de l'homme contemporain — ce serait absurde — mais dans l'autre sens qu'il s'agit de transformer, ainsi que l'a dit M. Andler, « un idéal moral en idéal juridique », (1) de réaliser les principes des justices distributive et rétributive développés dans les deux derniers chapitres.

Nous allons voir quelles sont, suivant les principes de justice, les modifications à apporter à l'organisation sociale.

Avertissons d'abord qu'il est deux erreurs, dans lesquelles tombent facilement ceux qui traitent ce

_____

(1) *Les origines du socialisme d'Etat en Allemagne,* Paris, 1897, p. 463.

sujet. On confond dans l'organisation actuelle ce qui tient à l'imperfection de nos principes de justice avec ce qui tient à la nature des hommes ou des choses et aux nécessités de la convivance sociale : par suite on propose des modifications irréalisables. Et d'un autre côté, on s'avise d'apporter à l'organisation actuelle des changements de pure forme, qui ne sont peut-être pas nécessaires, et qui n'assureraient pas (du moins à eux seuls) la réalisation de la justice.

Nous tâcherons de nous garder de ces erreurs, en faisant les distinctions indispensables.

Dans l'organisation économique il y a trois choses à distinguer : mode de possession, mode de production, mode d'échange.

Les deux principes de justice économique, que nous avons établis, accessibilité des sources du travail à tous les individus désireux de travailler, et proportionnalité de la récompense au travail, exigent-ils le changement du mode actuel de possession, la proscription de toute possession privée, la collectivisation de toute la richesse ? Non. Ils exigent la possession de l'instrument de travail par le travailleur ; mais elle pourrait être soit individuelle (à chaque travailleur son instrument), soit collective (à tous les travailleurs tous les instruments), pourvu que dans le premier cas tous les travailleurs eussent un droit égal, et que la possession privée fût entourée de conditions l'empêchant de dégénérer en monopole. Au surplus, on ne

peut pas abolir toute possession privée ; car il y a
des choses qui existent, pour ainsi dire, dans la
sphère d'action propre de l'individu, des choses
qui sont attachées à l'homme soit comme objets de
consommation, soit comme moyens de production
personnelle. La possession est quelque chose de
personnel. La propriété de droit, le domaine éminent de la terre ou des capitaux, peut appartenir à
l'Etat ou à la commune ; mais la possession effective réside chez les travailleurs, ou les associations,
qui les exploitent. Même sous un régime collectiviste, une association ne devrait pas empiéter sur
le domaine de l'autre, ni une commune sur celui
d'une autre commune. Les droits de possession
peuvent être limités, mais le fait de la possession
ne peut jamais être complètement effacé.

On doit faire la même remarque au sujet du
mode de production ; car, nous l'avons déjà dit,
l'individualité de la possession est une conséquence
de l'individualité de la production. Les principes
de justice économique ne prescrivent pas que tous
les travaux soient faits par la collectivité « en économie », que toutes les industries soient municipa-
lisées ou étatisées. Cela ne serait pas même possible. La production coopérative et la production
privée pourront paraître préférables, du moins
pour certaines industries ; la collectivité n'aura
alors qu'à imposer des conditions pour sauvegarder
ses intérêts et pour assurer à tout le monde une
égale possibilité de travail.

Enfin les principes de justice économique exigent bien que les échanges soient équitables ; mais il n'est point nécessaire que tous les échan-ges soient faits par l'intermédiaire de la société.

Les formes de l'organisation économique peuvent varier : mais les graves inégalités des conditions économiques doivent disparaître.

Comment peut-on atteindre ce but? Les individus, les groupements, les collectivités même, sont placés en des conditions différentes : ceux ou celles qui ont une place meilleure, jouissent d'une sorte de privilège. On ne peut pas égaliser, d'une façon directe, les situations, et partant les revenus du travail. On ne peut pas rendre toutes les terres également fertiles : une terre de première qualité donnera toujours plus de produits qu'une terre de seconde qualité. Une mine plus riche, une source plus abondante, seront pour ceux qui pourront les exploiter une fortune : car ceux-ci recevront plus que l'ordinaire revenu du travail. Une machine plus perfectionnée ou d'une plus grande puissance permet de produire à meilleur marché, c'est-à-dire d'obtenir une plus grande quantité de produits avec le même travail; elle sera donc aussi une fortune pour celui (individu, association, collectivité) qui la possédera, du moins tant qu'on n'aura porté toutes les machines existantes à la même perfection (ce qui demande du temps et du travail); mais alors de nouveaux perfectionnements

àuront été inventés et partant de nouvelles inégalités se seront produites.

Aux inégalités intrinsèques il faut ajouter les inégalités des situations. Une terre, une mine, une fabrique, peut être placée dans des conditions plus ou moins favorables qu'une autre. Une mine de pétrole, située près d'un port, vaut plus qu'une autre située dans l'intérieur du pays, dans une localité de difficile abord. Les champs cultivés aux alentours d'une grande ville ont plus de valeur que les terres d'une région déserte et inaccessible. Une fabrique placée tout près d'une force motrice naturelle, près des sources de la matière première, ou près des centres de distribution des produits, a plus de valeur qu'une autre placée à des distances plus considérables de ces points essentiels. Il y a aussi, et il y aura toujours, inégalité des conditions générales entre les différents pays et entre les différentes localités : la position géographique, la population plus ou moins dense, le climat plus ou moins salubre, la nature du sol, la proximité ou l'éloignement de centres de population et de culture, la civilisation plus ou moins avancée, sont des circonstances qui rendent le travail plus ou moins productif, et partant la condition de certains producteurs plus avantageuse que celle d'autres. Comme on ne peut pas supprimer ces inégalités d'une façon directe, il faut chercher une méthode indirecte, propre à égaliser les conditions des travailleurs. Puisqu'on ne peut pas supprimer les différences des revenus du travail (*rentes*), il faut les socialiser.

Il y a un remarquable passage de l'ouvrage de M. Andler sur *les origines du socialisme d'État en Allemagne* (1), où l'auteur expose que « les revenus de la propriété privée sont entachés de deux abus. Ils sont faits du labeur d'autrui, et ils paralysent la production générale ».

« Si la rente foncière tient à des différences de situation ou de fertilité, pourquoi la société ferait-elle bénéficier quelques hommes d'avantages, qui ne sont point leur mérite, ou pourquoi les laisserait-elle pâtir de désavantages, dont ils ne sont pas cause ? » demande M. Andler. Et il répond qu'il serait donc juste de socialiser la rente différentielle.

Mais celle-ci n'est pas la seule. « Quand même tous les terrains seraient également fertiles, et quand même la circulation économique se ferait avec une symétrie telle, et avec une si complète décentralisation, que la différence des situations en devînt négligeable....., [il y aurait toujours] un monopole de tous ceux qui détiennent des terres par rapport à ceux qui n'en détiennent pas. Car il faut à tous de la terre pour y habiter, pour y établir des industries et des comptoirs, pour en tirer les ressources naturelles. Il est donc clair que si l'appropriation des terres est complète, ceux qui possèdent le sol sont en mesure d'imposer une re-

(1) *Loc. cit*, p. 472 et suiv.

devance à quiconque voudra user du sol... Ils pourront l'exiger d'autant plus forte que la spécialisation des travaux industriels étrangers à la terre sera plus avancée et que le revenu total de toute industrie sera plus grand. Or une redevance ainsi exigée a le caractère d'une spoliation pure. Car ceux qui la perçoivent n'ont pas *créé* le sol... On ne peut pas dire non plus que cette redevance serve à réparer une usure, car le sol ne se détruit pas ». Il faut donc que ce ne soit pas le possesseur (individu, association, commune), mais la collectivité toute entière, qui bénéficie de cette redevance, de tout ce qui excède le revenu ordinaire du travail : en un mot il faut socialiser la *rente.*

Il faut socialiser aussi l'*intérêt* et le *profit.*

L'*intérêt* est une participation aux produits du travail concédée à ceux qui prêtent au travailleur le capital nécessaire pour la production. Il y a des industries qui demandent plus de capital, d'autres qui en demandent moins ; l'intérêt sert à égaliser les conditions et aussi à diriger le capital vers l'emploi le plus profitable. Mais en même temps il est cause d'un revenu illégitime perpétuel pour le possesseur du capital. Celui-ci prélève un tribut sur la production sans se donner aucune peine, et il augmente ses prétentions en raison du dénûment des travailleurs et des besoins des consommateurs. L'intérêt est, dans la plupart des cas, inséparable du profit, lequel à son tour provient

« de l'agencement ingénieux des forces mécaniques, de la stimulation que se donnent les unes
aux autres les industries diverses ; du *besoin social*, qui estime à plus haut prix et rémunère ainsi
par une quantité plus grande de biens, de certaines
besognes. La *productivité* de toute industrie vient
en effet de la vie sociale. Toute la civilisation acquise, toute la présente division du travail et tous
les besoins de la société entière la causent. » Pourquoi, demande encore M. Andler, « un petit nombre
d'hommes accaparerait-il cette plus-value, qui ne
vient point de leur mérite! Le revenu capitaliste
doit être social.

« Ainsi de proche en proche le *salaire* apparaît
comme le seul revenu individuel légitime. Seul il
ne repose pas sur un monopole. Tout homme nor-
malement constitué peut travailler. Et si, comme
le voulait Pestalozzi, les éducations étaient initia-
lement les mêmes et ne se différenciaient que pro-
gressivement avec les aptitudes et les goûts, les
salaires inégaux, par où l'on rémunérerait des
travaux inégalement utiles à la société, satisfe-
raient à la justice. Il n'en va pas de la sorte. L'éducation diffère entre les hommes, non pas selon
leurs aptitudes, mais selon leur situation de fortune initiale. Par là les besognes d'élite sont un
nouveau monopole de ceux qui ont eu le moyen de
s'instruire ; et les rémunérations les plus belles
vont à ceux qui ne sont pas toujours les plus aptes.
Mais ceux à qui est refusé un apprentissage autre

que celui d'une main d'œuvre, quel est leur salaire ?

« Ils ont leur subsistance stricte, disaient à la fois Thünen, Rodbertus et Lassalle. Et ici ces théoriciens faisaient erreur, car beaucoup de nos ouvriers ont manifestement un sort meilleur que celui-là. Les ouvriers peuvent imposer quelques conditions, quand leur besogne est requise, et il est heureux qu'ils le puissent. Mais encore ne le peuvent-ils que quand il y a de la besogne. Or des raisons existent qui font du chômage un fait normal de notre société. Il y a donc une classe d'ouvriers qui goûte un bien-être relatif, et il y en a une autre, qui non seulement n'a point le minimum de subsistance, mais qui manque de toute subsistance. Le salaire manuel lui-même est devenu un privilège. Voilà l'injustice capitale.

« Il faut que le salaire soit assuré à tous. Il ne se peut que des centaines de mille hommes annuellement, dans chaque pays civilisé, chôment parce qu'il est *rentable* pour les classes privilégiées de ne pas les faire travailler. Or le chômage ne peut être aboli que si l'on abolit la *rentabilité* elle-même (1). Le salaire alors, seul revenu légitime, se grossirait de toute la différence entre les frais d'entretien des hommes et la productivité qu'a arrachée aux agents naturels l'effort de tous les hommes, accumulé durant tant de siècles. » Les conditions des producteurs seraient égalisées, car

____

(1) En socialisant les rentes.

l'excédent de revenus, dû aux agents naturels et à des causes sociales, formerait le fonds social, dont bénéficieraient tous les membres de la société.

Passons à présent à la question de la forme de l'organisation économique. Comparée à l'organisation précapitaliste, l'organisation actuelle de l'industrie et des échanges offre de remarquables avantages. La fabrique marque un progrès sur le travail à domicile, dont on peut constater les inconvénients en parcourant les quartiers pauvres des villes où il est encore pratiqué, comme à Naples. De même, le travail à la machine est un progrès sur le travail à bras. Certes, les conditions des fabriques sont souvent affreuses, et le travail à la machine est en maintes circonstances une véritable torture. Mais cela ne prouve rien contre la fabrique, ni contre le travail à la machine, mais bien contre le système capitaliste ; car le capitaliste s'approprie tout ce qu'il peut des avantages de la fabrique et de la machine, et n'a aucun souci du sort des travailleurs.

Il faut juger l'appareil industriel non point par ce qu'il est à présent, sous le régime capitaliste, mais par ce qu'il est capable de devenir, lorsque l'intérêt capitaliste en aura été éliminé. En somme, il doit être perfectionné, non pas détruit : la fabrique doit être rebâtie selon les prescriptions de l'hygiène ; la machine doit suppléer à tous les travaux grossiers, dangereux et nuisibles à la santé de l'ouvrier ; les produits de l'agriculture et de l'industrie doivent être multipliés par l'application des méthodes perfectionnées de production, etc.

De même que le mécanisme industriel, l'appareil commercial existant est un perfectionnement de systèmes antérieurs. Les marchés d'aujourd'hui ont été un progrès sur les foires d'antan ; les *stores* et les coopératives sur la plèbe des boutiquiers ; les Banques sur les bandes d'usuriers qui infestaient et infestent encore les pays. Toute cette organisation grandiose de chemins de fer, entrepôts, marchés, ports, flottes commerciales, canaux interocéaniques, etc., n'est pas destinée à disparaître lors de la proclamation du socialisme. Il est vrai qu'aux mains des monopoleurs, la Bourse et la Banque sont des instruments de spoliation. Mais la fonction de ramasser les épargnes, et de déterminer les rapports d'utilité entre les choses, exige un mécanisme analogue au mécanisme actuel. Nous pouvons imaginer les associations de production organisant une Bourse de travail et une Bourse d'échange entr'elles ; la collectivité fonctionnant comme une Banque d'anticipation des instruments de travail ou comme une grande société d'assurance mutuelle. Personne ne niera la grande utilité du système d'assurance, ni la nécessité de l'épargne. Il faut ôter au crédit le caractère d'usure qu'il a, mettre en rapport la production et la consommation, régler les relations commerciales entre les différents pays, etc. Le mécanisme qui sert à produire, à transporter, à distribuer la richesse, à harmoniser les œuvres et à trancher les conflits, est utile : s'il n'existait pas, il faudrait l'inventer ; puisqu'il existe, il faut le garder et le perfectionner.

Disons quelques mots au sujet de la monnaie.

L'échange par achat et vente vaut sans doute mieux que le troc : mais peut-être les contrats collectifs, par lesquels les associations ouvrières s'obligeraient de se livrer mutuellement une certaine quantité de leurs produits, sont-ils destinés à se substituer en grande partie aux échanges individuels. Le règlement des comptes entre associations pourrait facilement se faire sans l'aide de la monnaie ; une Chambre de compensation pourrait s'en charger. Cependant il resterait toujours des différences à l'actif et au passif de l'une ou de l'autre association ; pour régler ces différences et pour effectuer les échanges entre particuliers, il faudrait une représentation de la valeur, une monnaie. La question est de savoir, d'abord, s'il est préférable d'avoir une monnaie effective, ou bien une monnaie fiduciaire. La première a ses défauts, car elle se prête aux accumulations, à l'usure et à l'agiotage. La seconde offre une moindre garantie de stabilité et de sécurité que la première. Peut-être inventera-t-on une monnaie fiduciaire, garantie par les associations, par la commune, par la nation ; on pourrait même créer une monnaie fiduciaire internationale. Des conventions entre associations, entre communes et entre nations pourraient assurer à ces monnaies fiduciaires la stabilité nécessaire et les soustraire aux fluctuations d'un marché monétaire pareil à celui d'aujourd'hui. Mais la chose présente des difficultés et enfin nous ne voyons pas pourquoi, si la monnaie métallique ne pouvait pas être remplacée avec avantage, on devrait se passer des services qu'elle peut rendre, tout en tâchant d'en écarter les inconvénients.

L'appareil destiné à la consommation doit être transformé, pour le mettre en correspondance avec les changements qui seront opérés dans les sentiments, les habitudes, les besoins des hommes. Le logement, le restaurant, le club, le théâtre, l'école, subiront des transformations radicales dans une société égalitaire. Mais, encore une fois, ce serait une erreur grossière de supposer que tout cet appareil-là va disparaître un beau jour et qu'on reconstruira le monde sur un plan tout à fait nouveau.

§ 2.

De même que l'organisation économique, l'organisation politique est le résultat d'une longue élaboration, et ne saurait être renouvelée de fond en comble, du jour au lendemain. Il faut distinguer en elle la forme et le fond. Le but de toute organisation politique étant de maintenir des rapports suivis et tant soit peu équitables entre les hommes, de parer aux grandes nécessités sociales et de résoudre les conflits qui éclatent entre les membres d'une communauté, il est impossible de ne pas admettre qu'une organisation politique est indispensable à toute société. Il serait de même ridicule de nier que le régime politique actuel est de beaucoup préférable aux régimes antérieurs, — féodal, monarchique, absolu, théocratique, etc. Non seulement le gouvernement central, mais les différentes administrations de l'État sont mieux organisées aujourd'hui qu'autrefois. La législation d'une chambre représentative, pour mauvaise qu'elle soit, est toujours préférable à la volonté d'un despote. La justice rendue par des magistrats tant soit peu indépendants du pouvoir exécutif, selon des règles fixées d'avance et égales pour tout le monde, ou à peu près, vaut mieux que le tribunal du maître, mieux aussi que la justice tumultuaire de la foule. La répartition des charges publiques entre tous les citoyens, bien qu'injuste et partiale, tend aujourd'hui à devenir équitable, car il n'y a pas d'exemption inscrite dans la loi.

Certes, il est urgent d'opérer des réformes radicales. Le régime politique actuel est un régime de transition, — et de transaction, — entre le droit divin et la vraie démocratie. Le gouvernement parlementaire est une oligarchie masquée. La souveraineté nationale, concentrée dans un corps élu ; le pouvoir exécutif relevant de ce corps ; l'administration et la justice mises à la dépendance du pouvoir exécutif ; — tout cela fait que le gouver-

nement est le vrai pivot du système. En apparence
la majorité des électeurs choisit le député du
collège ; en réalité une d'entre plusieurs minorités
(la plus nombreuse, ou peut-être la plus auda-
cieuse), — parfois un tout petit nombre de gens, —
se jetant d'un côté ou de l'autre, donne le branle
à la balance et décide du résultat de l'élection.
De même, à la Chambre législative, ce n'est pas
la majorité qui fait les lois, qui choisit le gouvernement, mais un groupe, qui sait tirer parti de la
rivalité des autres pour parvenir au pouvoir. De
sorte qu'en définitive le parlement ne représente
aucunement la nation, non plus que le gouvernement ne représente le parlement ; et le système
parlementaire n'a de représentatif que le nom.
« Il n'y a pas moyen de mettre en évidence la volonté du peuple, encore moins de connaître ce qui
lui est plus utile. La recherche de la vérité et de
la justice est empêchée par l'antagonisme des in-
terêts » (1).

Voilà les objections qu'on fait communément, —
et avec raison, — au système parlementaire. Mais
on est allé plus loin, et on a essayé dernièrement
de combattre le principe de la représentation. Un
seul, dit-on, agit mieux que plusieurs : — « l'homme
seul est l'homme fort » (Ibsen) ; — « s'unir dans
le monde humain veut dire s'empirer » (Sighele) ;
— « les forces des hommes s'élident, ne se som-

(1) David Syme, *Representative governement in England,
its faults and failures*, Londres, 1887.

ment pas » (Gabelli) ; — « dans les foules c'est la bêtise qui triomphe » (Le Bon). On dit encore : L'action des hommes de génie est paralysée par l'action d'hommes ordinaires, voire même parcelle d'autres hommes de génie. Supposant égales à x les qualités communes à tous les hommes ordinaires et de génie, il s'ensuit que dans une assemblée de 20 personnes, qui sont toutes des hommes de génie, on aura $20\,x$ et seulement $1\,b$, $1\,c$ et $1\,d$, etc. ; et nécessairement les $20\,x$ vainqueront les b, c, d isolées. « L'essence générale humaine vainquera la personnalité individuelle » (1).

Ainsi donc, dans une réunion d'hommes tous excellents, mais différemment doués, l'un ne communiquera pas aux autres une étincelle de son talent, ni une parcelle de son savoir ; mais ils s'élideront, se dévoreront, et il n'en restera (comme des chats de Kilkenny ne restaient que les queues) que la médiocrité commune ou essence générale humaine. Voilà ce que c'est que de vouloir résoudre les problèmes sociaux par des formules algébriques. On crée une *essence générale humaine*, après avoir soustrait de l'humanité tous les génies, voire même tout individu possédant quelque capacité spéciale, quelque bonne qualité ; on étend l'humanité sur un lit de Procuste et, au lieu des jambes, on coupe les têtes.

Tout cela est absurde. Rien ne nous autorise à

____

(1) M. Nordau, *Paradoxes*. ch. III. — Sighele, *La foule criminelle*, trad. franç., p. 15.

croire que les hommes s'imitent exclusivement dans le mal. Il y a la contagion de la vertu aussi bien que celle du vice ; celle de l'héroïsme aussi bien que celle de la lâcheté. Une foule est capable de s'exalter pour une bonne idée, aussi bien que pour une mauvaise. D'ailleurs l'impétuosité de la foule provient de ce que l'association entre les éléments divers qui la composent est momentanée. Une assemblée d'hommes choisis pour une besogne donnée est une *foule organisée* ; et, à la différence de la foule *non organisée*, elle est capable d'une action réfléchie. En tout cas, si ces hommes sont choisis par ceux qui sont le plus directement intéressés dans la besogne, il est probable que cette réunion fera mieux leur affaire qu'un individu ou plusieurs individus qui se donnent pour mission de penser et d'agir pour tout le monde.

Ce qui rend mauvais le système parlementaire actuel, c'est d'abord le fait qu'il y a une grande opposition d'intérêts entre les groupements sociaux ; ensuite, cet autre fait, non moins grave, qu'au-dessus de la représentation nationale est placé un gouvernement tout puissant ou du moins trop puissant ; c'est enfin, que la masse du peuple est désorganisée.

La désorganisation du peuple, la hiérarchie des classes, la centralisation gouvernementale rendent impossible toute représentation véritable des intérêts de la communauté, ainsi que nous l'avons vu dans un des premiers chapitres de cet ouvrage.

Lorsque les conditions sociales auront été égalisées (ce qui est le point de départ de la réforme sociale), les fonctions législatives, administratives, exécutives, judiciaires devront être spécialisées ; elles devront être confiées à des individus ayant reçu l'éducation nécessaire pour les bien remplir ; et l'exécution devra s'opérer sous le contrôle effectif du peuple ou des intéressés directs, auxquels doit être réservée la faculté de donner ou de refuser leur assentiment aux actes les plus importants de leurs mandataires. Nous reviendrons sur ce sujet dans un prochain chapitre.

§ 3.

La question de la famille, — sur laquelle nous devons tourner à présent notre attention, — est très complexe ; il faut donc la décomposer dans ses éléments et étudier ceux-ci l'un après l'autre.

En commençant par les rapports entre les deux sexes, observons que l'évolution de ces rapports se fait incontestablement dans le sens de l'égalité : la femme devient de plus en plus, intellectuellement, moralement, économiquement et socialement, l'égale de l'homme. Il y aura probablement toujours des différences de capacité entre les sexes ; mais la domesticité de la femme, sa destination exclusive au service personnel du mâle, diminue incessamment et disparaîtra tout à fait. L'économie domestique est en voie de transformation : une grande partie du travail, qui était, il y a peu d'années,

exécutée à la maison, est passée à l'atelier ; et le processus continue. La femme ne demeure plus étrangère aux responsabilités de la famille et de la société : elle a des devoirs civiques aussi bien que
des droits politiques ; elle sort de tutèle. Le mouvement féministe dénote qu'une conception nouvelle de la vie se fait jour chez la femme, ou du
moins chez beaucoup de femmes. Et cela est bien ;
car on ne saurait imaginer de plus grands obstacles au progrès humain et à la paix des familles,
que la diversité des conceptions de la vie qu'a-
doptent l'homme et la femme, la différence de
culture entre eux, la lutte parfois sourde, parfois
ouverte, entre l'idéal de l'un et l'idéal de l'autre.

Une autre donnée du problème, que nous étu-
dions, est constituée par l'idée et le sentiment de
l'amour, qui évoluent et deviennent de plus en
plus parfaits au fur et à mesure que l'égalité s'établit entre les deux sexes. Il y a aujourd'hui, — et
il existera sans doute aussi dans l'avenir, — différentes conceptions de l'amour, depuis l'amour sensuel jusqu'à l'amour fait d'estime, d'admiration,
de sympathie intellectuelle. Mais, tout en s'idéali-
sant, — c'est-à-dire en s'enrichissant d'idées et de
sentiments d'ordre supérieur, — l'amour gardera
toujours sa base physiologique. La satisfaction de
l'instinct sexuel ne peut pas être assujettie à des
règles absolues, car les limites physiologiques du
besoin de l'amour varient beaucoup d'un individu

à l'autre : tout excès, toute privation, nuisent à la santé du corps et à celle de l'esprit.

L'amour n'est unique et exclusif que dans les organismes inférieurs, parce que chez eux il se réalise dans un accouplement unique, qui tue les animaux et donne la vie à leur progéniture. Au fur et à mesure qu'on monte, soit dans l'échelle animale, soit dans l'échelle humaine, les sensations augmentent et se raffinent. L'homme d'aujourd'hui, après avoir aimé dans un individu de sexe différent certaines qualités physiques et morales, peut rencontrer et rencontre souvent d'autres individus qui exercent sur lui la même fascination et même une fascination plus forte. Le nouvel amour ne chasse pas nécessairement l'ancien, mais il peut vivre en paix à côté de l'autre ; plusieurs peuvent vivre en paix dans le même cœur. Il se peut même qu'un nouvel amour, de la même espèce ou d'une espèce différente, aiguise la sensibilité de l'individu et rende plus tendres et expansives les affections précédentes (1).

Ces considérations militent contre l'indissolubilité du mariage, et elles expliquent la décroissance de la jalousie chez les peuples et chez les individus les plus développés.

Mais il ne faut pas conclure de ces faits à la dissolution de la famille. En outre de l'amour pour l'individu de l'autre sexe, l'homme ressent d'autres

____

(1) Rossi, *Considérations sur la colonia Cecilia.*

affections ; il obéit à d'autres mobiles ; il poursuit d'autres buts dans ses rapports de famille. Il est même remarquable que les différents mobiles de la conduite, les différentes parties de la personnalité humaine, ne s'harmonisent pas ici tout à fait : il y a désaccord et lutte entre l'instinct sexuel et l'amitié naissant de rapports sexuels suivis entre un homme et une femme ; il y a désaccord et lutte entre l'entraînement passionnel de l'individu et l'intérêt social, qui demande que l'union sexuelle s'effectue dans des conditions favorables à la bonne reproduction de l'espèce, etc., etc. La constitution de la famille est la résultante de tendances diverses et en partie divergentes.

Allons-nous supposer que, dans la société socialiste, l'amour paternel et l'amour filial s'affaibliront jusqu'à cesser entièrement ? Nous ne le croyons pas : de telles affections et les actes qui en dérivent, nous procurent les plus pures joies de la vie, et nous ne voyons pas pourquoi nous devrions y renoncer.

La collectivité ne saurait remplacer ni la mère auprès du berceau de l'enfant, ni la sœur ou l'épouse au chevet du malade Les services que rend l'amitié ne peuvent pas être rendus par la plus savante organisation de l'assistance publique. L'action de la collectivité doit commencer là où s'arrête celle de l'individu : elle doit viser principalement à rendre facile l'assistance mutuelle entre les hommes, à procurer les moyens qui font défaut à l'individu ; mais la collectivité ne doit ni étouffer, ni affaiblir le sentiment de l'amour du prochain chez l'individu, en lui enlevant les possibilités de l'exercer.

En somme, nous ne croyons pas qu'il y aura relâchement des liens de famille : mais nous croyons que d'autres liens s'y ajouteront, et que les hommes ne seront pas moins bons pères, bons frères et bons maris parce qu'ils seront de meilleurs citoyens. *La famille abandonnera son enveloppe légale, mais elle perfectionnera son contenu.* Les relations sexuelles seront peut-être moins exclusives, mais elles seront aussi moins brutales. Nous ne disons pas que l'homme ne ressentira plus rien d'analogue à la douleur qu'éprouve un amant d'aujourd'hui à être délaissé, un ami à perdre l'estime de son ami. Nous ne disons pas non plus que l'amour, surtout un certain amour, ne crée pas un égoïsme, l'égoïsme du couple, de la famille, ni que cet égoïsme soit sans danger pour la grande société. Non seulement le mariage et la famille, mais toute association, tout aggrégat social ou national, crée, chez ceux qui le composent, un sentiment et un intérêt particulier, opposés aux sentiments et aux intérêts collectifs. Cependant, on ne propose pas de supprimer toute association entre les hommes. Au contraire, c'est en multipliant les liens d'association et en perfectionnant le sentiment de solidarité qu'on pare au danger que nous venons de signaler.

Y aurait-il une question de population dans la société socialiste ? C'est possible ; car, pour qu'il n'y en eût pas, il faudrait que le nombre des naissances demeurât stationnaire ou, plus exactement, qu'il augmentât ou diminuât en raison directe de l'accroissement ou de la diminution dans la production des moyens de subsistance. Or, ce parallélisme constant est assez difficile à réaliser. D'aucuns ont supposé que le pouvoir génésique de l'homme diminue au fur et à mesure que celui-ci développe son intelligence. Mais, lors même que l'hypothèse se réaliserait, l'affaiblissement de la capacité reproductive serait-il tel que la population demeurât à jamais stationnaire ? Ne serait-il pas compensé par la diminution de la mortalité des enfants ?

En tout cas, même s'il n'y avait pas d'excès absolu de population, il pourrait y avoir un excès relatif dans l'une ou l'autre des collectivités. On ne songe pas à fixer par une loi internationale le nombre d'habitants par kilomètre carré : la population des différents pays et des différentes localités, devra être dans une société socialiste, aussi bien qu'aujourd'hui, en rapport avec la nature du sol, le genre d'industrie qu'on y pratique et d'autres circonstances. Les coefficients de densité de population des différentes localités ne pourront être déterminés que par l'émigration et l'immigration, déterminées à leur tour par les conditions plus ou moins avantageuses du travail. Mais il est évident qu'il y a une limite où ce mouvement s'arrête ; c'est lorsque la population d'une localité a atteint son point de saturation, lorsque tout accroissement de son importance, non seulement n'augmenterait pas, mais diminuerait, d'une manière marquée, le bien-être de ses habitants. Cette limite une fois atteinte, la collectivité sera portée à se défendre contre toute immigration, et en même temps elle désirera mettre un frein à la procréation excessive de ses membres. Enfin la question de la population n'a pas seulement trait au nombre des naissances, elle porte aussi sur la qualité. Toute société a intérêt à voir s'améliorer la race. La procréation d'êtres incapables et d'organismes malades ne saurait être encouragée.

De quelle manière pourra être résolu dans une société socialiste le problème de la population ? Aujourd'hui il existe un régulateur des naissances dans la responsabilité des parents, ceux-ci étant chargés de nourrir leurs enfants et de les acheminer dans une des carrières de la vie. Toutefois ce régulateur fonctionne assez mal : la responsabilité paternelle n'empêche pas le riche de procréer des enfants illégitimes, qui vont grossir les rangs du prolétariat, et elle ne suffit pas à retenir le pauvre, car la pauvreté est imprévoyante.

Dans la société socialiste la responsabilité paternelle ne serait plus légale et économique ; car la société devrait à tout être né dans son sein les moyens d'existence et l'instruction ; la responsabi-

lité paternelle ne serait plus que morale. L'amour
paternel, nous l'avons vu, ne cesserait pas ; il serait
même plus éclairé, plus prévoyant, et il agirait
donc comme frein limitant une procréation excessive. D'autre part, les hommes se sentiraient plus
solidaires qu'aujourd'hui ; ils comprendraient
mieux la portée sociale de leurs actes et partant
ils régleraient leur conduite de plus en plus sur
l'intérêt général. La collectivité n'aurait pas besoin
de fixer par une loi (et en vérité elle ne le pourrait
pas) le nombre d'enfants que chaque couple aurait
le droit de mettre au monde ; elle ne songerait pas
non plus à assujettir les individus qui voudraient
se marier, à une visite médicale. Il n'y aurait
qu'une sanction morale aux devoirs concernant la
procréation ; c'est la seule espèce de sanction qui
leur convienne.

§ 4.

Nous allons dire quelques mots au sujet de la
« patrie ».

On ne peut pas nier l'individualité des peuples.
Chaque société a un substratum matériel dans le
territoire qu'elle occupe et d'où elle tire ses moyens
de subsistance, et dans la richesse accumulée pour
des buts sociaux. Un cosmopolitisme complet est
hors de question, même dans un régime communiste. Plus les intérêts des membres d'une communauté sont solidarisés, plus aussi la communauté a une personnalité forte et distincte de celles

des autres communautés. On peut imaginer la
fusion graduelle des langues, l'internationalisation
complète de la science et de la littérature, la formation de sentiments et d'idées de moralité communs à tous les hommes. (Aujourd'hui le même individu peut être héros en deçà et malfaiteur au
delà d'une frontière). Chaque communauté aura,
malgré tout, des traits caractéristiques. Le climat,
l'histoire, les traditions, les caractères des hommes,
diffèrent d'un pays à l'autre. Toute société a une
structure et une physionomie particulières : toute
société est une, a un centre principal, des centres
secondaires, des organes de relation, etc., etc.

L'individu est un membre inséparable du corps
social : il y a chez lui des idées, des sentiments,
des traditions se rapportant à la vie collective, en
même temps que des idées, des sentiments, des
traditions se rapportant à la vie de chaque aggrégat particulier (classe, profession, etc.), et à la vie
individuelle. « Les peuples ne sont pas des abstractions, ils sont des organismes ; dans les heures de
crise, on entend battre leur cœur unique » — a dit
M. Ed. Rod. Et cela n'est pas vrai seulement pour
les heures de crise ; le cœur d'un peuple, on l'entend battre, à une auscultation attentive, dans la
vie de tous les jours. L'âme des nations ne demeure pas inactive, lors même qu'aucun événement extraordinaire ne survient nous révéler ses
sentiments. Il y a des périodes d'énergie et des
périodes d'affaissement, des périodes d'héroïsme

et des instants de lâcheté dans la vie d'un peuple, aussi bien que dans la vie de l'individu. Mais jamais, à aucun moment, un homme ni une nation ne cessent de penser, de sentir, d'agir, jamais ils ne perdent leur indi/idualité.

Si donc il est permis de croire que les barrières politiques et économiques entre les peuples civilisés seront abattues, que les nations ne se feront plus la guerre, qu'elles se mettront d'accord pour régler les échanges, les communications, la circulation monétaire, la défense sociale (contre les crimes et contre les maladies contagieuses) et bien d'autres intérêts communs, — pour lesquels nous voyons déjà se former des organes spéciaux, — d'autre part, l'unification complète des nations semble être un rêve d'utopiste. Les organisations communales et nationales seront couronnées par un réseau de rapports internationaux, mais elles ne seront pas effacées.

§ 5.

En résumé, l'organisation sociale : 1° doit être développée, augmentée, non pas détruite ; 2° elle doit être fondée sur l'égalité et sur la justice, non pas sur le droit du plus fort. La société n'est pas une abstraction, un rapport idéal entre un certain nombre d'individus ; mais une chose concrète, *vivante*, un tout organique de choses et de personnes reliées entr'elles par des idées, des sentiments, des traditions, des intérêts ; ce n'est pas une catégorie logique, mais bien une formation historique. Elle a un *substratum* matériel dans l'accumulation de matériaux réunis pour l'accomplissement de ses buts; et elle exécute ses fonctions par des organes de différentes espèces, organes pour la production et la distribution de la richesse, organes pour l'instruction, pour l'assistance, pour la justice, pour la défense nationale, etc. Tout cet appareil est aussi indispensable à la vie d'une société civilisée que la maison et le vêtement le sont à la vie de l'homme contemporain. On ne va pas imaginer que l'organisation sociale actuelle va être rasée au sol dans une journée de révolution. La révolution présuppose qu'une certaine transformation s'est produite dans la société. D'autre part, elle ne laissera pas que des ruines. Une grande partie de la constitution sociale actuelle restera debout, ou même sera relevée si elle subit un renversement momentané. A côté d'elle surgiront de nouvelles institutions ; et c'est par la création de nouvelles institutions, plutôt que par la démolition des anciennes, que le socialisme sera réalisé.

Un des traits caractéristiques de l'évolution sociale, c'est que *le nouveau croît sous le vieux*. L'humanité, de même qu'elle se sert de vieux vocables pour exprimer de nouvelles idées ou indiquer des choses nouvelles, de même qu'elle se sert de vieux édifices pour de nouveaux usages (les temples payens ne furent-ils pas appropriés au culte chrétien ?), de même et par la même loi de l'économie des forces, continue pendant un certain temps à se servir de vieilles institutions en changeant leur contenu. Lorsque cela est nécessaire, elle ajoute au vieux tronc de nouvelles branches. Ne voyons-nous pas aujourd'hui se former de nouveaux organes économiques : des syndicats régulateurs de la production et des prix ; — des associations de consommateurs tâchant de se soustraire aux monopoles et de rendre équitables les échanges ; — des organisations de crédit prétendant mettre les moyens de production à la portée de tous ceux qui en ont besoin ? De même, nous assistons à la formation de nouveaux organes de l'administration publique et de nouveaux organes et formes de relations sociales volontaires (la presse, les associations, nombre de congrès, etc., etc.). La société grandit incessamment : son organisation devient de plus en plus enchevêtrée ; la circulation des produits, des capitaux, de la monnaie devient plus large et plus rapide ; les procédés industriels de plus en plus compliqués ; le mécanisme économique se fait toujours plus mobile, plus sensible aux moindres variations, de besoins et de goûts. Perfectionner ce mécanisme, non pas le détruire, est la tâche du socialisme. Former le « plan universel », construire la « fabrique unique », c'est aller au rebours du progrès et ce n'est pas, répétons-le, résoudre le problème de l'équité des rapports économiques ; mais c'est le supprimer, en substituant aux règles de justice, qui doivent gouverner ces rapports, la volonté suprême de l'administration ou du parti dominant.

L'administration publique devient toujours plus complexe, se subdivise en organes législatifs, administratifs, techniques, exécutifs, judiciaires, organes de l'opinion publique (associations, presse, etc.), ayant chacun une fonction spéciale. Substituer à tout cela un parlement unique élu par une fiction de suffrage universel, ce n'est pas résoudre le problème d'une bonne administration des intérêts collectifs. Il faut rendre équitables les rapports, faire en sorte que les différentes parties d'un organisme politique, tout en travaillant chacune librement dans sa sphère, fonctionnent harmoniquement. Ici même, les socialistes sont souvent superficiels et doctrinaires. A la différence de ces démocrates, pour qui la liberté politique doit aboutir nécessairement à l'égalité économique, les socialistes ont cru, et beaucoup d'entre eux croient encore, qu'une fois l'égalité des conditions économiques établies entre les hommes, on aura nécessairement la liberté, et que tout ira pour le mieux dans le meilleur des mondes possibles. Le suffrage universel se portera sur les meilleurs parmi les hommes ; ces élus excellents administreront pour le bien public, et seront inaccessibles à l'ambition et à la cupidité, parce qu'il ne leur sera pas permis d'accumuler de la richesse, et que le jour où ils manqueraient à leur devoir, le peuple les congédierait. Raisonnement erroné, car l'égalité des conditions ne saurait jamais être parfaite, et elle est exposée à s'altérer ; si bien que *le problème est moins de l'établir que de la maintenir ;* pour la maintenir, il faut assurer le bon fonctionnement de l'administration publique, perfectionner l'organisation politique. Si le bon fonctionnement de l'administration publique présuppose l'égalité économique, celle-ci à son tour présuppose le bon fonctionnement de l'administration.

Le socialisme est un phénomène de croissance, non pas un phénomène d'arrêt. Le contenu de l'organisation sociale est indestructible. Quels que soient les inconvénients de la constitution actuelle de la famille (hypocrisie de l'amour, mariages d'intérêt, tyrannie domestique, égoïsme familial, propriété et privilèges qui se concentrent dans la famille et se transmettent de l'une à l'autre génération) il n'est pas possible et il ne serait pas désirable d'arracher au cœur de l'homme le trésor inestimable de ses affections ; de prohiber l'amour constant ; de nier les liens de parenté ; de réduire les hommes à des atomes vaguant dans le désert de l'existence. Mais justement, parce que la famille est une si grande partie de notre existence, et qu'elle peut, selon qu'elle est bien ou mal organisée, nous rendre heureux ou malheureux, elle ne peut pas rester ce qu'elle est aujourd'hui ; sa constitution doit suivre notre progrès moral, le perfectionnement de nos sentiments et de l'organisation sociale toute entière.

Il n'est pas possible de détruire le lien qui unit l'homme au monde extérieur, de décréter que tout est à tous, que toute la terre est à tout le genre humain, d'abolir les échanges, de supprimer tout mécanisme pour la détermination des besoins et des forces de travail, d'établir des conditions de travail uniformes pour tous, ni l'obligation d'un certain nombre d'heures de travail par jour, — d'égaliser les conditions des localités, etc. L'organisation économique doit être perfectionnée, systématisée ; on doit régler les rapports économiques selon des principes de justice, coordonner les activités, de manière à éviter, autant que possible, la déperdition des forces, les oscillations, les crises, etc., et accroître les rapports et les organes sociaux.

Il n'est pas possible de rompre les liens de convivance entre les individus habitant le même territoire (commune ou région) ; de détruire les affections que ces rapports engendrent ; d'abandonner au sort des combinaisons momentanées ou au caprice individuel les intérêts généraux hygiéniques, économiques, juridiques et moraux d'une communauté ; — de décréter (ou d'espérer) que les membres de la communauté seront du même avis dans les questions d'intérêt commun ou attendront pour décider une affaire qu'ils se soient mis d'accord. Mais il importe de mieux organiser ces intérêts collectifs, sans pression hiérarchique, sans l'arbitraire d'un gouvernement.

Il faut ôter à l'agrégat politique l'esprit de domination, et à l'agrégat économique l'esprit de monopole.

De cette façon, la distinction de ce qui est essentiel d'avec ce qui est accidentel et formel dans la constitution sociale nous tiendra également éloignés de l'empirisme et du doctrinarisme, l'un et l'autre stériles, et nous permettra de concevoir une organisation pratique de la société socialiste.

CHAPITRE VIII

(b) Collectivisme. a) socialisme d'État.

Un ouvrage sur le socialisme écrit sous la forme d'un roman n'est pas nécessairement une utopie. Les livres de Bellamy (*Looking Backward* et *Equality*) ne sont pas de l'utopie à cause de la fiction dans laquelle l'auteur enveloppe sa conception de la société collectiviste, mais parce que cette conception même est absurde et irréalisable. Ils sont utopiques, mais ni plus ni moins que bien des ouvrages arides et scientifiques.

Dépouillant les deux romans cités de tout accessoire et embellissement (tels que la machine à voler, l'électroscope), on y trouve l'idée fondamentale du système collectiviste, le plan unique de production, la propriété nationale de tous les moyens de production attribués à la collectivité, qui, par l'intermédiaire d'une administration publique, organise la production et les échanges.

Chaque individu, d'après Bellamy, serait tenu de travailler pour la communauté de 21 à 45 ans, mocratiquement. D'autres encore l'abandonneraient volontiers à la libre initiative et aux accords spontanés des individus et des associations. Socialisme d'Etat, socialisme démocratique, socialisme anarchique ; ce sont les trois principales catégories du socialisme.

Aujourd'hui, sous le nom de *socialisme d'Etat*, on entend communément toute intervention du gouvernement dans les rapports entre les capitalistes et les ouvriers, et en général toute action du gouvernement pour la pacification de la lutte des classes et l'amélioration du sort des travailleurs. Cet œuvre moralisatrice et progressive, qu'on attend de l'Etat, devrait s'accomplir incessamment et par tous les moyens dont le gouvernement dispose : — par l'impôt, auquel on assigne une fonction sociale ; — par l'amélioration des services publics, instruction, justice, etc., qui devraient être désormais organisés de façon à rétablir la balance entre les riches et les pauvres, à corriger les inégalités de conditions ; — par la détermination légale de la journée *maximum* de travail, des salaires et des prix des objets de première nécessité ; — par l'assurance obligatoire des ouvriers contre les accidents de travail ; — par l'institution de caisses de secours aux malades et de pensions aux vieillards, etc. Dans l'intérêt du prolétariat des campagnes, les socialistes d'Etat proposent de réformer le code civil en ce qui regarde les obligations réciproques des colons et des propriétaires ; — d'instituer des tribunaux agraires (comme il en existe déjà en Irlande) chargés de réduire les fermages excessifs ; — de consolider la petite propriété dans les mains des cultivateurs indépendants par des lois limitant les droits de vente et d'hypothèque.

Nous verrons plus loin que la plupart de ces mesures et d'autres analogues (telle que l'achat par les communes rurales des semences, des engrais, etc., qui devraient être revendus au prix de revient aux cultivateurs) sont réclamées aussi par les social-démocrates ; mais, à titre transitoire. Le but du socialisme démocratique est la socialisation des instruments de travail, l'abolition du salariat. Les socialistes d'Etat eux-mêmes poussent parfois jusque-là leur ambition.

« Le but à atteindre c'est la production déterminée d'après un plan général, conforme aux besoins des consommateurs pris tous ensemble et exécuté par des corporations » (1).

Le Dr Hinzpeter, un des précepteurs de Guillaume II, peu de temps après l'avènement de son disciple au trône, annonça l'apparition prochaine d'un socialisme césarien ou impérial, — qui cependant n'a pas eu grand succès, — dans les termes suivants : « L'institution du salariat a fait son temps... Il faut *socialiser* (en outre des chemins de fer, de la poste, etc , qui le sont déjà) les industries minières, textiles, etc., enfin, toutes les grandes industries nationales » (2).

(1) Adolphe Wagner, *Staats-Socialist.* n. 1, 1887.
(2) Cité par C. de Paepe, dans la *Société Nouvelle*, 1890, p. 342.

Un plan complet de socialisme d'Etat fut tracé par Louis Blanc (1). Il proposait de racheter, au moyen de rentes sur l'Etat, les chemins de fer et les mines, de transformer la Banque de France en Banque d'Etat, de centraliser les assurances, d'établir, sous la direction de fonctionnaires responsables, de vastes entrepôts, où producteurs et manufacturiers seraient admis à déposer leurs marchandises et leurs denrées, lesquelles seraient représentées par des récépissés ayant une valeur négociable et pouvant faire office de papier-monnaie. Les bénéfices que l'Etat retirerait des chemins de fer, des mines, des assurances, de la Banque et des droits d'entrepôts, serviraient à commanditer les associations ouvrières instituées d'après le principe d'une fraternelle solidarité, et à fonder des colonies agricoles. « L'Etat déterminerait le prix de revient ; fixerait, eu égard à la situation du monde industriel, le chiffre du bénéfice licite au-dessus du prix de revient, de manière à arriver à un prix uniforme et à empêcher toute concurrence entre les ateliers d'une même industrie. Ensuite, on établirait dans tous les ateliers d'une même industrie un salaire non pas égal, mais proportionnel, les conditions de la vie matérielle n'étant point identiques sur tous les points d'un pays. Enfin, chaque atelier ayant son fonds de réserve, des divers fonds de réserve on formerait un fonds de mutuelle

____

(1) *Nouveau Monde*, 15 sept. 1849.

assistance entre toutes les industries, de telle sorte que celle qui, une année, se trouverait en souffrance, fût secourue par celle qui aurait prospéré. Un grand capital serait ainsi formé, lequel n'appartiendrait à personne en particulier, mais appartiendrait à tous collectivement. La répartition de ce capital de la société entière serait confiée à un conseil-d'administration placé au sommet de tous les ateliers ».

Nous ne devons pas nous attarder à formuler des objections contre ce plan. Ce que nous dirons au sujet du collectivisme s'appliquera à plus forte raison au système de L. Blanc.

Dernièrement, la *Fabian Society*, de Londres, a élaboré un nouveau programme de socialisme d'Etat. On y demande :

a) La nationalisation immédiate de tous les chemins de fer, des canaux, des télégraphes, des téléphones et d'autres monopoles de caractère général ou national ;

b) La municipalisation immédiate de la fourniture de l'eau, du gaz et de la lumière électrique, des docks, des marchés, des tramways, des omnibus, des agences de prêt sur gage, de la navigation fluviale et lacustre et de tous les autres monopoles locaux ;

c) Le passage immédiat à l'entreprise publique de la fabrication et de la vente des tabacs, du pain et des boissons alcooliques, de la vente au détail du charbon, du lait et d'autres denrées de première nécessité, — de la construction de maisons pour les ouvriers.

Ce socialisme, s'il pouvait se réaliser, nous donnerait peut-être l'égalité des conditions, mais ce serait une égalité dans la servitude. L'ouvrier devrait se soumettre aux conditions que le gouvernement, ou la municipalité, lui dicterait : il n'aurait pas même la maigre ressource de « changer de maître ». Il serait poursuivi par l'inimitié du gouvernement chaque fois qu'il se montrerait réfractaire à ses ordres. L'Etat serait le capitaliste universel : capitaliste nominal d'ailleurs, car ceux-là qui gouverneraient l'Etat, seraient les capitalistes réels.

Un socialisme de cette espèce ne serait donc pas du socialisme, mais, comme l'a bien dit M. Liebknecht, du *capitalisme d'Etat*. Pour que l'exploitation de la classe ouvrière cesse réellement, il ne suffit pas de changer le régime capitaliste, il faut que le régime gouvernemental change aussi. « L'Etat doit faire peau neuve » disent les socialistes démocrates : il doit ronger ses ongles ; il doit cesser d'être une oligarchie, d'être le pouvoir de quelques-uns sur la multitude ; il doit devenir une démocratie, le pouvoir de tous sur eux-mêmes. « L'Etat doit être aboli » disent à leur tour les anarchistes. La question cependant n'est pas de trouver une formule plus ou moins logique pour la solution du problème social, mais de proposer une solution pratique possible et réalisable prochainement, sans exiger qu'elle soit parfaite.

Le socialisme d'Etat ne se pose pas même la question des transformations que doit subir l'organisation politique. Il n'admet pas la nécessité de changer la constitution gouvernementale. Il pourrait être défini le *socialisme des conservateurs*, le socialisme de ceux qui ne veulent pas s'éloigner du régime politique actuel. Il est monarchique en Allemagne, monarchico-constitutionnel en Angleterre, républicain en France.

A ce point de vue, le socialisme chrétien ne serait qu'une variété du socialisme d'Etat, car il est imbu lui aussi d'esprit conservateur. Mais le socialisme chrétien, loin de faire appel à l'Etat pour la solution du problème social, fait appel à la bonne volonté des classes même, entre lesquelles le conflit a éclaté. Il préconise l'institution de syndicats mixtes, composés de patrons et d'ouvriers, ayant juridiction pour préparer les règlements de fabrique, pour organiser des institutions de prévoyance, pour imposer l'observation des règles d'hygiène, pour déterminer la durée du travail et pour limiter même la production, afin de contenir en des justes limites la concurrence (1).

Il est évident que de telles institutions, imaginées pour concilier les intérêts des patrons et des

____

(1) Cfr. l'article de M. d'Haussonville, *Socialisme d'Etat et socialisme chrétien ; Revue des deux Mondes*, 15 juin 1890.

ouvriers, peuvent adoucir provisoirement certains conflits, mais ne peuvent pas définitivement supprimer le conflit.

~~(a) Socialisme d'Etat.~~ b/ collectiviste

Quel est, d'après les principes exposés, le nouveau système économique et politique, sous lequel l'humanité se prépare à vivre ? Quelle est l'organisation du travail, quel est le régime administratif, qui doivent succéder aux systèmes, capitaliste et gouvernemental, actuels ?

Avant de répondre, nous devons passer en revue les différents systèmes que les socialistes préconisent à l'heure actuelle, pour savoir ce qu'il faut en penser.

Les socialistes, nous l'avons dit, se sont préoccupés plutôt de la *forme* de l'organisation socialiste que de son *essence*. C'est donc au point de vue de la forme que les différentes écoles socialistes peuvent être classifiées. Les uns demandent que l'organisation du travail soit faite par l'Etat, c'est-à-dire par le pouvoir historique qui a la haute direction des affaires sociales. D'autres proposent qu'elle soit entreprise par la société organisée déil choisirait librement son travail, et recevrait tous les ans sous forme de compte-courant à la Banque d'Etat, une somme (la même pour tous) représentant sa participation au produit total : somme qu'il pourrait et devrait dépenser à sa guise. Il n'y aurait dans la société collectiviste ni créances ni dettes entre particuliers : aucun contrat ne serait obligatoire. La vente des produits serait faite aux magasins nationaux au prix de revient. Toute idée de profit serait écartée des échanges. Une nation devrait exporter ses produits à l'étranger au même prix auquel elle les fournit à ses membres. Un conseil international surveillerait l'observation de cette règle.

Telle est la conception du collectivisme selon Bellamy. Elle ne diffère pas sensiblement de celle de M. Bebel (1) et des autres collectivistes. M. Bebel préconise la constitution d'une administration communale ou sub-communale (par fractions de commune) qui, après avoir fait un inventaire général de toute la richesse sociale, — fabriques, laboratoires, moyens de transport, fonds de magasin, etc. — de toute la force de travail et des capacités des travailleurs, — et de tous les besoins à satisfaire pendant une année, ferait son plan général de production, calculant la durée moyenne du travail pour tous les individus, et, d'après cette base, les rapports d'échange des choses. Production et

---

(1) Cfr. l'ouvrage sur *La Femme et le Socialisme*.

échange seraient faits exclusivement par la collectivité : l'individu recevrait des certificats témoi-
gnant du travail accompli et il irait les convertir
en objets de consommation aux magasins publics.

Cela est-il possible ? La collectivité pourrait-
elle prévoir tous les besoins de ses membres ?
pourrait-elle satisfaire jusqu'à leurs caprices ?
pourrait-elle organiser toute la production ? y aurait-il avantage à réunir toutes les industries, toutes
les affaires aux mains d'une seule administration
collective ?

Nous ne nous dissimulons pas, — le lecteur le
verra bientôt, — les difficultés du système collectiviste ; mais nous devons reconnaître aussi qu'elles
ont été singulièrement exagérées. Les écrivains
bourgeois ont insisté beaucoup, dans la critique
qu'ils ont faite du collectivisme, sur la partie la
moins essentielle du système. M. Leroy-Beaulieu,
par exemple, a voulu critiquer la distinction que
les collectivistes font entre les instruments de travail, dont la possession appartiendrait exclusivement à la communauté, et les objets de consommation, qui pourraient former une propriété privée ; et
il a remarqué doctoralement qu'un grand nombre
de choses peut prendre, selon l'intention du détenteur, l'un ou l'autre caractère (1). Il est facile de
répondre qu'il ne s'agit pas ici d'une distinction
scolastique, mais d'une distinction pratique entre

(1) *Le Collectivisme*, pp. 13-14.

ce qui *sert*, en des circonstances données, à produire, et ce qu'on destine à être consommé. La difficulté de la distinction entre instrument de production et produit est purement théorique : dans la pratique personne ne prétendra que l'aiguille, la plume, le papier, dont on se sert pour attacher un bouton ou pour écrire une lettre, sont des instruments de production, comme le sont le sol, les fabriques et les chemins de fer.

D'autres auteurs objectent au collectivisme que la besogne de l'administration centrale serait trop grande. « Si nous songeons (dit M. Longoni, d'après M. Leroy-Beaulieu et d'autres) aux innombrables opérations, au travail fiévreux du jour et de la nuit, au va-et-vient de personnes, chars et bestiaux, au mouvement des trains, à la correspondance, au travail intellectuel, à tout ce qu'il faut pour approvisionner rien qu'une ville telle que Milan, de manière à ce que rien ne manque aux besoins et aux désirs de chacun, suivant les saisons et les circonstances, et que rien ne dépérisse par excès de production, nous nous persuadons que les fonctionnaires d'un Etat, lors même qu'ils eussent le génie d'un Napoléon, d'un Alexandre, d'un César, d'un Cavour ou d'un Bismarck, ne réussiraient pas à organiser le service d'approvisionnement d'une seule grande ville. Que dirait-on s'ils devaient approvisionner le pays entier (1)? »

(1) Longoni. *Il socialismo nella dottrina e nelle applicazioni.* Milan 1895, pp. 164-165.

D'accord ; mais il ne faut pas s'imaginer que l'organisation du travail doive nécessairement être faite entièrement par un conseil administratif central, et d'en haut. La collectivité générale pourrait laisser les collectivités particulières organiser leur propre travail et vaquer à leurs affaires : elle pourrait se borner à mettre d'accord leurs plans, à y apporter des amendements dans l'intérêt général.

M. Jaurès (1) a proposé l'institution d'un conseil national de travail, composé de délégués de toutes les corporations industrielles, commerciales et agricoles, et de représentants généraux de la nation. Ce conseil ne ferait qu'exercer un arbitrage dans les cas de désaccord entre les associations ; il empêcherait les monopoles, assurerait le travail à tous, préléverait une grosse part des produits pour l'amortissement, pour la rénovation et le perfectionnement du capital fixe ; il déterminerait la journée moyenne de travail et la rémunération correspondante. L'organisation procèderait en ce cas d'en bas : le conseil général serait un organe de corrélation, non pas un régulateur suprême de la production et des échanges. La nécessité de systématiser la production et les échanges, dans le but de prévenir les crises et les chômages, est ressentie même sous le régime capitaliste. Les socialistes ne demandent pas autre chose.

(1) *Revue socialiste*, août 1895.

Une autre objection, dont les économistes bourgeois font beaucoup de bruit, est adressée au collectivisme au nom de la liberté. « Sous le régime collectiviste, où personne ne peut rien produire, ayant une destination vénale, l'Etat sera maître d'éliminer radicalement, en ne produisant rien pour eux, tous les besoins qui n'auront pas sa haute approbation. Supposez qu'un jour l'Etat tombe entre les mains de ces farouches amis de la tempérance qui s'appellent *teatotalers*, immédiatement les citoyens devront se mettre au régime de l'eau pure ou de certaines boissons déterminées ; il ne sera plus loisible à un seul habitant de se dérober à cette déplaisante uniformité de régime. Si par hasard les végétariens ou légumistes venaient à mettre la main sur l'Etat collectiviste, c'en serait fait de la liberté de l'estomac pour tous les dissidents habitués à entremêler de la viande à leur nourriture (1) ».

Cette objection et d'autres pareilles ont été poussées à l'absurde par M. E. Richter. Cet écrivain suppose que, dans l'Etat socialiste « toutes les typographies étant devenues propriété de l'Etat », il n'est désormais publié que les journaux du gouvernement ou agréés par le gouvernement. De même tous les théâtres étant publics, « on n'y donne que des pièces exaltant le nouvel ordre de choses ». Tous les enfants sont placés dans des asiles

(1) Leroy-Beaulieu, *Le Collectivisme*, p. 332.

et collèges du gouvernement. Tous les vieillards sont enfermés dans des hospices. Tout le linge sale est lavé en de grands établissements du gouvernement. Tous les vêtements sont manufacturés dans des magasins publics, et y sont raccommodés. Une loi impose à tous les individus des deux sexes l'obligation de travailler un certain nombre d'heures par jour. L'individu doit s'acquitter de la tâche qu'on lui a imposée, sous les ordres d'un fonctionnaire ; et s'il résiste, on commence par lui couper les vivres, puis on le jette en prison. Les logements sont distribués au sort, les parents séparés de leurs enfants, les maris de leurs femmes. Même repas pour tous les estomacs ; chaque individu est attaché à la cuisine de son district, etc. (1).

Tout cela est une caricature grotesque du socialisme : aucun collectiviste n'a jamais imaginé rien de pareil. Tous, au contraire, demandent liberté de travail, de domicile, de consommation pour l'individu, et s'efforcent de concilier ces libertés avec l'organisation la plus économique de la production et des échanges. On peut dire que les collectivistes n'ont pas encore trouvé une solution satisfaisante à ce problème ; mais on ne peut pas leur reprocher de vouloir l'absurde despotisme dont il est question ci-dessus.

Tenons-nous donc, pour la critique du collectivisme, dans les justes limites.

(1) Richter. *Où mène le socialisme.*

Et d'abord, sur quelles bases la collectivité ferait-elle le bilan de la production ? Sur une estimation officielle des besoins des individus ? Non, car cette estimation serait nécessairement arbitraire. Sur les statistiques de la consommation actuelle ? Mais le *budget* actuel de la nation devrait être changé de fond en comble. Enfin, sur les déclarations que les individus feraient de leurs propres besoins et désirs ? Non plus ; car les individus accroissent ou diminuent leur consommation selon les circonstances.

Non seulement la collectivité (surtout une grande collectivité) ne saurait faire un bilan général de ce qu'il faudrait produire ; mais elle ne saurait non plus tirer le meilleur parti possible des différentes qualités du sol, des différentes situations et des différentes capacités, de façon à obtenir la plus profitable organisation possible de la production. Pour décider s'il est plus utile dans un certain endroit de faire un travail ou un autre, si le sol doit être cultivé ou réservé à d'autres usages, etc., etc., il n'y a pas de règles scientifiques : la situation, les traditions, un ensemble de circonstances, souvent impossibles à bien apprécier et définir, donnent à l'organisation industrielle de chaque pays et de chaque localité une physionomie plutôt qu'une autre. Lorsque l'initiative de la production appartient à l'individu, les industries qui résistent à la concurrence, sont celles qui conviennent au pays : mais comment s'y prendre si le régulateur de la concurrence fait défaut ?

Nous n'insisterons pas davantage sur le danger qu'il y aurait à confier à une administration centrale le pouvoir de régler les conditions du travail pour toutes les industries et pour toutes les localités. Nous avons déjà dit que les travailleurs pourraient être appelés, métier par métier, à fixer eux-mêmes ces conditions. Toutefois, ils pourraient ne pas se trouver d'accord ; de plus, il faudrait mettre en harmonie les intérêts et les préférences des travailleurs avec l'intérêt du public. Puisque la collectivité ferait elle-même le plan général de production, elle devrait pouvoir contrôler les délibérations des corps de métiers.

Pourrait-elle offrir à tous les individus le travail pour lequel ils se sentiraient disposés ? et réciproquement obtenir d'eux le travail le plus utile et nécessaire ? Evidemment, elle ne pourrait pas laisser à l'individu liberté absolue de choix, sans se trouver dans l'impossibilité de poursuivre son plan de production ; elle ne pourrait non plus imposer à l'individu une tâche journalière sans tomber dans les inconvénients de la contrainte. Le dilemme ne peut être esquivé que par une majoration de la rémunération des travaux les plus demandés.

Ici nous devons aborder la grave question de la valeur. L'idée fondamentale du collectivisme est que, une fois le monopole des instruments de tra-

vail supprimé, la valeur des choses sera déterminée par la quantité de travail dépensé pour les
produire. Supposons que tous les objets dont la
collectivité a besoin dans l'espace d'un an, néces-
sitent 10.000.000.000 d'heures de travail, et qu'il
y ait 10.000.000 de travailleurs, chaque travailleur devra donner à la collectivité 1.000 heures
de travail, et aura droit à un dix-millionième du
produit total. Chaque produit a la valeur des
heures de travail qu'il a coûté : $\dfrac{x}{10.000.000.000}$ Telle
est la très simple théorie collectiviste des échanges.

Mais d'abord, il y a des travaux de différentes
intensités et même, pour un seul genre de travail, l'intensité de l'effort fait varier beaucoup le
résultat du travail. Cinq minutes de travail d'un
bon ouvrier peuvent produire autant qu'une demi-
heure d'un autre. La collectivité ne pourrait pas
tenir compte de tout le temps dépensé dans le
travail par ses membres ; mais elle devrait calculer seulement le travail utile et d'une intensité
moyenne.

Mais cela ne suffit pas : car il pourrait y avoir
désaccord entre l'offre et la demande des différentes sortes de travaux. Si tous les travaux étaient
rémunérés dans la même mesure, il y aurait une
grande offre de bras pour les travaux les plus
faciles, et personne ne voudrait s'adonner aux
plus pénibles. D'autre part la collectivité ne saurait évaluer les différences d'intensité, d'agrément,

etc., qui existent entre les diverses espèces de travaux ; c'est là une appréciation tout à fait subjective.

Il n'y aurait donc qu'à tenir compte de l'offre et de la demande, en élevant la rémunération dans les métiers pour lesquels il y a un plus grand besoin de travailleurs et en l'abaissant dans ceux où ils sont trop nombreux. C'est ce que proposent MM. Schaeffle, Kautsky, Deville et d'autres (1).

Mais, si l'on admet cela, on doit admettre aussi que les objets pour lesquels il faudra un travail plus rémunéré, auront une plus grande valeur d'échange : sans cela, la collectivité ne pourrait pas se charger de les faire fabriquer. Voilà donc une modification déjà assez importante de la raison pure des échanges.

D'autre part, le travail n'est pas le seul élément du prix des choses. Pour produire certaines choses il faut une accumulation préalable de moyens, de connaissances, ou bien il faut pouvoir utiliser certaines situations ou circonstances particulières. Or, l'accumulation des moyens, les situations favorables, etc. sont en quantités limitées, et si l'on s'en sert pour obtenir certaines commodités, on doit

______

(1) Deville, *Principes socialistes*, pp. 36-37 et *Le Capital* résumé, Paris, 1883, p. 35. Bellamy propose que l'administration collective augmente le temps de travail, dans les métiers, pour lesquels il y a un plus grand offre de bras, le diminue pour les autres. Schaeffle propose l'institution d'un bureau spécial pour régler les salaires d'après l'offre de travail.

renoncer à en obtenir d'autres. Il est dès lors juste et nécessaire d'élever le prix des premières ; c'est aussi le seul moyen d'en limiter la demande. Celui qui demande une chose dont la production nécessite, en plus d'une certaine quantité de travail actuel, l'usage d'un capital ou l'exploitation de circonstances particulièrement favorables, demande plus que celui qui demande une chose que le simple travail actuel suffit à produire.

En général, il y a des choses qui ne peuvent être produites en quantité égale à ce qui est désiré. Dès lors, si on ne veut pas laisser à l'administration collective, ou à une commission de statistique, la faculté de décider à qui elles devraient être adjugées, il faut nécessairement admettre qu'elles le seront à celui qui fera l'offre la plus élevée. Nous avons donc là un commencement de fixation des prix par la concurrence. Nombre de collectivistes admettent que, pour les choses rares, il faudra ouvrir une enchère (1).

Le nombre des choses qu'on ne peut produire qu'en quantité limitée est bien plus grand qu'on ne le pense généralement ; et beaucoup d'autres choses ne peuvent être produites en quantité illimitée qu'à la condition d'augmenter les frais de production. Le blé qu'on récolte sur les terres les plus fertiles ne suffisant pas aux besoins de la collectivité, il faut en cultiver sur des terres moins

_____

(1) G. Renard, *Le Régime socialiste*, p. 175.

fertiles, ce qui demande un plus grand travail. Aussi le prix de revient est-il différent pour les différentes quantités de blé qu'on a produites : il y a un coût minimum, un coût moyen et un coût maximum. Selon les règles traditionnelles, la collectivité devrait céder le blé aux consommateurs au prix de revient maximum, c'est-à-dire en raison de la quantité d'heures de travail nécessaires à le produire sur la portion la plus ingrate du sol ; car à ce point seulement le prix aura la vertu d'arrêter la demande et d'établir l'équilibre entre la production et la consommation. Naturellement, la collectivité gagnerait la différence entre le prix de revient maximum et les prix de revient moyen et minimum ; cette différence ou rente, elle pourrait l'employer à des objets d'utilité générale. Cependant rien n'empêche que la collectivité ne cède le blé à un prix au-dessous du maximum, renonçant en totalité ou en partie à la rente ; d'autant plus qu'il s'agit d'un article de première nécessité. Mais alors elle devrait pouvoir satisfaire à toutes les demandes, ou bien procéder au rationnement. Quant au blé, cela est encore possible, car la quantité qu'on mange tous les jours peut être évaluée pour chaque individu. Mais une telle estimation est inadmissible pour d'autres objets de consommation : c'est pourquoi *la règle doit être la détermination de la raison d'échange des choses par l'équilibre spontané de l'offre et de la demande.*

Lorsque la demande d'un objet augmente, soit

parce que l'usage de cet objet se généralise, soit parce que le même objet est employé à de nouveaux usages, ou pour toute autre raison, le prix de cet objet doit augmenter. En même temps augmentent les prix du travail, de la matière première et de la portion du sol nécessaire à la produire. Cela est vrai en règle générale : il se peut cependant que l'un ou l'autre seulement de ces coefficients du prix varie.

Il faut que le mécanisme des échanges soit sensible à toutes les variations des besoins, désirs, capacités, méthodes de production, etc. ; et pour cela il faut que les prix soient convenus directement entre producteurs et consommateurs, non pas imposés par un décret de l'autorité.

En résumé, la collectivité ne pourrait pas dresser un plan de production dans lequel rentrerait la satisfaction de tous les besoins individuels.

Elle ne pourrait non plus assigner à tous les travailleurs une rémunération égale, ou seulement proportionnée à la durée du travail.

Elle ne pourrait priver tous les travailleurs des produits de leurs travaux et empêcher que l'on fasse des échanges individuels.

Elle ne pourrait non plus fixer la valeur des produits d'après la quantité de travail dépensé pour les produire.

Nous ne voyons qu'une seule solution possible pour le problème de l'organisation industrielle. Que l'initiative de la production soit laissée à l'individu et aux associations, de même qu'on leur laissera la libre disposition des produits du travail. L'intérêt du producteur le pousserait à donner aux instruments de travail la destination la plus utile selon la demande, et à offrir pour leur possession le prix le plus élevé. De cette façon, la liberté individuelle serait respectée, en même temps que la collectivité ferait valoir ses intérêts.

Les plus graves inconvénients du collectivisme dérivent de l'excessive centralisation. Dans le collectivisme le pouvoir des administrateurs serait redoutable ; et les frais d'administration entraîneraient une extraordinaire diminution du produit total. Il est vrai qu'on pourrait essayer d'esquiver cette difficulté par un système démocratique. « Les fonctionnaires seraient éligibles et révocables par un vote des électeurs. Nulle mesure d'importance ne serait prise sans l'approbation du peuple. L'initiative des lois partirait assez souvent du peuple » (1). Mais à cela il faut opposer l'importance des intérêts confiés aux soins de l'administration et le pouvoir immense que celle-ci exercerait sur tous les citoyens ; car, enfin, tous dépendraient d'elle pour le travail, le logement, la nourriture, le vêtement, etc. De même qu'aujourd'hui le gouvernement se sert de ses attributions administratives pour se faire une clientèle et se maintenir au pouvoir, malgré le suffrage universel, l'admi-

(1) Bellamy, *Equality*, p. 247 ; Bebel, *La femme dans le passé, le présent et l'avenir*, trad. franç., p. 256.

nistration collectiviste pourrait facilement asservir à ses fins le suffrage universel, le *referendum*, l'initiative populaire : *les formes démocratiques seraient vaincues par l'essence despotique de l'administration.*

Tel que le conçoivent généralement les socialistes démocrates, le collectivisme est à peu près irréalisable. Ses partisans s'en sont aperçus et ils lui ont déjà apporté des modifications considérables. MM. Bernstein, Vandervelde et d'autres proposent de limiter la gestion collective à la grande industrie. Les socialistes démocrates anglais se borneraient à nationaliser le sol, les mines et les chemins de fer ; ils organiseraient la plupart des industries en services publics municipaux et laisseraient pourtant une marge à l'organisation coopérative volontaire. Enfin, presque tous les collectivistes admettent, aujourd'hui, la nécessité de varier la rémunération du travail selon le rapport de l'offre et de la demande, et abandonnent peu à peu la théorie de la détermination officielle de la valeur.

Il ne reste donc du système collectiviste que l'idée-mère : la systématisation des rapports de l'échange et de la production en vue de l'intérêt général et le droit égal de tous les travailleurs. La tâche de la collectivité doit être limitée à faire valoir la justice dans les rapports économiques, à supprimer les monopoles, à égaliser les conditions du travail, à tenir les instruments de travail à la disposition de tous les travailleurs. La détermination des modalités de la production et celle des rapports particuliers d'échange doivent être remises à la libre entente des individus et des groupements. Il n'est pas dit cependant que les accords pris par les associations productives ne se consolident de façon à former un plan général de production. Mais le plan n'aura pas été tracé par une administration centrale ; il résultera de l'expérience et de la libre entente de ceux-là même qui doivent l'exécuter. A cette condition, il sera acceptable.

CHAPITRE IX

(c) Anarchie.

§ 1.

Les social-démocrates exagèrent dans le sens de la centralisation, les anarchistes exagèrent dans le sens de l'autonomie. Les anarchistes de toutes les écoles (individualistes, communistes et socialistes) s'accordent pour penser que les hommes pourraient vivre ensemble, non seulement sans s'assujettir à aucun contrôle, mais encore sans autres liens que ceux qu'ils forment volontairement et qu'ils peuvent rompre à leur gré. L'accord des volontés, — plutôt que la nécessité de vivre ensemble, — serait la base de la société. On suppose que les volontés des hommes s'harmonisent dans la recherche de ce qui est utile à tout le monde, — ce qui revient à dire, de ce qui est juste.

Ils se divisent en deux écoles principales : l'individualiste et la communiste. Les anarchistes socialistes sont une variété de l'école communiste. Les anarchistes individualistes admettent, comme conditions de la liberté de l'individu, la concurrence, la propriété individuelle des instruments de travail, le salariat, les contrats de vente et de location, l'intérêt. Ils aboliraient seulement le gouvernement et ils pensent que sans l'appui du gouvernement les monopoles ne pourraient plus subsister, que les hommes se trouveraient alors en état d'égalité, auraient les mêmes possibilités de travail, subiraient les mêmes chances, et que par conséquent leurs rapports seraient justes et équitables. Il n'y aurait pas de soumission permanente des uns aux autres, pas de profits dus aux monopoles, pas même de rente (à l'exception de ce qu'on appelle la « rente économique », qui leur paraît être une quantité négligeable), rien que des inégalités temporaires ou plutôt des conditions différentes se faisant équilibre (1).

Ils oublient évidemment qu'il y a des inégalités naturelles de situations, de besoins et de capacités et que les coalitions formées en vue des monopoles ont seulement pour objet d'accroître l'effet de ces inégalités. Il y a des situations privilégiées. La possession d'une source d'eau, d'une route, d'un canal, d'un port, de terrains contenant un minerai beaucoup demandé, donnerait un monopole, que les individus et les associations qui en jouiraient, pourraient pousser à des conséquences extrêmes. Il est vrai qu'on pourrait échapper au monopole en

(1) Tucker, *Instead of a book*, New-York, 1893. Mackay, *The Anarchists*, etc.

creusant d'autres puits, en ouvrant de nouveaux chemins, en se servant d'un autre minerai et par d'autres expédients que les circonstances peuvent suggérer. Mais il y aurait des cas où aucune issue ne se présenterait ; et toujours ceux qui auraient pris possession des situations les plus favorables, pourraient produire à meilleur marché et faire la concurrence aux autres jusqu'à les supprimer. Pour construire un nouveau chemin, un nouvel aqueduc, etc., il faut du sol, de la matière première et du travail ; il se peut qu'après tout on trouve plus de convenance à se soumettre au monopole qu'à supporter ces dépenses. Lorsqu'un pays aurait été entièrement occupé, ceux qui posséderaient le sol et les industries principales, pourraient dicter leurs conditions, et forcer les autres à les accepter ou à chercher une nouvelle demeure. Enfin la population continuant à augmenter, ceux qui voudraient se soustraire à la tyrannie des individus et des associations occupant les situations les plus favorables, en seraient réduits à aller coloniser le centre de l'Afrique ou quelqu'île océanique : là bas ils trouveraient sans doute plus d'indépendance, mais aussi beaucoup moins de bien-être.

En somme, la concurrence mènerait, comme toujours, au monopole : faute d'une organisation permanente des intérêts généraux, les individus resteraient aux prises les uns avec les autres ; et, loin d'assurer l'égalité des conditions et des chances, ce système laisserait les uns devenir toujours plus puissants, les autres toujours plus misérables.

Aurait-on, du moins, l'avantage d'avoir supprimé la coûteuse machine gouvernementale, les privilèges, les usurpations et le gaspillage de tout gouvernement ? Pas du tout. Car il est évident que les individus et les groupements, ayant des intérêts particuliers à faire valoir, des possessions à défendre, des profits à réaliser, voudraient se garantir contre les attaques des moins favorisés. Les anarchistes individualistes proposent de substituer à la police les associations défensives, à la loi les pactes, aux tribunaux les arbitrages, à l'impôt les contributions volontaires. Tout cela a l'air très radical ; mais il est évident qu'étant donnée l'inégalité des conditions, les associations défensives, les collèges arbitraux, etc. seraient constitués par les individus ou les associations possédant de la richesse et serviraient leurs intérêts. Les autres n'auraient peut-être pas les moyens d'en faire autant ; et s'ils parvenaient à les imiter, on aurait des associations défensives, des collèges arbitraux, opposés à d'autres associations défensives, à d'autres collèges arbitraux : ce qui serait la guerre civile en permanence. Les dépenses que feraient les riches pour leur défense seraient reportées facilement sur les pauvres, par une simple majoration des prix. Enfin les riches pourraient soudoyer des pauvres, soit pour le travail industriel, soit pour la défense de leurs personnes et de leurs biens à eux. On en reviendrait plus ou .moins rapidement au régime politique et économique actuel. .

§ 2.

Les anarchistes communistes sont aussi opposés à la concurrence, à la propriété privée, au salariat etc. que toute autre catégorie de socialistes ; en plus, ils sont aussi contraires à l'Etat que les anarchistes individualistes. Leur principe fondamental, ou plutôt leur *supposition*, est que la solidarité pleine et complète s'établirait dans la société, aussitôt que serait renversé l'ordre social actuel par une révolution, mettant en fuite propriétaires et gouvernants et laissant le « peuple » maître de ses destinées.

L'individu ne devrait être assujetti à aucune contrainte ; il travaillerait à son gré, se servant librement des instruments et de la matière de travail, qui seraient à la portée de tous, et prendrait « *dans le tas* » la quantité de produits qu'il aurait envie de consommer. Les anarchistes communistes sont persuadés que les hommes seraient tellement pénétrés de l'esprit de solidarité qu'ils travailleraient avec plaisir au bien-être commun et qu'ils seraient contents de voir leur prochain puiser dans le *tas* de quoi satisfaire largement ses besoins, car chacun jouirait du bien-être de l'autre. Au surplus, s'il y avait des restrictions, des règles et une organisation (les anarchistes socialistes insistent beaucoup sur la nécessité de l'organisation, contre les individualistes ou autonomistes, partisans de l'initiative individuelle), cela serait parfaitement volontaire.

Le fondement de la doctrine est donc la supposition d'une parfaite solidarité entre les hommes. Or, bien que la solidarité, comme sentiment et comme idée, existe et qu'elle soit destinée à se développer et à prendre un grand essor dans la société future au fur et à mesure qu'augmentera le bien-être, il y aura cependant toujours des *hiatus* dans la société ; l'intérêt individuel ne concordera jamais parfaitement avec l'intérêt collectif ; l'intérêt d'un individu ne concordera jamais parfaitement avec celui de tout autre ; les groupes ne seront pas non plus tout à fait solidaires ; il y aura des individus et des groupements qui essaieront de se faire la part meilleure ; et surtout il sera nécessaire de s'entendre, de poser des règles, de contracter des obligations, de maintenir les engagements pris, de respecter et de faire respecter certains principes de justice. Il faut une organisation stable : l'amorphisme, ou l'atomisme, n'est pas l'avenir de l'humanité.

Que chacun agisse à son gré (disent les anarchistes communistes) et la société sera organisée à la perfection ; — ou plus exactement ne sera point organisée du tout. Les individus s'uniront et se sépareront ; des groupements surgiront spontanément, non seulement sans établir un pouvoir coercitif au milieu d'eux, sans en subir un placé au-dessus d'eux, mais aussi sans accord préalable ni plan préétabli, par l'effet de l' « initiative individuelle », fonctionnant en permanence. Chaque individu ira travailler pour satisfaire un besoin de son organisme ; il se choisira le genre de travail qui lui plaira ; et, quel que soit son choix, son travail sera utile à la société. De même, chaque individu s'emparera de toute chose qui excitera son désir, et il s'en donnera à cœur joie, sans cependant nuire à personne, sans entraver la marche de la production, sans exciter l'envie des autres ni entrer en conflit avec eux. L'accord entre les individus s'établira par le libre jeu des intérêts individuels : un individu, voulant commencer une production, trouvera à sa disposition les moyens nécessaires ; il persuadera facilement à des camarades de s'unir avec lui. Les groupements agiront de concert ; les mineurs fourniront spontanément les minerais nécessaires aux constructeurs ; les fabricants de machines fourniront les outils aux manufacturiers ; les associations de transport se chargeront de porter à destination tout ce qu'on voudra. Il n'y aura pas deux manières de voir dans une affaire ou du moins il n'y aura pas de différends sérieux. La production procédera sans rencontrer d'obstacles, sans s'interrompre. Au surplus, on rédigera des statistiques et on leur donnera la plus grande publicité, de sorte que chaque individu ait une idée complète des besoins des autres, des moyens disponibles et du plan de production auquel il participe.

Un pareil système ne pourrait évidemment fonctionner que dans une très petite communauté, où tout se passerait sous les yeux de tout le monde, par la force de l'habitude ou par celle de l'opinion publique. La communauté devrait se suffire à elle-même, de telle sorte que les échanges fussent abolis. Les individus devraient s'obliger à un travail d'un certain nombre d'heures par jour, — ainsi que le proposent Kropotkine (1) et Grave (2). Et encore le principe de la prise au tas devrait être limité aux choses qu'on produit en grande abondance : quant à celles qui existent en quantité limitée, il faudrait s'en tenir à la proposition de Kropotkine, les rationner : ce qui n'est pas un système excessivement juste, ni libertaire.

Encore, faudrait-il admettre que les communautés fussent entièrement composées de gens d'élite. Il suffirait de quelque fainéant ou égoïste, qui voulût vivre aux dépens des camarades, qui soufflât l'envie, excitât l'émulation des uns et la résistance des autres, pour qu'un conflit éclatât dans lequel le communisme anarchiste sombrerait.

La communauté pour se défendre, — et pour défendre sa constitution contre les attaques des individus affectés de parasitisme atavique, — se verrait obligée à édicter des lois et à créer une or-

(1) *La conquête du pain*, Paris, 1892.
(2) *La société mourante et l'anarchie*, Paris, 1894.

ganisation spéciale chargée de les faire observer.
De la sorte le communisme anarchiste renierait
son principe fondamental et se détruirait de lui-
même.

§ 3.

Les socialistes anarchistes reconnaissent la nécessité de l'organisation permanente des grands
intérêts sociaux, organisation à laquelle tous les
membres de la communauté devraient participer
directement. Toutefois, dans le fait, comme les
membres d'une grande communauté ne pourraient
ni ne voudraient s'enquérir de toutes les affaires
qui les concernent, soit à cause de leur trop grand
nombre, qui les empêcherait de se réunir, soit à
cause de la nature de certaines affaires, qui demandent des connaissances particulières, ils seraient bien forcés de déléguer à quelques individus le soin de les représenter pour telle ou telle
besogne déterminée. La nécessité de la délégation
est admise par les socialistes anarchistes, sous la
condition que les délégués ne prétendent pas com-
mander à leurs mandants, mais ne soient que les
exécuteurs de leur volonté.

Les socialistes anarchistes admettent aussi la
nécessité de la co-adaptation, c'est-à-dire qu'ils reconnaissent que la vie sociale ne serait pas possible si (comme le prétendent les individualistes)
on ne devait rien faire que dans le cas où tout le
monde serait d'accord. Car les opinions diffèrent

souvent par des gradations insensibles, et il faut choisir entre elles. Lorsqu'une conciliation n'est pas possible, il vaut mieux que la minorité cède à la majorité plutôt que celle-ci à l'autre ; car, en supposant que les hommes fussent placés dans des conditions égales et qu'ils fussent tous doués d'une certaine instruction, il est plus difficile à la majorité de se tromper qu'à la minorité ; en tous cas celle-ci peut faire valoir ses raisons et devenir à son tour la majorité.

Cependant, disent les socialistes anarchistes, cet acquiescement de la minorité à la décision de la majorité doit être donné librement ; jamais la majorité ne pourra l'exiger ni l'imposer. La moindre tentative de ce genre détruirait le socialisme anarchiste, et nous refoulerait en plein despotisme.

Mais, si la minorité doit rester libre de consentir ou non à la volonté de la majorité, cela veut dire qu'elle a le droit de s'y refuser. Et alors, que fera-t-on ?

La minorité peut se faire un devoir de soutenir son idée et de résister à la volonté de la majorité. Cependant, celle-ci ne s'arrêtera pas devant un tel obstacle, car elle est également convaincue de la justice de sa cause. On ne peut pas laisser indécise une affaire importante ; il faut prendre une résolution, et il faut en prendre *une seule*. Enfin, si la minorité *doit* céder et qu'elle ne le veuille pas, la majorité n'a-t-elle pas le droit de passer outre et d'exécuter sa décision, sans, ou même contre, le consentement de la minorité ? Sans doute elle l'a, répondent les socialistes anarchistes ; mais alors, nous ne sommes plus dans le régime socialiste anarchiste.

S'il en est ainsi, on doit craindre que le socialisme anarchiste ne soit pas réalisé avant longtemps, qu'il ne le soit peut-être jamais. Car, en tout temps, il y aura, non seulement des méchants, des réactionnaires, des révolutionnaires, des excentriques, etc., mais aussi, des hommes obstinés dans les idées qu'ils croient justes et refusant de laisser passer, sans protestation, la décision contraire à leur opinion ; il suffirait même d'un ou deux individus de cette espèce dans une société socialiste anarchiste pour faire sauter le système.

L'accord spontané, en tant que principe général organique de la société, est juste ; mais on ne doit pas pousser ce principe jusqu'à l'absurde et exiger qu'on ne fasse rien avant que tout le monde ne soit d'accord : ce qui nous ramènerait à la théorie individualiste (La seule différence est que les socialistes anarchistes *conseillent* à la minorité de se rendre, en certains cas, à l'avis de la majorité). Il suffit, pour la justice, que l'organisation générale de la société ait l'approbation du peuple ; qu'elle offre des possibilités égales à tous, et laisse la plus grande liberté possible à l'individu ; enfin, qu'on reconnaisse aux minorités le droit de prendre des initiatives, de s'organiser même à part en certains cas, etc. Cela fait, point n'est nécessaire de pousser le principe jusqu'à l'absurdité de demander que, dans les moindres détails, il y ait unanimité absolue.

Il est faux, qu'on n'ait, en aucun cas, le droit de forcer autrui à faire quelque chose ; que le consentement seul légitime l'acte. C'est là, une conception individualiste et formaliste de la justice, que nous avons réfutée plus haut. Il y a des choses justes, pour lesquelles le consentement est obligatoire ; et lorsqu'il est refusé, on a le droit d'agir tout comme s'il avait été donné. Tuer un homme est injuste ; et point n'est besoin du consentement de l'assassin pour repousser sa violence ou pour l'empêcher de commettre son forfait. Certes, il est difficile de déterminer exactement ce qui est juste et ce qui ne l'est pas. Bien des actions nous paraissent injustes seulement parce qu'elles lèsent nos intérêts : d'autres, au contraire, reçoivent notre approbation parce qu'elles nous procurent des avantages ; car, nous inclinons à considérer notre existence, notre bien-être personnel comme des intérêts sociaux de premier ordre. Par suite, dans une société quelconque, ceux qui seraient appelés à décider ce qui est juste et ce qui ne l'est pas, ce qui est permis et ce qui doit être défendu, feraient facilement pencher la balance de leur côté et sanctionneraient des injustices.

Cela est parfaitement vrai. Mais cela ne prouve pas qu'on doive renoncer à toute idée objective de justice. Cette idée existe, elle est gravée en nous, dans nos sentiments, dans nos coutumes. C'est une idée qui s'est élaborée et s'élabore lentement ; elle doit se dépouiller de la scorie des intérêts des classes dominantes ; mais elle est assez perfectionnée déjà pour pouvoir devenir la base de la vie sociale, que l'on avait prétendu trouver dans un accord arbitraire de volontés. Tous les hommes reconnaissent déjà des principes universels de justice : et s'ils étaient plus libres dans leurs actions qu'ils ne le sont aujourd'hui, il n'est pas douteux qu'ils sauraient en imposer le respect, et qu'ils exigeraient que les principes ne fussent pas violés par ceux-là, notamment, qui ont la charge des intérêts publics.

Or, *ce qui est juste oblige*. La notion de coaction est inhérente à la notion de justice. Il est vrai qu'il y a plusieurs sortes de coactions ; il n'y a pas que la seule coaction physique, ou la seule coaction légale ; il y a aussi la coaction économique, parfois aussi détestable que la coaction physique (comme lorsque le capitaliste force l'ouvrier à travailler pour un maigre salaire) ; et il y a des coactions sociales : la coutume, l'opinion publique, etc. Les hommes agissent les uns sur les autres parfois par la force, plus souvent par le conseil, par la persuasion, par des promesses de récompense, par l'amour ou par le mépris, par l'estime ou par la réprobation, etc.

Il n'est pas possible d'abolir ces actions et réactions réciproques, qui forment l'essence même de la société. Au contraire, plus on marche dans la voie de la civilisation, plus elles deviennent multiples et variées. Aux débuts de l'histoire, les rapports entre les hommes ont dû être rares et intermittents, personnels et violents ; peu à peu, ils se sont systématisés. La contrainte est devenue d'abord légale, puis morale. A l'action de l'individu sur l'individu s'est substituée, en maintes circonstances, l'action de la société politique, du gouvernement, qui fait pression, forçant l'individu à agir de telle ou telle manière. De même, l'organisation économique, la famille, la classe, toutes sortes d'aggrégats sociaux, dirigent et façonnent l'action de l'individu.

Nous pouvons bien supposer que, l'humanité progressant encore, la coaction physique ne sera plus employée ni par l'individu, ni par la collectivité, qu'en des cas extrêmes ; que, d'ordinaire, une contrainte purement économique, voire même la simple pression de l'opinion publique, suffira à persuader l'individu de s'adapter aux exigences de la vie sociale, la minorité de se rendre à l'avis de la majorité. Nous pouvons aussi supposer que la coaction résultant de l'organisation économique et toute autre coaction ne seront plus exercées par une classe dominante, pour imposer aux membres de classes soumises une conduite conforme à ses intérêts. Mais nous ne pouvons pas supposer l'absence de toute sorte de coaction, sans imaginer en même temps la dissolution complète des liens de société.

Les socialistes anarchistes disent qu'il faut se passer de la police, car la police devient nécessairement un instrument d'oppression. Certes, l'institution de la police est de toutes les institutions actuelles la plus viciée ; mais il ne faut pas en conclure qu'on peut se passer de toute organisation de défense sociale. Il faudrait pour cela, ou qu'on ne commît plus de crimes, ou bien que le peuple tout entier fût armé et accourût à la défense de celui qui est attaqué.

Deux suppositions absurdes : car, accordons même qu'on ne commettra plus d'assassinats, ni d'autres crimes violents. Mais il arrivera probablement que des gens ne voudront pas s'assujettir à des mesures hygiéniques réclamées par l'intérêt de la santé publique. Que fera-t-on ? Le peuple se ruera-t-il en masse sur l'infortuné et le forcera-t-il à obéir ? Cela est-il possible ? Un procédé pareil offrirait-il des garanties d'impartialité et de sang-froid dans l'application des principes de justice ? Nous ne le croyons pas : le juge *Lynch* est sans aucun doute le pire des juges.

La fonction de défense sociale doit se spécialiser, comme toute autre, surtout si on veut qu'elle soit préventive plutôt que répressive. D'ailleurs le raisonnement d'après lequel, puisque la police abuse de son pouvoir, il faut que le peuple entier fasse sa police, amènerait à admettre que, puisque l'administration des instruments de travail, la direction de l'instruction publique et n'importe quelle autre fonction sociale, confèrent à ceux qui en sont chargés, un pouvoir dont ils peuvent abuser contre le peuple, il faut se passer de toute sorte d'administration et que le peuple doit tout faire lui-même.

On en arrive de la sorte au communisme anarchiste amorphiste, dont nous avons parlé dans les pages précédentes.

Les différents systèmes que nous avons examinés dans les chapitres antérieurs, répondent à deux tendances opposées en apparence : la tendance à l'unité et à la centralisation, — et la tendance à l'autonomie individuelle. C'est presque un lieu commun de dire que ces deux tendances doivent s'intégrer mutuellement ; car les processus d'individuation et de centralisation vont de compagnie. La plus puissante association est celle qui est formée entre individualités bien développées. De simples morceaux de charbon ne peuvent pas nourrir les fibres d'une plante ou les muscles d'un animal ; ils doivent être réduits d'abord à une forme individuelle plus parfaite, après quoi ils peuvent entrer dans le cercle de la vie organique. Dans l'existence d'un sauvage il y a une variété moindre que dans l'existence d'un homme civilisé ; la vie de la campagne est plus uniforme et plus monotone que celle de la ville. Le développement de l'individu accompagne le perfectionnement de l'association. Le despotisme égalise les hommes dans la servitude. Dans les pays libres, s'il y a, en apparence, confusion et désordres, les individus ont des rapports plus directs et plus suivis entre eux et leurs intérêts s'hàrmonisent mieux (1).

La solution du problème social est dans une plus grande intégration en même temps que dans une plus grande individuation : une plus grande intégration par la suppression des antagonismes de classe et par une meilleure systématisation des rapports sociaux : une plus grande individuation par la plus grande valeur que doit acquérir la personnalité humaine.

. (1) Scolari, *Introduzione allo studio del diritto.* Pisa 1869, p. 148-149.

CHAPITRE X

LE RÉGIME SOCIALISTE

(*a*) **Organisation du travail.**

§ 1er.

Envisagés au point de vue auquel nous nous sommes placé dans les chapitres précédents, le collectivisme, le communisme et les autres systèmes socialistes ne sont pas si éloignés l'un de l'autre, qu'ils sont censés l'être. Ils ont un fonds commun, et leurs divergences ne peuvent être que de pure forme. Nous allons même voir, par une courte analyse de ces systèmes, que ce qui les sépare est faux, et que ce qui les unit est seul vrai.

A chacun selon son travail : c'est la formule du collectivisme. Cette formule pourra-t-elle jamais être appliquée au pied de la lettre ? Non, car les travaux sont de différentes espèces ; on ne peut pas les rendre tous ni également pénibles ni également agréables : partant, on ne peut pas les mesurer tous par heures et minutes. On ne peut pas calculer la valeur des objets selon la quantité du travail employé à les produire. Il y a des services, conseils, travaux littéraires et scientifiques, qui ne peuvent absolument pas être estimés par leur durée. En second lieu; à la production d'un objet ne contribue pas seulement le seul travail actuel, mais contribuent aussi le travail passé devenu richesse, le savoir, les inventions et certaines situations particulières. Il faut de plus de la matière première, qui, existant en quantité limitée, doit être affectée aux usages les plus nécessaires. *Tertio*, l'utilité des choses peut varier d'un moment à l'autre, ainsi que le coût de leur production ; conséquemment, doit varier aussi la raison des échanges. Le mécanisme des échanges doit être, répétons-le, sensible à toutes ces variations, si l'on veut que le travail et les échanges soient libres et volontaires. Enfin, il y a des intérêts pour lesquels tous les membres d'une communauté sont solidaires. On ne mesurera point la part de la rue publique que l'individu occupe en passant, ni l'utilité qu'il retire des différents services publics, afin de lui faire payer un équivalent en argent ou en travail. C'est d'ailleurs dans l'intérêt public que la société assure à ses membres l'assistance en cas de maladie, l'instruction, la justice : c'est dans le même intérêt public qu'elle pourrait leur assurer aussi les objets de première nécessité ou l'usage des instruments de travail.

Par conséquent, la formule « à chacun selon son œuvre » ne saurait être appliquée dans toute sa portée. S'ensuit-il qu'elle doive être rejetée entièrement? qu'elle n'ait absolument aucune valeur? Non, car il doit y avoir une corrélation entre le travail et la récompense. Une fois l'égalité des conditions établie dans une société, l'individu doit être libre et responsable de ses actions, doit pouvoir travailler à son gré, consommer selon son goût (qui est une appréciation tout à fait personnelle des choses qui conviennent à l'organisme), pouvoir varier son occupation, pouvoir changer de place, etc. Une telle liberté ne doit cependant pas s'exercer aux frais d'autrui ; l'individu doit tirer profit de son zèle dans le travail, ressentir le dommage de sa paresse, pouvoir économiser aujourd'hui pour vivre largement demain, etc. Ce n'est pas une force extérieure, mais sa volonté à lui, qui doit le guider dans le choix de son travail, de ses jouissances, de ses coopérateurs ; ce qui d'ailleurs n'exclut pas que sa volonté soit dirigée à son tour, non seulement par son intérêt personnel, mais aussi et surtout par les sentiments de sociabilité, qui occupent une si grande place dans le cœur de l'homme moderne.

La formule communiste : « de chacun selon ses forces, à chacun selon son besoin », est à son tour trop exclusive. Les hommes doivent se secourir mutuellement ; car, dans une société bien ordonnée, chaque individu tire avantage du bien-être des autres et souffre du malaise et de l'incapacité d'autrui. Mais la solidarité doit être bilatérale. Si je dois travailler pour mon prochain, lui aussi doit travailler pour moi ; si je dois m'inquiéter de ses besoins, il doit aussi s'occuper des miens. Sans cela, si l'un de nous vit aux dépens de l'autre, il y aura un exploiteur et un exploité.

Il faut donc que réellement chaque membre de la société travaille autant que ses forces le lui permettent, et ne consomme pas plus que ses besoins ne l'exigent. Mais comment mesurer les forces et les besoins de chaque individu ? La collectivité ne le pourrait pas ; et si elle s'en chargeait, l'individu serait assujetti à la plus intolérable des tyrannies. L'individu lui-même ne saurait pas où fixer les limites de son travail et de ses besoins ; car il n'y a rien de plus élastique que les capacités de travailler et de consommer. Devrait-il se borner au strict nécessaire ? pourrait-il se concéder un peu de loisir, du bon temps, satisfaire un caprice, faire du luxe ? le lui défendra-t-on ? tous les membres de société seront-ils astreints au même régime de la vie ?

Le problème est d'autant plus difficile à résoudre qu'il y a beaucoup de variétés de travaux, ainsi que nous l'avons déjà dit, et qu'il ne suffit pas que l'individu travaille beaucoup ; — il faut encore qu'il fournisse justement les services dont les autres ont le plus besoin. Un individu ne saurait pas ce qu'il devrait faire pour les autres. De même pour la consommation, il ne s'agit pas seulement d'en déterminer la quantité, mais aussi la qualité. Tous les objets ne sont pas de première qualité. Il faut bien que quelques individus s'accommodent des qualités inférieures.

Le principe de solidarité est donc incomplet. Il rencontre des limites dans les principes complémentaires de liberté et de responsabilité. La société doit assurer à tous les hommes la possibilité de travailler, doit venir en aide aux incapables, admettre indistinctement tous ses membres à la jouissance de certains services publics. Les individus doivent s'entr'aider volontairement, dans leurs relations privées. Jusque-là s'étend la solidarité. Mais les hommes doivent aussi sauvegarder leur indépendance et garder la responsabilité de leurs actes : l'activité économique doit être libre, et la récompense proportionnée au travail.

La concurrence a une fonction distributive utile ; car elle permet d'organiser librement, et par un accord spontané, la production et les échanges ; les individus évaluent ainsi leurs propres capacités et leurs besoins, et tâchent de s'adapter aux besoins et aux capacités de ceux avec qui ils ont affaire.

On ne saurait donc pas la supprimer, sans tomber ou dans le socialisme d'Etat, ou, de l'autre côté, dans le communisme amorphe. L'équilibre entre la production et la consommation, la détermination de la quantité de choses à produire, la détermination des capacités des individus, du meilleur emploi du sol, des bras et de l'intelligence des hommes, — toutes ces choses et toutes les variations que le changement des habitudes, les inventions et en général le progrès, les combinaisons sociales apportent dans ces données, ne sauraient être produites, d'une manière régulière, que par la concurrence. Nous entendons parler d'une concurrence modérée cependant, entre des hommes placés à peu près dans les mêmes conditions économiques, et non pas de la soi-disant concurrence d'aujourd'hui, qui rappelle le voyage du pot de fer et du pot de terre.

Cela revient à dire qu'il faut que la rémunération du travail et la raison d'échange des produits varient selon la demande et l'offre, relatives à chaque genre de travail et à chaque objet de consommation en particulier : — les différences de rémunération et les variations des prix des choses causant des différences de bien-être entre les individus en rapport avec leur œuvre. De telles différences de bien-être (que d'ailleurs la solidarité pratiquée entre individus peut atténuer) sont utiles et justes, tant qu'elles ne dépassent pas une certaine limite, c'est-à-dire tant qu'on ne permet pas à un certain nombre d'individus d'accaparer les instruments de travail et de réduire la multitude à l'impuissance et à l'esclavage. C'est pourquoi la société doit revendiquer la propriété au moins des plus importants parmi les instruments de travail, de tous ceux qui peuvent servir à l'exploitation du travail d'autrui, et en concéder l'usage aux individus et aux associations contre paiement d'une rente, représentant le surplus de production dû à la qualité

spécifique de l'instrument de travail, à la fertilité
du sol, à la situation de la fabrique, etc. Par un tel
arrangement, l'initiative de la production et le règlement des échanges restent aux individus et aux
associations ; mais la collectivité prévient les grosses accumulations de richesse, garantit l'égalité
des conditions, fournit la possibilité de travail à
tous ceux qui désirent travailler et empêche la
concurrence de se convertir en son contraire — le
monopole.

§ 2

Il est utile de voir comment cette solution a été
entrevue par les socialistes les plus sensés.

M. Henry George, le célèbre écrivain califor-
nien qui a popularisé les doctrines du socialisme
aux Etats-Unis et en Angleterre, proposait de socialiser, c'est-à-dire d'attribuer à la collectivité, non
pas la propriété en nature du sol, mais la substance, le suc de la propriété foncière, la rente, au
moyen d'un impôt, *single tax*. Une telle confiscation de la rente n'amènerait pas, selon
M. George, la dissolution de la propriété privée,
car le possesseur jouirait du revenu du capital in-
corporé dans le sol. D'autre part, la société, disposant d'un énorme revenu, l'emploierait à racheter d'abord les gros monopoles (chemins de fer,
banques, etc.), ensuite à abolir tous les impôts ac-

tuels et à transformer par le crédit en travailleurs indépendants tous les salariés (1).

Deux objections peuvent être faites à la proposition de M. George : 1) il est impossible de séparer la *rente économique* du sol d'avec le revenu des capitaux qui y ont été incorporés et qui y sont incorporés tous les jours ; par conséquent l'estimation officielle de la rente donnerait lieu à des contestations et à des injustices ; 2) la rente ne se produit pas que dans l'exploitation du sol ; il y a une *rente de situation* dans l'industrie et dans le commerce, un revenu aussi peu dû au travail (*unearned increment*) que celui qui provient d'un sol exceptionnellement fertile : il ne serait pas juste d'abolir une espèce de rente en laissant subsister l'autre. L'observation des faits économiques montre que rien que par la réunion de plusieurs fabriques sous une seule direction, on crée une *rente*, un extra-profit, partant un monopole.

Il faut supprimer, non pas le seul monopole de la terre, mais tous les monopoles ; on ne peut pas supprimer les rentes, mais il faut les socialiser toutes, afin de rendre équitables les rapports économiques ; car toute rente représente un *unearned increment*. La socialisation de la rente foncière serait sans résultat sur l'organisation sociale, si les propriétaires pouvaient se rattraper sur les monopoles industriels. Lorsque la population d'une

(1) H. George, *Progress and poverty*, *The Land question* et d'autres ouvrages.

ville augmente, non seulement s'élève la rente du sol, mais s'élèvent aussi les gains des marchands et des professionnistes de cette ville. « Si les citoyens de Londres, — a bien dit M. Robert Flint, — ont droit à l'*unearned increment* des propriétaires du sol, ils ont droit aussi à celui de toutes les autres classes et professions » (1).

Dans le système de M. George, tout dépendrait de la possibilité de racheter les monopoles industriels ; car, si ces monopoles restaient debout, les capitalistes profiteraient de l'abolition de tous les impôts pour diminuer les salaires ; celui qui n'aurait pas de capitaux serait à la merci des capitalistes autant qu'il l'est aujourd'hui ; l'esclavage du travail, dont M. George se plaint, serait aussi réel qu'il l'est actuellement. Il n'y aurait point de diminution dans la misère, ni dans l'exploitation de l homme par l'homme ; mais le seul résultat de la réforme serait de favoriser les capitalistes aux dépens des propriétaires. Or, la possibilité de racheter les monopoles industriels est bien faible. Pour ne parler que des Etats-Unis, la valeur de la propriété foncière en ce pays est de dix milliards de dollars contre soixante-cinq, valeur totale de la richesse du pays. En déduisant des dix milliards la valeur des améliorations du sol, dues aux propriétaires, et les dettes hypothécaires, il ne resterait pas grand'chose, certainement pas de quoi racheter les monopoles industriels et commerciaux.

(1) *Socialism,* p. 216.

Par conséquent le rachat des monopoles industriels et commerciaux doit être fait directement, la collectivité réclamant la *rente* de ces monopoles, au même titre qu'elle réclame la rente foncière.

Tel est le point de départ du système de M. le Dr Théodor Hertzka (1). La communauté laisserait organiser la production par des associations autonomes ; mais elle prélèverait sur la valeur nette de la production un impôt, qui lui servirait non seulement à entretenir les gens incapables de travailler, mais aussi à prêter aux producteurs, sans intérêt, le capital nécessaire. Afin de maintenir l'égalité de conditions entre les associations, le Dr Hertzka propose qu'elles demeurent ouvertes à tous ceux qui demandent à y être admis. De la sorte, si une association prospérait plus que les autres, il y viendrait plus de monde, si bien que les conditions de ses membres tomberaient au niveau général, voire même plus bas, de manière à provoquer un mouvement contraire, c'est-à-dire un exode de ses membres vers d'autres associations.

Mais une telle idée ne nous paraît pas trop heureuse. Le va-et-vient d'ouvriers d'une association à l'autre mettrait en danger la vie et la prospérité de toute association et pourrait provoquer des luttes entre travailleurs. Les membres d'une association, tant que les affaires seraient prospères, ré-

______

(1) Hertzka, *Freiland*, et du même, *Die Gesetze der socialen Entwickeluny*.

sisteraient à l'invasion des nouveaux venus, qui ne seraient probablement pas les meilleurs ouvriers ; et ils s'arrangeraient entre eux, pour forcer quelques uns de leurs camarades à sortir, lorsque les affaires seraient moins bonnes.

L'égalité des conditions ne peut donc pas résulter d'une règle aussi primitive que la faculté donnée à tout le monde d'entrer à tout moment dans n'importe quelle association : elle peut être assurée plus facilement par les variations dans le taux de la rente, que chaque association doit payer à la collectivité pour l'usage des instruments de travail.

Benoît Malon (1) a proposé de répartir la richesse sociale (toute la terre et les capitaux étant revendiqués par la collectivité, l'Etat ou la commune) entre les membres de la communauté, assignant à chacun sa quote-part en terrains, maisons, machines, participations aux bénéfices d'un établissement industriel, etc. L'individu n'aurait que l'usufruit de sa portion ; il devrait, pendant toute la durée de son existence, garder et améliorer les choses, qui lui seraient confiées ; il pourrait s'en servir comme moyens de travail ; il aurait la libre disposition des produits de son travail ; mais il lui serait défendu de capitaliser les produits, et d'exploiter en aucune manière le travail des autres ; à son décès, sa portion retournerait à la col-

____

(1) *Le socialisme intégral.*

lectivité, qui en disposerait en faveur d'un autre individu ayant atteint la majorité.

Ce système présente des difficultés assez sérieuses. D'abord, la diversité des richesses empêcherait une distribution égale et conforme aux demandes et aux vocations des individus ; il se pourrait que la collectivité n'eût à offrir qu'un lopin de terre à un mécanicien, ou une machine ou une action de chemin de fer à un agriculteur. D'autre part, la valeur des choses change : l'individu pourrait voir fondre tout à fait la valeur de son instrument de travail par suite d'une nouvelle invention ou par toute autre cause ; il pourrait gaspiller la part de richesse, qui lui aurait été assignée. Que ferait alors la société ? Inversement, la valeur des choses attribuées à quelques individus pourrait augmenter : les possesseurs de certains terrains pourraient, à la faveur d'une bonne récolte, s'enrichir, et, malgré toute prohibition, prendre à leur service des sociétaires moins heureux. La collectivité réussirait difficilement à empêcher la transmission héréditaire de la richesse accumulée. Enfin, la collectivité devrait avoir des réserves pour faire face aux demandes provenant de l'augmentation de la population ; et si les réserves se trouvaient insuffisantes, diminuer les quote-parts déjà concédées.

Le système de Malon ne réussit donc pas à assurer les instruments de travail à tout membre de la communauté.

D'autres socialistes proposent le « crédit gratuit ». D'abord Robert Owen, par sa *Labour Exchange Bank*, puis Proudhon par sa *Banque du Peuple*; plus tard une pléiade de réformateurs jusqu'à M. Michael Flürscheim, un disciple de M. George (1), ont proposé d'égaliser les conditions économiques et de battre en brèche les monopoles par l'institution d'une banque d'Etat, chargée de prêter sans intérêt à l'individu les objets dont il aurait besoin pour travailler et produire, ou (ce qui revient au même) les moyens de se les procurer.

La banque émettant l'unique moyen d'échange permis ou reconnu, tous les produits du travail lui seraient rapportés et elle se chargerait de les vendre. En attendant, elle donnerait à l'individu, en moyens d'échange, la valeur correspondante. Les prix seraient fixés par l'offre et la demande; l'individu ayant un compte courant ouvert à la banque, toute augmentation des prix serait portée à son crédit; de même, on mettrait à son compte les diminutions de valeur des objets consignés par lui. Le service de la banque serait gratuit.

Mais, d'abord, serait-on content des services de la banque ? N'y aurait-il pas des gens qui trouveraient plus convenables les échanges directs ? Si on ne voulait pas prohiber ces échanges, il y aurait à craindre qu'après avoir disposé à de bonnes con-

(1) *Wahrung und Weltkrise. Ein Versuch zur Beseitigung des Geldmonopols*, Wien 1895.

ditions de leurs meilleurs produits, certains individus n'apportassent le rebut à la banque. Il sur-
girait des contestations sur le montant des avan-
ces, et sur les prix de vente ; les particuliers se
plaindraient de voir leurs marchandises vendues
à des prix trop bas ; et la banque ne réussirait
peut-être pas même à se rembourser de ses avan-
ces. Ne parlons pas des plus graves inconvénients,
qui se manifesteraient si on étendait, ainsi qu'on
l'a proposé, le crédit gratuit à la propriété immo-
bilière. Enfin le service de la banque ne pourrait
être gratuit qu'en apparence ; il faudrait prélever
les frais d'administration, et d'une administration
tendant à devenir de plus en plus coûteuse au fur
et à mesure qu'elle étendrait ses opérations.

§ 3.

Le but de tous les systèmes socialistes, que
nous venons de passer en revue, est d'assurer à
tous les hommes l'usage des instruments de travail.
L'impôt unique, l'organisation des associations de
production ouvertes à tous les travailleurs, l'assi-
gnation d'une quote-part de la richesse sociale en
usufruit à chaque membre de la communauté, le
crédit gratuit, etc., ne sont que des mesures imaginées pour réaliser l'idéal d'une société, où tout
homme aurait une « égale possibilité » de travailler. L'accord entre les réformateurs socialistes
va même plus loin ; la plupart d'entre eux s'efforcent
loyalement de concilier la liberté individuelle

avec l'égalité sociale, d'organiser les intérêts collectifs sans entamer l'énergie et la liberté de l'individu. Leur erreur est de regarder le problème économique à un point de vue trop particulier, de considérer uniquement soit l'organisation de la production, soit la répartition des fruits du travail, soit la circulation des moyens d'échange ; et de croire qu'en changeant un détail on peut renouveler toute l'organisation économique. C'est qu'ils se font tous une idée imparfaite de la société Les collectivistes considèrent les citoyens de la cité future comme des membres d'une vaste société industrielle ; les communistes se les imaginent réunis en une vaste coopérative de consommation ; et les autres socialistes se les représentent soit comme actionnaires d'une banque ou d'une compagnie foncière, soit comme membres d'une société d'assurance mutuelle, etc.

La société socialiste sera une coopérative portant à la fois sur la production, sur la consommation, sur les échanges, sur l'assurance mutuelle. La solution du problème social ne peut être donnée que par un système mixte, combinant les avantages des différents systèmes, que nous venons d'examiner. Voici, à notre avis, les bases principales de cette organisation :

a) La propriété du sol et des grands moyens de production, de transport et de distribution, serait revendiquée par la collectivité ;

b) La collectivité (plus ou moins vaste, selon les

particularités du sol, le caractère des populations et d'autres circonstances) organiserait pour son compte un petit nombre d'industries, celles-là surtout auxquelles est attaché un monopole ;

c) A cette seule exception près, l'initiative de la production et des échanges serait laissée aux individus et aux associations. La collectivité céderait les instruments de travail à ceux qui offriraient les meilleures conditions ; car, ceux-là sont censés posséder les aptitudes pour les employer en réalisant la plus grande utilité sociale. Cependant, les associations coopératives pourraient être préférées, à conditions égales, aux particuliers, les habitants de la localité à des étrangers, etc. Il faudrait établir des règles pour assurer l'impartialité et prévenir les abus dans les concessions, exiger des garanties des concessionnaires, prévoir des cas de résiliation, etc.;

d) Les individus et les associations, ayant payé la rente à la collectivité, auraient la pleine jouissance des produits de leur travail, pourraient les échanger aux conditions qu'il leur conviendrait d'établir ;

e) La collectivité serait à même, non seulement de fournir à tous ses membres les moyens de s'instruire, la possibilité du travail, nombre de jouissances gratuites, mais aussi de venir en aide aux incapables.

Une égalité relative de conditions régnerait ainsi entre les hommes : les échanges deviendraient né-

cessairement équitables et la coopération volontaire
se généraliserait.

A ce plan, que nous croyons le plus pratique et
en même temps le plus conforme aux principes
organiques du socialisme, on a objecté qu'il ressemble trop à l'organisation économique actuelle.
Peut-être lui ressemble-t-il dans la forme, mais le
fond est différent.

Il y aurait une gestion *privée* des industries, mais
pas une gestion *capitaliste*. Au surplus, il y aurait
à côté des entreprises privées des entreprises coopératives, qui auraient dans certains cas le dessus
sur les autres ; et pour certaines industries il y aurait une gestion communale ou étatiste. L'échange
serait fait suivant l'offre et la demande ; mais l'égalité des conditions éliminerait incessamment les
monopoles, empêcherait les spéculations, et rap-
procherait la raison des échanges du coût respectif
des choses. Au surplus, les associations pourraient
régler leurs rapports par des pactes, par des organes fédéraux, des congrès, etc. ; et la collectivité
pourrait imposer des règles, assurant l'hygiène du
travail, sauvegardant les droits des minorités, etc.
La rémunération du travail, la détermination des
rentes, etc., seraient réglées également par l'offre
et la demande ; mais, l'égalité fondamentale des
conditions étant assurée par le paiement des rentes
à la collectivité, les oscillations de l'offre et de la
demande et les différences des rémunérations seraient très restreintes ; ces différences ne servi-

raient qu'à provoquer l'emploi le plus utile du travail et des instruments de travail. La collectivité aurait, sans doute, un ascendant sur l'individu à cause des instruments de travail dont elle disposerait, et de son droit de régler les conditions générales. Cela pourrait être dangereux ; mais le danger serait bien moindre dans le plan que nous proposons, que dans tout autre ; on pourrait même s'en affranchir par un système d'administration réellement démocratique et libérale ; système qui présuppose justement l'égalité et la liberté économiques. Nous allons traiter dans le chapitre suivant de l'organisation politique de la société socialiste.

CHAPITRE XI

b) Administration publique.

Au sujet de l'organisation politique, les socialistes sont divisés en deux écoles ; social-démocrates et anarchistes se regardent volontiers comme des adversaires irréconciliables. Ils sont convaincus qu'entre eux il y a un abîme. Le socialisme démocratique, d'après les anarchistes, serait un socialisme d'Etat couvert d'un vernis démocratique, un gouvernement tout puissant, paré des formes mensongères de la démocratie parlementaire. Suivant les social-démocrates, l'anarchie serait la dissolution de tout lien social, la licence effrenée de l'individu, abandonné à ses impulsions naturelles.

Il est pourtant évident que le despotisme de l'Etat n'est pas compris dans le programme des social-démocrates, non plus que la licence de l'individu n'est comprise dans le programme des anarchistes. Un rapprochement n'est donc pas impossible. Les socialistes anarchistes admettent la nécessité d'une organisation permanente des intérêts collectifs : les social-démocrates conviennent que l'organisation doit être la plus libertaire, la plus décentralisée qu'il soit possible. Leurs divergences sont circonscrites dans ces limites : il est question de modalités, du plus ou moins d'autonomie compatible avec l'unité d'action de l'organisation collective. Il n'est pas vrai, comme on l'affirme, que social-démocrates et anarchistes représentent deux principes opposés, les uns la solidarité, les autres la liberté. Ces deux principes, ainsi que nous l'avons vu, ne sont nullement opposés ; mais ils s'appellent réciproquement et se complètent.

Avant de raisonner sur les formes que l'administration publique doit revêtir dans une société socialiste, disons quelques mots sur son contenu, c'est-à-dire sur le nombre et les espèces des intérêts qui doivent ou peuvent rentrer dans son cadre. Le contenu de l'administration publique, dans une société socialiste, est constitué par toutes les affaires que les membres d'une collectivité trouvent convenable de traiter en commun, par la combinaison de leurs forces. Une énumération complète de ces affaires est hors de question. Il y a des choses qui sont nécessairement du ressort de l'administration publique : comme la défense collective, l'administration de la justice. Il y en a d'autres, qui ne lui conviennent pas et dont elle ne doit pas se mêler : par exemple, les croyances religieuses, les relations sexuelles, tout ce qui concerne la vie privée. Entre ces limites, la juridiction de la collectivité peut varier beaucoup : bien des affaires qui dans une collectivité sont confiées à l'administration publique, peuvent être dans une autre traitées par des associations, ou par les particuliers.

Il y a plusieurs espèces de collectivités : il faudrait donc procéder à une classification, énumérer les affaires qui appartiennent respectivement à la compétence de la commune, à celle de la collectivité régionale, à celle de la collectivité nationale, et à celle de la plus haute collectivité, la société ou fédération des nations. Par exemple l'allotissement et l'aménagement du sol et du sous-sol d'une ville, l'entretien de sa voirie et nombre d'autres affaires n'intéressent que les habitants de la ville même ; et c'est, par suite, la collectivité communale qui doit en prendre soin. D'autres affaires concernent plusieurs collectivités communales et doivent être traitées par la région ou fédération des communes.

Il n'est pas rare qu'une affaire qui intéresse particulièrement les habitants d'une localité, d'une région, intéresse en même temps une plus grande collectivité. Des travaux d'assainissement de terrains marécageux, la construction d'un port, etc., peuvent être utiles à toute une région. Il n'y a donc ici aucun principe à établir.

Les rapports entre collectivités majeures et mineures devront être réglés par leurs respectives constitutions et par des conventions, qu'elles feront entre elles. Nous pouvons prévoir la constitution d'une organisation internationale pour la défense hygiénique des nations, pour le règlement des grandes relations commerciales et pour des services tels que les postes, les télégraphes, les chemins de fer internationaux, un moyen d'échange ou monnaie internationale, etc. Au contraire, des services que fait aujourd'hui l'État pourront passer aux municipalités. Inutile d'insister sur ces détails.

Il faut remarquer ici un phénomène d'évolution très important ; au fur et à mesure que le contenu de l'administration publique s'accroît, on éprouve le besoin de toucher à l'ancienne forme de la constitution politique. Comme les anciens organes de lutte et de domination ne sont pas bien appropriés aux nouvelles fonctions, on tend à les écarter dans une certaine mesure, pour faire naître des organes techniques, plus indépendants et moins oppresseurs. Partout de nouvelles formes d'administration naissent et toute la structure de la société change.

Quel sera l'aspect général de l'administration publique dans une société socialiste ? En principe, il n'y a que deux systèmes possibles : l'administration directe et la délégation.

Administration directe. — Le peuple administre ses affaires directement, sans intermédiaires, en rendant des décrets, auxquels les administrateurs, qu'il nomme, sont tenus de se conformer strictement. Nous trouvons d'abord la forme accentuée sous laquelle Rittinghausen et Considerant présentèrent ce système. Point de délégation ni de représentation ; le peuple serait divisé en fractions de mille citoyens chacune ; chaque fraction aurait le droit de proposer des résolutions, qui seraient soumises à la délibération de toutes les autres. Il y aurait un organe chargé de transmettre ces propositions de loi, d'organiser le scrutin et de proclamer le résultat de la votation. Toutes les questions d'intérêt public seraient soumises à la décision du peuple, tout serait réglé d'avance par la loi. L'administration n'aurait aucune initiative : elle demeurerait tout à fait passive ; elle n'aurait qu'à obéir aux ordres précis que lui donnerait la majorité des citoyens.

Théoriquement il semble que ce système devrait assurer le respect absolu de la volonté du peuple, et inaugurer le règne de la vraie démocratie. Dans la pratique cependant, il n'y aurait que des questions très simples, et d'un intérêt tout à fait général, qui pourraient être soumises à la décision du peuple tout entier.

Pour les autres affaires, (celles qui demandent des connaissances particulières, et celles qui n'intéressent pas tout le monde au même degré) le système ne fonctionnerait pas ou il fonctionnerait mal ; car la grande majorité s'en désintéresserait, ne fût-ce que faute de temps ; et il serait facile à un petit nombre d'hommes adroits d'utiliser l'indifférence, l'ignorance, ou la discorde de la multitude, au profit de leurs intérêts et de leurs ambitions.

Au surplus le suffrage universel ne saurait résoudre que le problème de la législation, moins important que celui de l'administration, c'est-à-dire de l'organisation des intérêts permanents, des services publics. Le peuple pourrait bien dans ses comices nommer les administrateurs : mais cela suffirait-il à sauvegarder ses intérêts ?

Ledru Rollin proposa, en guise d'amendement au système de la législation directe, d'instituer une corporation de mandataires chargés de rédiger les projets de loi, qui pour devenir obligatoires devraient être acceptés par la nation. Ce Corps législatif rendrait, en outre, pour les nécessités secondaires, des décrets qui seraient exécutés sans être soumis à la sanction du peuple, parce que celui-ci serait censé les approuver. On aurait ainsi un embryon de gouvernement ; et le nombre des votations, auxquelles le peuple serait appelé, serait de beaucoup réduit. Mais, même avec cette limitation, le système de la législation directe ne semble pas convenir aux affaires compliquées d'une collectivité communale quelque peu nombreuse, encore moins à celles d'une collectivité régionale ou nationale.

Délégation ou système représentatif. — Le peuple ne traite pas directement ses affaires, mais il nomme les gens auxquelles il croit reconnaître les capacités nécessaires : il se laisse gouverner par un certain nombre de mandataires, entourant leurs fonctions des garanties nécessaires pour sauvegarder sa propre souveraineté. La délégation peut être directe ou indirecte.

La délégation directe consisterait, selon la proposition d'Emile de Girardin, dans l'élection par le suffrage universel d'un maire de France, restant en charge un an, et d'une commission de surveillance, chargée de contrôler les actes du magistrat suprême. Par un système d'élection imaginé par Girardin, le maire de France serait l'élu de la majorité des électeurs, la commission serait l'émanation de la minorité ou des minorités. Quand ils seraient d'accord, maire et commission pourraient faire des lois et les faire exécuter : en cas de désaccord, le peuple déciderait entr'eux. Dans la plus favorable des hypothèses ce système aboutirait à la législation directe; car il faudrait soumettre au peuple presque toutes les questions. Cependant le maire et la commission pourraient s'entendre, et en ce cas ils gouverneraient en maîtres absolus. Ce système n'est donc pas plus acceptable que les précédents.

Reste la délégation indirecte, dont l'exemple le plus frappant est notre système parlementaire. Le peuple ne décide rien par lui-même. Le parlement, émanation du suffrage populaire, est seul compétent pour faire la loi ; et il a, par l'intermédiaire du ministère choisi dans son sein, la direction suprême de l'administration publique. Le gouvernement parlementaire, ainsi que nous l'avons vu, n'est rien moins que représentatif : il est une tyrannie anonyme. Le ministère, possédant le pouvoir suprême civil et militaire, agit sur les électeurs et sur la Chambre, et se les assujettit. La législation et l'administration publiques sont tournées à l'avantage de la fraction dominante ; et il n'est pas possible au peuple de se libérer du joug d'un parti sans tomber sous celui d'un autre.

L'expérience des systèmes d'administration, dont nous avons signalé les inconvénients, a été faite dans l'antiquité et dans les temps modernes.

A Athènes le peuple délibérait en masse sur les affaires publiques ; à Rome il nommait presque tous les magistrats. Dans l'une et dans l'autre de ces républiques il se laissait entretenir aux frais de l'Etat : ce qui était possible grâce au travail des esclaves et aux tributs des nations et des villes soumises. Le résultat final fut une immense corruption, dans laquelle sombrèrent ces républiques.

Quant au système parlementaire, l'expérience qu'on en a faite est récente et décisive. Ses vices sont reconnus par tout le monde ; et en quelques pays on a essayé d'y apporter des correctifs. Le *referendum*, obligatoire ou facultatif, le droit d'initiative, l'élection des magistrats, le mandat impératif etc., ont été proposés et appliqués avec des résultats douteux, peut-être à cause du caractère fragmentaire de la réforme, — certainement imparfaits, à cause de l'inégalité fondamentale des con ditions dans la société actuelle.

La constitution sociale doit avoir pour point de départ l'égalité des conditions économiques, l'é- gale possibilité de travailler pour tous. Cela établi, les membres de la collectivité pourront développer leurs facultés, et auront l'indépendance nécessaire pour opposer une sérieuse résistance à toute tentative de domination. Car la caractéristique du système politique, qui convient à une société socialiste, c'est justement qu'il ne doit pas y avoir de domination, ni d'un individu, ni d'une classe, ni d'un parti. Pas de pouvoir gouvernemental (l'*an-archie*). Le peuple ne peut pas régner sur le peuple : il ne peut qu'administrer ses propres affaires. L'organisation sociale doit reposer, non pas sur la force, ni sur la corruption, mais sur l'opinion publique, sur l'utilité et la nécessité, reconnues par tout le monde, de l'action collective. Tous les socialistes sont d'accord là-dessus.

Le gouvernement, avec ses organes de lutte et de domination, doit faire place à une administration des affaires publiques ; encore mieux, à *des* administrations. Le nœud hiérarchique, qui réunit aujourd'hui les différentes administrations de l'Etat doit être dissous : et les administrations doivent devenir autonomes. C'est dire qu'elles se constitueront suivant des règles appropriées à la nature spéciale de chacune.

L'élaboration de ces règles, la création des

nouveaux organes administratifs réclamés par les nouveaux besoins de la société, la constitution d'une administration publique, capable non pas de servir les ambitions et l'avarice d'une clique gouvernante, mais les intérêts réels du peuple, compteront parmi les tâches les plus importantes de la génération future.

Les administrations autonomes seront unies entr'elles par des organes de relation, permanents ou temporaires : congrès, conférences, commissions fédérales, etc.

Il ne faudra pas d'un pouvoir exécutif central ; nous tenons à le répéter.

Il ne faudra pas non plus d'un Corps législatif général. Une partie de la législation, la législation technique, sera préparée par des commissions spéciales et délibérée par les groupements intéressés. Quant aux questions d'ordre général les plus importantes, et à celles qui sont à la portée de toutes les intelligences, la collectivité, si elle n'est pas trop nombreuse, pourra les décider directement. Dans les collectivités très nombreuses ou dans les fédérations de collectivités, on pourra adopter un système analogue à celui des *Conventions* américaines : chaque association, ou section du peuple, se réunit à part et après discussion nomme des délégués avec mandat de s'entendre sur certaines bases, dans une Convention ou congrès, avec les délégués des autres sections de la communauté, pour arrêter telle ou telle mesure.

L'initiative des lois pourra partir, soit des administrations publiques, soit des associations populaires. Les différentes administrations publiques seront formées sur le modèle d'une association coopérative de production. Les membres seront choisis parmi les concurrents qui pourront démontrer qu'ils possèdent les capacités nécessaires. Ils choisiront entre eux (du moins dans la plupart des cas) leurs directeurs techniques et leurs administrateurs.

Les appointements des administrateurs ne seront pas (grâce à l'égalité des conditions économiques) notablement au-dessus de la rémunération ordinaire du travail. Aussi les administrateurs publics resteront les serviteurs et ne deviendront jamais les maîtres du peuple. Au surplus, leurs actes pourront toujours être soumis à l'assemblée populaire, ou, dans les cas moins importants, attaqués devant une magistrature populaire. On donnera une grande importance au rendement des comptes par les administrateurs publics : on l'entourera des formes et garanties nécessaires pour le rendre efficace.

Un système, où il serait impossible aux administrateurs publics d'abuser de leur pouvoir, de se rendre infidèles au mandat qu'ils ont reçu, de commettre des injustices, des concussions, des actes arbitraires, n'existe pas et ne sera jamais inventé. Mais il est possible et nécessaire d'entourer l'administration publique de garanties suffisantes, et

de rendre effective la responsabilité des administrateurs.

Ce qui frappe dans le système politique et administratif actuel, c'est l'irresponsabilité des fonctionnaires, surtout des fonctionnaires électifs, députés, ministres, maires, etc., et des chefs des
administrations, auxquels on n'applique pas même
les sanctions du Code pénal commun, pourtant
sévèrement appliquées aux simples citoyens. Il
faut changer cela, et assurer cette « justice dans
l'administration », dont on a aujourd'hui une
vague idée.

Le progrès social réclame l'extension du domaine
de la justice, et avant-tout l'extension des principes
de morale, déjà reconnus, de la vie privée à la vie publique. Il va sans dire que notre notion de la justice comprend le respect absolu de la liberté de
l'individu dans toutes ses formes : liberté d'opinion,
de parole, de presse, d'association, etc. ; — car
les abus même de la liberté sont moins dangereux
que sa restriction ; — et elle comprend aussi le respect des droits et des intérêts des minorités. Le
lecteur se souviendra de la longue exposition, que
nous avons faite, dans un des premiers chapitres de
cet ouvrage, de la théorie de la justice.

C'est, en vérité, le côté du problème social qui a
été le moins médité par les socialistes ; et c'est
peut-être à cause de cette insuffisante méditation du
côté juridique du problème social que les idées des
socialistes sur la constitution politique de la société

future sont encore vagues et incertaines. Les socialistes ne semblent pas fixés sur le régime politique à adopter. Ils se disent démocrates ; ils sont convaincus que le peuple doit administrer ses propres intérêts ; mais ils ne savent pas trop comment il pourra s'y prendre. D'aucuns penchent pour le système de l'administration directe ; d'autres se résigneraient à un système représentatif parlementaire (dont ils ne se dissimulent pas les défauts) avec des réformes, tel que le *referendum*, l'élection populaire des fonctionnaires, etc. ; d'autres enfin, les anarchistes, se contentent de dénoncer les vices des deux systèmes.

Le plan que nous avons esquissé, ne contredit aucune de ces théories ; — au contraire, il les concilie et les complète. Il s'éloigne du socialisme démocratique et du socialisme anarchiste quant à la forme, mais il en réalise l'idéal. L'essence de la vraie démocratie, qui fut définie par Proudhon « l'abolition de tous les pouvoirs », peut être appelée l'anarchie. Celui qui dit : gouvernement du peuple par le peuple, dit en réalité : pas de gouvernement ; car le gouvernement est toujours une oligarchie et une hiérarchie. Le gouvernement de tous en général (*démocratie*) est le gouvernement de personne en particulier (*anarchie*). Nous avions donc raison, au commencement de ce chapitre, d'affirmer qu'il n'y a pas de divergence réelle entre socialisme démocratique et socialisme anarchique.

CHAPITRE XII

§ 1er.

En décrivant, dans les deux derniers chapitres, les traits principaux du régime socialiste, nous nous sommes gardé de descendre à des détails et de hasarder des prévisions sur un avenir plus ou moins lointain. Nous avons estimé devoir nous en tenir au moment initial du socialisme et montrer le chemin à suivre plutôt que le but à atteindre.

La plupart des socialistes n'ont en vue que le terme final du processus de transformation de la société contemporaine. D'après eux, le socialisme est tout entier dans ce terme final, le communisme ou le collectivisme; le mouvement de transformation lui-même n'a aucune valeur, ou bien il en a une minime. Les lois sociales, les essais de coopération. les luttes pour l'amélioration du sort de la classe ouvrière, n'ont pour eux qu'un intérêt très médiocre; ils n'y voient que des palliatifs, quand ils n'y voient pas une condamnable « transaction avec les principes ».

Nous sommes d'un avis complètement opposé. Le collectivisme ou le communisme, s'ils étaient destinés à se réaliser jamais, n'y parviendraient qu'à la suite d'une transformation plus ou moins longue de la constitution sociale actuelle. C'est donc cette transformation que nous devons étudier, pour y coopérer consciemment. Ainsi que l'a très bien dit M. Bernstein, le but final du socialisme n'est rien pour nous, le mouvement est tout.

« Il faut se rappeler (a dit dans le même esprit M. Edward Carpenter) qu'il n'y a pas la moindre chance qu'aucun « idéal » social pur et simple soit jamais réalisé. Au surplus, tout idéal a son inconvénient et celui de l'un ne s'adapte guère à celui d'un autre. Tout en reconnaissant donc que la société actuelle s'achemine évidemment vers le communisme, il nous est permis d'espérer et de croire que sa forme ultérieure ne réalisera exactement l'idéal d'aucun parti du travail, mais sera assez large pour embrasser une immense variété d'institutions et de coutumes, ainsi qu'une grande survivance de formes sociales actuelles ».

Développant cette thèse, M. Carpenter ne craint pas d'affirmer que, bien que le salariat ne soit guère conforme à l'idéal du parti le plus avancé, il est cependant probable qu'il subsistera longtemps. Il ajoute qu'il n'est « pas impossible qu'un système large de salaires, établi (comme celui de Carruther, dans le dernier chapitre de son *Commercial and communal economy*) sur des bases essentiellement démocratiques, « donne plus de liberté qu'un régime anarchiste sans réglementation, d'après lequel chacun prendrait selon ses besoins », — tout simplement parce que dans le premier cas un ouvrier pourrait travailler deux heures par jour et vivre avec le salaire de ces deux heures, et un autre travailler huit heures et vivre du salaire correspondant, et que l'un et l'autre aurait la liberté morale entière de vivre ainsi ; tandis que dans le second, sans salariat, le premier des ouvriers craindrait (quel que fût son désir de travailler moins) de faire tort à la communauté, et que celle-ci aurait la même pensée, s'il ne travaillait pas ses huit heures comme l'autre ».

« Le point le plus important en tout ceci, observe justement M. Carpenter, est que, bien que le système de représentation des valeurs par l'argent puisse persister sous forme de salaires, d'achat, de vente, encore assez longtemps, il perdra inévitablement sa rigidité de fer et, avec la modification des habitudes et des conditions de vie, s'assouplira au point de pouvoir céder aisément, tout en demeurant l'indice d'une coutume sociale, chaque fois qu'il en sera besoin. La propriété privée sera dépourvue du caractère de virulence qui lui appartient actuellement et ne subsistera plus que comme usage et commodité, toute affaire d'argent devenant peu à peu avec le temps une simple formalité ainsi qu'il en est aujourd'hui entre amis (1). »

(1) *Forecasts of the coming century*, par Edward Car

Nous avons voulu transcrire cette page, où l'auteur distingue nettement la forme et l'essence, la lettre et l'esprit du socialisme. Ce qui lui tient au cœur, ce n'est pas l'abolition des formes économiques actuelles, des échanges librement contractés entre individus ou entre associations, — ou du contrat de travail intervenant entre individus ou entre association et individus, — ou de la possession de certains instruments de travail par l'individu ou par l'association. Mais il recherche la liberté du travail, l'égalité des conditions, l'équité des rémunérations et des échanges, la solidarité dans la collectivité. On pourrait obtenir ces choses sans avoir recours à l'organisation communiste ou collectiviste ; et réciproquement, sous une organisation de ce genre, il se pourrait que la justice dans les rapports économiques entre les individus et la collectivité, ou entre des collectivités différentes, ne se réalisât pas, qu'il y eût encore des monopoles, que les conditions du travail ne fussent pas égalisées, enfin que l'administration publique ne fût pas soumise à la volonté du peuple. La forme n'est pas indifférente, mais elle est secondaire : ce qui importe surtout ce sont les nouveaux rapports juridiques. Or, l'élaboration de ces rapports se fait déjà sous le régime actuel.

Les rapports entre patrons et ouvriers ont été longtemps abandonnés à l'arbitraire des uns et des

penter, Bernard Shaw etc. Manchester, 1897. Voir *Humanité nouvelle,* janvier 1898, pp. 12-13.

autres. Aucun droit, aucune obligation n'étaient reconnus ni d'un côté, ni de l'autre. Le patron pouvait prendre à son service des femmes, des enfants, des étrangers ; il pouvait imposer l'obligation à ses ouvriers de ne pas appartenir à une association de résistance ou d'aller à la messe ; il pouvait abaisser le prix du travail au-dessous du minimum de subsistance, prendre pour contre-maître le plus farouche argousin, prélever des amendes sur les salaires, négliger toute précaution en vue de sauvegarder la vie des ouvriers. En somme, il avait un pouvoir absolu ; ses ouvriers n'avaient vis-à-vis de lui d'autre droit que celui que pouvaient leur assurer leur nombre, leur union, leur capacité de résistance, en un mot la *force*. Un tel état de choses, si même il n'a pas changé sensiblement, n'est plus considéré comme légitime.

Syndicats ouvriers, Bourses de travail, etc., se proposent de répartir l'ouvrage entre tous les travailleurs, en limitant la durée des journées, et de déterminer les salaires en rapport avec les prix des moyens de subsistance et avec la productivité du travail (échelle mobile). Les engagements sont bilatéraux et obligatoires : le patron ne peut congédier l'ouvrier, ni celui-ci abandonner le travail, sans avis préalable ou indemnité. Une magistrature élective (les prud'hommes) a été instituée pour statuer sur les droits dérivant du contrat de travail. Les questions relatives à l'exécution du travail (règlement de fabrique, prélèvement d'amendes, administration des caisses de secours, choix des contre-maîtres) sont parfois l'objet de discussions et d'accords entre maîtres et ouvriers : des conseils de conciliation ont été imaginés pour aplanir les différends qui peuvent surgir sur ces points, ainsi que sur d'autres. Enfin, une législation du travail est en formation, pour la protection de la vie et de la santé des ouvriers et pour la limitation du pouvoir d'exploitation capitaliste, surtout à l'égard des êtres faibles.

Remarquons que l'essence du régime capitaliste est précisément le pouvoir despotique du patron ; par conséquent la détermination des rapports en question, la formation du contrat de travail, altèrent le contenu même du régime capitaliste. Le socialisme commence à vivre, pour ainsi dire, sous l'enveloppe capitaliste.

Il ne peut se développer librement ; il est obligé de se soumettre aux exigences du capitalisme, qui tient la main haute dans l'organisation du travail et dans la législation. Il en résulte des luttes, des compromis, des tergiversations ; mais l'importance du mouvement réformiste n'en est pas moins grande : car (répétons-le), même sous un régime socialiste, il sera nécessaire de proportionner la rémunération au travail et à la quantité des produits, de répartir le travail de la manière la plus équitable entre tous les producteurs, de garantir la vie, les salaires, la liberté des ouvriers, en même temps que les intérêts des consommateurs et certains intérêts généraux de la collectivité. Les efforts donc que l'on fait aujourd'hui vers la systématisation de ces rapports, ne seront pas perdus ; les expériences seront utilisées ; les acquisitions seront maintenues.

Au surplus, la réforme économique a pour objet de dépasser le régime capitaliste. Les différentes formes de coopération tendent justement à éliminer le capitaliste de l'organisation industrielle ; mais observons que trop souvent on se contente, ici encore, de l'apparence. Si les rapports entre sociétaires, la répartition du travail, la direction technique, l'administration, la distribution des bénéfices, l'échange des produits et les autres rapports extérieurs, ne sont pas réglés d'une manière équitable, on aura toujours, sous des formes mensongères, une véritable exploitation capitaliste. Rien donc de plus important que les expériences qu'on fait au sujet de l'organisation *interne* de la coopération.

Le but final du mouvement ouvrier est l'administration du travail par les travailleurs. Toutefois il y a un côté de l'organisation du travail qui touche aux intérêts des consommateurs, intérêts distincts de ceux des producteurs et parfois opposés. Aujourd'hui le capitaliste interprète, tant bien que mal, au point de vue de son intérêt particulier, les désirs des consommateurs, et il organise le travail en raison de ces interprétations. Parfois, c'est le gouvernement ou la municipalité (comme dans le cas des chemins de fer et d'autres services analogues) qui fait valoir, d'une très faible voix d'ailleurs, les raisons du public, des commerçants etc. Dans la société socialiste, l'organisation du travail doit résulter, en définitive, de l'entente entre les groupements des producteurs et les groupements des consommateurs. Par conséquent, les différentes tentatives, qu'on fait aujourd'hui pour éliminer les intermédiaires et leurs profits, pour rapprocher le prix du coût de production, pour mettre en plus exact rapport la production avec la demande, tout cela est dans la voie du socialisme.

Il en est de même des essais de popularisation du crédit ; car que sont-ils sinon des tentatives pour faire que le capital soit à la portée des travailleurs? Il est évident que, même sous un régime socialiste, il faudra utiliser les résidus de la production (épargne) et faciliter leur absorption dans le nouveau cycle de production ; — donner la plus grande élasticité possible à l'organisation du travail, par un système qui permette la translation du capital et du travail d'une industrie à une autre, à la moindre variation des besoins et des méthodes industrielles.

La question agraire est la plus difficile de toutes, car l'organisation du travail agricole présente les plus grandes variétés. Cependant l'élaboration de nouveaux rapports juridiques est déjà évidente par les corrections qu'on apporte, ou qu'on propose d'apporter, aux droits et aux obli-

gations des propriétaires et des fermiers. La tendance est à prohiber les pactes par lesquels le
fermier renonce au remboursement des frais occa-
sionnés par les améliorations, et aux indemnités
pour les cas fortuits. On cherche à assurer au fermier une juste rémunération pour son travail
(ainsi en Irlande ont été institués des tribunaux
chargés de réduire les rentes excessives) et une
location assez longue pour qu'il puisse récolter le
fruit de ses labeurs.

On va encore plus loin : par l'institution de coopératives agricoles, par l'organisation du crédit
mutuel dans les campagnes, par les unions des
fermiers et des petits propriétaires d'une commune pour l'achat des semences et des engrais
et pour la vente des produits du sol. Il est évident
que, sous des formes adaptées à l'agriculture, la
tendance de là réforme agraire est analogue à celle
de la réforme économique-industrielle.

Faut-il revenir encore une fois sur la réforme
politico-administrative? Rappelons qu'à l'ancien
régime, basé sur la volonté d'un monarque absolu,
a succédé un régime basé sur la volonté (présu-
mée) du peuple. Dans le système où le gouvernement d'un État dépend de la volonté d'un maître,
il y a absence complète de justice. Dans le cas où
le peuple est censé vaquer à ses affaires, voter les
impôts, être armé pour la défense de la patrie et
des institutions qu'il s'est données librement, il y
a une *justice présomptive,* — nous allions dire une

justice subjective, — fondée sur le consentement général aux actes de l'administration publique.

Le peu de valeur de cette justice présomptive a été révélé par l'expérience ; et la tendance aujourd'hui est à assurer la *justice dans l'administration*, à formuler des lois générales auxquelles la décision des cas particuliers doit être conforme ; à entourer l'administration de garanties : — conditions de capacité pour les administrateurs, publicité des actes, délibérations motivées, tribunaux administratifs, comités populaires et responsabilité des administrateurs.

Il ne suffit pas que l'impôt soit voté par la majorité des représentants du peuple pour qu'il soit juste. Toute une littérature récente étudie le difficile problème de la juste répartition des impôts, c'est-à-dire de la juste distribution des frais d'entretien des services publics, — problème qui se présentera même sous un régime socialiste.

Enfin, les devoirs des administrateurs publics acquièrent un caractère juridique : on permet la résistance à leurs actes injustes et on arrivera sans doute à punir comme des crimes, non seulement leurs actes arbitraires, mais aussi leurs complots, leurs trahisons, leurs tentatives de corruption et de domination. Ce seront les véritables crimes politiques de l'avenir.

La réforme juridique, qui comprend la correction des injustices sanctionnées dans les codes civils, le perfectionnement et l'extension de la notion de crime, aussi bien que la constitution d'une justice internationale, est une transformation interne de l'organisation sociale actuelle : elle doit donc être considérée comme une quintescence du socialisme.

M. Bernstein, dans un récent article de la *Neue Zeit* (1), a écrit ces remarquables paroles : « Si l'on entend par réalisation du socialisme l'institution d'une société complètement communiste en tous points, je n'hésite pas à répondre qu'elle me paraît être encore dans un lointain suffisamment éloigné. Mais je suis fortement convaincu que la génération actuelle verra la réalisation de beaucoup de socialisme, sinon dans la forme, du moins dans le fond. L'extension constante du cercle des devoirs et des droits correspondants des individus à l'égard de la société et des obligations de la société à l'égard de l'individu, l'extension du droit de contrôle de la société (État ou nation) sur la vie économique, l'administration autonome démocratique dans la commune et la province, et l'extension des attributions de ces groupes, — tout cela c'est, pour moi, un développement vers le socialisme, ou, si l'on veut, une réalisation partielle du socialisme. Le passage des entreprises économiques de la direction privée à la direction publique accompagnera ce développement, mais il ne pourra se faire que petit à petit. Il faut beaucoup de temps pour arriver à une bonne direction

(1) V. le résumé de cet article dans le *Devenir social*, avril 1898.

démocratique des entreprises. — c'est là un problème dont l'histoire du conseil du comté de Londres peut nous montrer toute la difficulté. »

M. Bernstein ajoute, en parfaite conformité avec les vues exprimées par nous dans cet ouvrage : « Lorsque la société fait usage des droits de contrôle sur les rapports économiques, il n'est pas d'une importance fondamentale, comme on le croit généralement, qu'elle dirige elle-même l'exploitation.

« Il peut y avoir plus de socialisme dans une bonne législation sur le travail dans les fabriques, que dans l'étatisation de tout un groupe de fabriques ».

Il y a sans doute plus de socialisme dans l'organisation économique de la classe ouvrière et dans ses efforts pour régulariser le contrat de travail et systématiser les conditions du travail, que dans la proclamation d'un communisme ou d'un collectivisme dépourvus d'un contenu juridique correspondant à la forme.

C'est la conclusion, vers laquelle convergent les différentes parties de ce livre.

§ 2.

Si de nouveaux principes de justice sont en formation, principes qui doivent gouverner les relations sociales sous le régime socialiste, une nouvelle morale est en formation, — morale qui animera et supportera les nouveaux rapports juridiques.

Nous avons mentionné les changements, qui se produisent dans notre conscience morale, en rapport avec le perfectionnement du mécanisme social ; mais il faut en parler plus longuement à cette place.

La morale d'aujourd'hui appartient, moitié au passé, moitié à l'avenir.

Nous avons encore dans le sang l'admiration de la force, de la richesse, de la puissance. Le désir de s'enrichir, de se soustraire à l'obligation du travail, est certainement une dérivation du désir de dominer, d'être, ou du moins de paraître, socialement supérieur. Nous avons, il est vrai, de meilleurs sentiments, mais ils restent lettre morte. La morale en action est une *morale de lutte*; la vengeance est un droit et presque un devoir; le succès est la pierre de touche de la moralité pour un grand nombre d'actes. On pardonne beaucoup à ceux qui réussissent et on appelle imbéciles ceux qui négligent de profiter des chances favorables. Il y a des départements de notre conduite où tout semble licite ; la fraude, le mensonge, le complot, sont, non seulement tolérés, mais presque rendus obligatoires dans le commerce et dans la politique, comme jadis l'assassinat l'était dans la diplomatie. Dans les rapports sexuels beaucoup est permis, beaucoup est pardonné au mâle, de ce que l'on condamne chez la femme : ici encore la morale s'incline devant le plus fort.

Contre cette morale s'élève la conscience de

l'homme moderne ; ou plutôt sur ce fond de morale ancienne s'étend et se stratifie une morale nouvelle, composée de sentiments de solidarité, d'égalité et d'indépendance. L'ouvrier et le paysan ont perdu quelque peu de leur respect de jadis pour leurs maîtres et seigneurs ; maintenant, ils s'unissent entre eux par dessus les frontières géographiques des « patries », en dépit des différences de religions, de races et de gouvernements.

La moralité générale s'élève. Nous ne professons plus une admiration inconditionnée pour le courage guerrier, pour la force physique, pour le talent, l'instruction et la beauté. Le centre de la moralité se déplace : nous mettons la moralité dans le contenu de l'acte, non pas dans sa forme. Nous nous refusons à donner pour excuses à des actes injustes, le talent, la grâce, ou l'énergie qu'on met à les accomplir : la responsabilité de l'homme doit être, au contraire, en raison de sa capacité.

Tandis que les qualités de lutte descendent dans notre estime, les qualités de travail et de solidarité s'y élèvent. Le travail est considéré comme un droit et comme un devoir, — comme une dette que l'individu doit payer à la société, qui, à son tour, est obligée d'offrir à l'individu la possibilité de travailler. L'échange de services entre l'individu et la société ne peut pas être fait d'après un strict rapport de réciprocité : qui plus a, plus doit donner ; « à chacun selon ses besoins, de chacun selon ses forces »; tel est le principe moral qui tend à se réaliser dans l'avenir.

Mais le travail est-il toujours une vertu? Peut-on approuver le père de famille qui se tue à force de travailler, qui économise au prix de sa santé, pour laisser un riche héritage à ses enfants? Non certes, car il y a là transformation du moyen en but. La société a, d'ailleurs, intérêt au développement des facultés des individus : par conséquent, le travail excessif, le travail exclusivement manuel et le travail accepté pour un salaire insuffisant, méritent d'être réprouvés. L'ouvrier doit défendre ses droits, ses intérêts, sa dignité d'homme ; doit lutter pour son émancipation, non seulement dans son intérêt personnel, mais aussi dans l'intérêt de sa classe et dans celui de l'humanité toute entière. Nous assistons à la formation de sentiments de ce genre ; les *blacklegs*, les ouvriers qui font concurrence à leurs camarades, sont considérés comme des traîtres; c'est une *moralité de lutte*, mais elle tend à un progrès moral : au fond de cette moralité de transition se forme le principe de la juste répartition du travail et de ses produits.

Le travail, pour être moral, doit être socialement utile. Le géographe, qui aventure sa vie pour explorer des régions inconnues, a droit à toute notre admiration ; l'admiration étant la monnaie dont on paie les services qu'on ne peut pas payer par de l'argent. Mais l'agioteur, l'usurier, le militaire professionnel, lors même qu'ils se donnent

beaucoup de peine dans leurs occupations respectives, exécutent des besognes nuisibles à la société : c'est pourquoi ils sont aujourd'hui regardés
avec un sentiment bien différent des sentiments
d'admiration et de la gratitude !

Le point le plus important de l'évolution actuelle
de la moralité, c'est l'extinction graduelle des di-
versités les plus choquantes de conduite correspondant à la division de la société en classes.

La moralité est la coordination des conduites des
hommes dans la vie sociale. L'histoire de la colonisation et de l'émigration nous montre, à chaque
page, l'homme civilisé redevenant barbare au moment où il s'éloigne de son milieu, de sa société,
des yeux de ses amis et de ses concitoyens, et se
trouve en contact avec des races inférieures ou
avec des individus de nationalité, de langue, d'origine, tout à fait étrangères à la sienne. Lorsque les
liens sociaux se relâchent, la moralité s'affaiblit.
Aussi le degré de développement de la moralité
est-il proportionnel au degré d'intensité des relations sociales.

Plus une société est dense de relations, d'amitiés, de sympathies, plus grande en est aussi la
moralité. Plus il y a de *hiatus* en elle, moindre est
la moralité de ses membres. Une société hiérarchique, comme la nôtre, ne peut qu'être profondément immorale. Les différentes classes agissent en
opposition l'une avec l'autre, leurs *criteriums* de
moralité sont contradictoires. Pour les uns le tra-

vail est un devoir, pour les autres une honte ; chez les uns ou loue l'habileté, chez les autres la violence, chez les troisièmes la docilité. Le législateur lui-même, après avoir proclamé que la loi doit être égale pour tous, se met à protéger la propriété des uns, et laisse sans protection le travail et la vie des autres. Les morales des différentes hiérarchies sociales sont encore encombrées de subtilités et de contradictions. Un magistrat enverra en prison un père de famille sur la parole, qu'il sait mensongère, d'un agent de police ; parce qu'il veut affirmer le principe d'autorité et qu'il ne veut d'ailleurs pas déplaire au gouvernement. Le militaire commettra des atrocités au nom de la discipline et ainsi de suite. Tous agiront en contradiction avec les indications de leur propre conscience, c'est-à-dire avec les principes universellement admis de moralité.

Nous aspirons à l'unification de la morale. Autant vaut tuer un homme d'un coup de poignard que de l'envoyer comme matelot braver la tempête sur un bateau avarié, qui a été assuré par son propriétaire au-dessus de sa valeur. La vie de l'homme est sacrée : ce principe doit être appliqué dans tous les domaines de la conduite. Personne ne doit s'emparer des biens d'autrui. Appliquons ce principe au commerce, à la Banque, à la Bourse : et il nous sera impossible de nous réconcilier avec les relations sociales actuelles. La corruption, les intrigues, les ambitions des politiciens ne sont pas moins blâmables que les fraudes des fabricants et les coalitions pour élever les prix des marchandises. L'homme qui néglige ses devoirs de citoyen, n'est pas moins coupable que le mauvais père de famille.

La moralité politique est encore à faire : cependant, dans quelques pays, il y en a un rudiment. Quiconque a vécu en Angleterre a pu constater l'existence de règles de conduite concernant les réunions publiques, règles que la grande majorité des assistants ne permet pas de transgresser et grâce auxquelles sont assurées liberté de parole et *fair-play* (discussion honnête) à tout individu ayant une opinion à exprimer. De même, la moralité de la presse est assez avancée en Angleterre pour qu'on observe une remarquable impartialité dans les comptes rendus de discours et dans le reportage ; et le droit de défense y est accordé invariablement aux individus attaqués.

Le perfectionnement de la conscience morale est la condition préalable de la réalisation du socialisme. Si les hommes continuaient à être ce qu'ils sont aujourd'hui, aucun système socialiste ne pourrait fonctionner. Il y aurait probablement tyrannie de l'opinion publique au lieu de tyrannie du gouvernement ; monopoles de communes, d'associations, au lieu de monopoles de capitalistes. Pour réformer la société, il faut réformer l'individu. La tâche principale du socialisme est précisément de moraliser les masses par la propagande et par la

pratique des principes de solidarité et de réciprocité. L'Internationale déclara dans ses statuts que
ses membres s'inspiraient de la vérité, de la justice et de la morale.

Toutefois ce serait une erreur de croire que l'individu puisse réagir individuellement avec succès,
contre l'organisation sociale actuelle. M. Tolstoï a
soutenu cette thèse. Il a dit : « Vous semble-t-il insensé d'aller tuer les Turcs ou les Allemands ? N'y
allez pas. Vous semble-t-il insensé de vous appro-
prier le travail des pauvres pour vous habiller à
la mode, vous et vos femmes, ou pour donner une
soirée qui vous ennuie mortellement ? Ne le faites
pas. Vous semble-t-il insensé d'entasser dans les
prisons, c'est-à-dire d'abandonner à l'oisiveté et à
la dépravation la plus épouvantable, des personnes
déjà corrompues par l'oisiveté et par la dépravation ? Ne le faites pas. Vous semble-t-il insensé de
vivre dans l'air pestilentiel des grandes villes, tandis que vous pouvez vivre dans un air pur ? Ne le
faites pas. Vous semble-t-il absurde d'apprendre
à vos enfants, avant et sur toute autre chose, les
grammaires des langues mortes ? Ne le faites pas.
Ne faites pas, en un mot, ce que fait actuellement
tout le monde européen ; il vit, et estime sa vie in-
sensée ; il agit, et estime insensés ses actes ; il n'a
pas de confiance dans sa raison et vit en discorde
avec elle » (1).

(1) *Ma religion*, cité par Ed. Rod. *Les idées morales du
temps présent.*

Que l'individu doive réagir contre la coaction sociale, qui lui impose des actes injustes ; nous l'accordons très volontiers. Mais cela n'est donné qu'à quelques individus possédant une énergie morale bien plus grande que l'énergie commune. L'immense majorité des hommes ne peut pas lutter contre la société ; et la révolte de quelques individus ne change pas le système. Un marchand qui voudrait être honnête, un capitaliste qui s'attendrirait sur le sort de ses ouvriers, seraient vite ruinés et remplacés par d'autres. Le soldat qui refuserait de se battre, serait fusillé. L'ouvrier qui ne voudrait pas louer ses bras pour un morceau de pain, devrait se résigner à mourir de faim avec ses enfants. On trouvera quelques héros, qui donneront leur vie pour un principe ; mais l'héroïsme ne deviendra jamais général. Les politiciens des Etats-Unis regrettent d'être obligés de pratiquer la corruption la plus effrontée ; mais chacun trouve que, s'il y renonçait, il ne ferait que donner l'avantage à son adversaire. Les Etats sont armés l'un contre l'autre, bien qu'ils gémissent du militarisme, parce qu'aucun ne veut être le premier à désarmer. Cela prouve l'utilité, la nécessité des mouvements collectifs : les révoltes individuelles ne sont utiles que comme des étincelles, en tant qu'elles allument un incendie.

M. Rod (1) constate avec raison que les admi-

(1) *Loc. cit.*

rateurs les plus ardents du génie de Tolstoï en Occident ne retrancheront un seul service à leur déjeuner, ne donneront aux pauvres un sou en plus de ce que permettent leur budget et les convenances de leur position, ne quitteront leurs occupations de propriétaires, financiers ou hommes de lettres pour un travail manuel, et mariés ou célibataires, ne renonceront à aucun de leurs plaisirs.

C'est vrai, et la doctrine de M. Tolstoï est condamnée à l'impuissance. La méthode qu'il préconise, la résistance passive, ne pourrait réussir qu'à une condition, — qui ne se vérifiera jamais, — qu'elle se généralisât.

Le christianisme qui enseigna la même doctrine, est devenu l'ennemi de la classe ouvrière et l'allié des puissants de la terre. En vain donc on l'oppose au socialisme et on espère qu'il pourrait en prendre la place.

Sa morale, pleine de complaisances pour les « supérieurs », de tergiversations, d'hypocrisies et de contradictions, nous répugne plus que la croyance en l'Homme-Dieu, en la Vierge-Mère, en la fabrication de la première femme avec une côte enlevée à Adam endormi. Le christianisme se meurt tué par le socialisme et non pas tué par la science. Contre celle-ci il pourrait encore se défendre ; mais il ne peut pas se défendre contre la conscience morale perfectionnée de l'homme moderne.

CHAPITRE XIII

(a) Contradictions et incertitudes.

L'examen critique des principes et des systèmes socialistes nous a révélé que le socialisme, irréfutable dans son essence, est encore imparfait comme doctrine. Nous allons à présent discuter plus en détail de ses imperfections.

La plupart des socialistes sont des collectivistes. Il y a pourtant de remarquables exceptions. M. Hobson, dans son livre sur l'*Evolution du capitalisme moderne* (1), soutient que la forme de production collectiviste ne pourra être appliquée qu'aux industries soumises au procédé mécanique. Pour les autres, dont le nombre augmentera dans une société, où le goût personnel aura un champ d'action bien plus vaste qu'aujourd'hui, la production privée mercantile continuera d'exister.

M. Bernstein, aussi, veut l'étatisation seulement de la grande production (*Verstaatlichung der*

(1) Cité par M. Arthur Labriola, *Critica sociale*, 1897, p. 214.

Grossproduktion), laissant indécise la question de savoir « si l'Etat aura d'abord le seul contrôle de la production ou s'il s'emparera de la direction effective » (1).

M. Emile Vandervelde ne pense pas autrement. Dans toutes les industries, écrit-il, où la production est faite en gros et les capitaux sont concentrés dans un petit nombre de mains et l'entreprise est dirigée bureaucratiquement, les collectivistes réclament l'appropriation collective des moyens de production. Au contraire, la petite industrie, où l'expropriation présenterait aujourd'hui des difficultés insurmontables, et peut-être quelque inconvénient au point de vue de la production, sans offrir de grands avantages pour la distribution, reste sous le régime de l'industrie privée, aujourd'hui capitaliste, *coopérative* demain (2).

M. Deville accepte, du moins à titre provisoire, qu'on laisse à l'agriculteur le petit lopin de terre et au petit industriel son instrument de travail ; c'est dire qu'il se prononce, lui aussi, pour un collectivisme partiel.

Or, il faut remarquer que le collectivisme partiel n'est plus du tout du collectivisme. Lorsque l'Etat, ou la collectivité, exerce pour son compte une ou plusieurs industries, c'est du capitalisme

____

(1) *Gesellschaftl. und Privat-Produktion,* p. 27-28 dans la *Soz. dem. Bibliotek* n. 1.

(2) Dans la brochure intitulée : *La décadence du parlementarisme.*

d'Etat, ce n'est pas du collectivisme : il n'y a pas possibilité de faire un plan général de la production, de fixer d'une manière authentique, officielle, la valeur d'échange, c'est-à-dire, en dernier ressort, la rémunération de l'heure de travail.

Suivant M. Rignano (1), le mérite le plus important du collectivisme ne serait pas de régulariser la production, de l'arracher à l'*anarchie* actuelle (anarchie qui, il l'avoue, décroît tous les jours et que le collectivisme peut-être augmenterait, en causant en même temps une considérable déperdition de forces par sa bureaucratie et par la destruction de la féconde initiative individuelle). Le vrai mérite du collectivisme serait d'être l'unique expédient qu'on ait imaginé jusqu'à présent pour concilier deux termes contradictoires : abolition du droit de testament et maintien de l'épargne. Un tel expédient cependant pourrait, suivant toujours M. Rignano, n'être pas le meilleur ; et il pourrait causer plus de mal que de bien, car, quoi qu'on en dise, les critiques que lui adressent les économistes, sont aussi faciles à faire que difficiles à combattre. « Si le socialisme se répand parmi les multitudes, il ne faut pas croire que ce soit à cause du collectivisme : parce que la très grande majorité des socialistes se déclarent collectivistes, toute victoire du socialisme est, en apparence, une victoire du collectivisme : mais la

_____

(1) *Critica sociale*, 1896, p. 344.

majorité des socialistes se déclarent collectivistes, parce que le collectivisme est aujourd'hui le seul système qui promet d'abolir l'hérédité et d'établir l'égalité des conditions ; non point parce que les socialistes veulent enrégimenter et régler la production, selon un plan unique. Au contraire, la prétention qu'a le collectivisme d'enrégimenter la production, est justement ce qui éloigne de lui nombre de gens, qui voient et réprouvent l'injustice du régime bourgeois, mais qui, persuadés des justes critiques des économistes, s'écartent du collectivisme comme d'une chose néfaste ».

Sur quoi, M. Turati remarque, avec une singulière indifférence : « Aux modalités, la plupart impossibles à prévoir, de la société future, songeront les hommes futurs ; nous nous contenterons d'être certains de la grande ligne directrice de l'évolution et des bases granitiques de la lutte des classes ».

Ainsi M. Turati laisse à la postérité le jugement sur le collectivisme. Il suit le conseil des social-démocrates allemands d'éviter soigneusement toute discussion sur la société future. Qui vivra verra. Dans un autre numéro de la même revue, il écrivait : « Nous avons toujours cru futile de discuter sur l'Etat futur collectiviste : qu'on s'imagine donc si nous allons discuter sur l'Etat futur anarchiste ! (1) » Il ne discute pas : mais il fait tout de même profession de foi collectiviste.

(1) *Critica sociale*, 1897, p. 143.

M. Arthur Labriola, un jeune mais savant socialiste, ne pense pas comme M. Turati. Il proteste, au contraire, avec la plus grande vivacité, « contre la mode bien dangereuse, due surtout à une grande nonchalance intellectuelle, mode qui n'est autorisée par l'exemple d'aucun des grands écrivains socialistes, ni surtout par celui de Marx ou d'Engels de ne pas vouloir donner des renseignements sur le programme positif du socialisme (1) ». Il n'est pas permis, dit-il, de se retrancher derrière une jolie phrase, de dire que le métier du socialiste n'est pas celui du prophète. « Le parti socialiste doit savoir ce qu'il veut ».

Le quel des deux, de M. Turati ou de M. Labriola a raison ? Ce serait, sans doute, le premier s'il s'agissait de se prononcer sur ce que deviendra la société dans quelques siècles ; mais il ne s'agit pas de cela ; il s'agit d'avoir une idée de l'organisation qui doit remplacer *immédiatement* l'état de choses actuel. On n'a pas à en préciser les détails ; mais on doit expliquer ce qu'elle *va* être. Professer des principes et ne pas savoir si, ni comment, ils pourront se réaliser, est absurde. L'esprit humain ne se tient point pour satisfait par des formules abstraites ; il tient à concréter ses conceptions ; c'est pourquoi nous nous efforçons de nous représenter la mise en commun des instruments de travail et les autres principes du socialisme sous

(1) *Critica sociale*, 1897, p. 213.

une forme concrète, sous la forme d'une nouvelle organisation sociale.

Serons-nous obligés de repousser l'image que ces principes, une fois admis, éveillent dans notre esprit? L'aurons-nous en horreur, comme si c'était une tentation diabolique? Pourrons-nous défendre aux adversaires du socialisme d'imaginer à leur tour, souvent de la plus fausse manière, la société qui résulterait de l'application de nos principes? Pourrons-nous refuser de discuter ces différentes constructions? Il semble que non. Tenons-nous en aux grandes lignes et ne nous engageons pas dans les questions de détail. Faisons des réserves sur les variations que l'expérience apportera à nos plans de renouvellement social : mais ne dédaignons pas l'étude du problème de l'organisation du travail selon les principes socialistes, non plus que l'étude des autres problèmes, que nous serons appelés *prochainement* à résoudre. Descendons des nuages où nous planons, renonçons aux formules doctrinaires, dirigeons nos regards sur la réalité. Sans cela nous continuerons à marcher comme des aveugles.

Veut-on voir où notre indécision sur l'organisation de la société socialiste nous mène? « Aujourd'hui un propagandiste, a dit M. Kautsky, peut, au nom du parti, promettre à un petit propriétaire, qu'on ne touchera pas à sa propriété : demain un autre, au nom du même parti, peut lui apprendre qu'une pareille promesse est une mystification. »

Les socialistes italiens se sont prononcés de quatre manières différentes sur la question de la petite propriété paysanne.

Première opinion. — Les socialistes n'ont pas à se soucier des petits propriétaires, métayers, colons, etc. ; ces gens-là étant réfractaires au socialisme, on perd son temps et ses peines à vouloir les catéchiser ; qu'on les abandonne à leur destinée ; qu'on attende qu'ils soient emportés par le tourbillon de la concurrence capitaliste et qu'ils soient devenus des prolétaires. Les anciennes formes de production disparaissant, le capital envahissant l'industrie agricole, les petits bourgeois des campagnes seront jetés dans les rangs du prolétariat et seront convertis au socialisme par la force des choses.

Seconde opinion. — Cette indifférence et ce quiétisme ne sont pas acceptables : les socialistes doivent venir en aide à ces classes moyennes et combattre dans leur intérêt pour l'abolition de la dette hypothécaire et la disparition des grands domaines (*latifundia*), des impôts trop lourds, du monopole des Banques ; ils doivent pousser à l'institution de caisses rurales, à la division des grands héritages, des terrains communaux, des surfaces non cultivées, à la formation d'une petite propriété inaliénable ; car la petite propriété est moins une forme de monopole qu'une forme et une accession du travail.

Troisième opinion. — Non, le socialisme ne peut pas promettre le maintien de la petite propriété pour l'avenir ; loin de là, on doit accélérer, si c'est possible, la concentration de la propriété agricole et son assujettissement aux méthodes d'exploitation capitaliste. Qu'on se garde de toucher au *latifundium* ; qu'on s'oppose à toutes sortes de lois qui prolongeraient l'agonie de la petite propriété ; qu'on brise tout obstacle à la libre circulation des biens. C'est par ce chemin-là qu'on avance vers le socialisme.

Quatrième opinion. — Il vaut peut-être mieux qu'on demeure neutre dans la lutte, se bornant à faire la propagande des principes du socialisme (lesquels ?) dans les campagnes aussi bien que dans les villes.

On dira peut-être que la divergence ne tombe que sur la manière de faire la propagande du socialisme dans les campagnes. Mais non : elle porte sur un principe : que la petite propriété est condamnée à disparaître. Bon nombre de socialistes affirment qu'elle disparaît ; et devant les chiffres de la statistique, prouvant que dans certaines régions elle n'est pas entrée en décadence, ils répondent comme ce médecin au malade, qu'il avait condamné et qui s'obstinait pourtant à ne pas mourir : « mais vous êtes mort pour la science ». D'autres socialistes pensent que la petite propriété, non seulement ne meurt pas, mais qu'elle pourra vivre même sous le régime socialiste.

M. Kautsky, que nous avons déjà cité, écrit que : « la grande production (seulement) exige la propriété collective des instruments de travail. Mais, de même que la propriété privée de ces moyens est incompatible avec le travail collectif, la propriété collective ou sociale des moyens de production est incompatible avec la petite production. Celle-ci exige la propriété privée des instruments de travail ».

L'abolition de la petite propriété serait d'autant plus injustifiable que le socialisme réclame pour tous les ouvriers la possession de l'instrument de travail. Il en suit que, pour la petite production, l'expropriation des moyens de production ne serait qu'éphémère : les possesseurs actuels, expropriés, rentreraient bientôt après dans la possession de ce qui leur aurait été enlevé. — Le passage de la société capitaliste à la société socialiste n'a point du tout pour condition l'expropriation des petits propriétaires. Ce passage non seulement ne leur enlèvera rien, mais les avantagera beaucoup (1).

Du même avis est l'auteur d'un remarquable article paru dans la *Critica sociale* de Milan (2). « Etant données les conditions particulières du sol et de la culture, en certaines régions de l'Italie, la petite tenure y est immensément plus productive que la grande ; cela est si vrai, que lorsque, par l'effet d'une crise, beaucoup de petits propriétaires ont succombé, sur leurs ruines ne se forment pas de grandes propriétés, mais surgissent, pour ainsi

(1) Kautsky, brochure sur le Congrès de Erfurth.
(2) 1er février 1895.

dire du néant, d'autres petits propriétaires ». Le socialisme dans ces régions-là devra respecter le régime de la petite propriété. « Pour les propriétaires cultivateurs le socialisme se présente comme une grande association de cultivateurs, qui, en échange du sacrifice de droits purement apparents de propriété, leur assurera le fruit de leur travail et les affranchira de toute crise, aussi bien de celles qui sont dues à des causes naturelles, que de celles qui proviennent des causes économiques ». L'auteur de l'article suggère les réformes suivantes, que le socialisme devrait réaliser dans les pays de petite culture : assurance mutuelle et forcée, obligation d'une culture rigoureusement scientifique, surveillance par des techniciens administratifs, fourniture de la matière première par l'Etat ou par la commune, subventions accordées pour les améliorations, institution de magasins publics de vente, formation de Chambres de courtage, etc. De telles réformes « 1° seront acceptées par les petits propriétaires, heureux d'échapper aux usures et aux spéculations des Banques, des capitalistes et des commerçants ; 2° conduiront à l'organisation de la production agricole ; 3° enlèveront peu à peu l'agriculture aux mains et à l'initiative des particuliers ; en feront une fonction publique ou collective ; 4° enfin, démoliront peu à peu et insensiblement le prétendu droit de propriété, le remplaçant par l'esprit de solidarité, dont toute organisation collective doit s'inspirer ».

Notre écrivain termine par l'observation suivante : « comme le développement d'un individu ne doit pas suivre nécessairement pas à pas toutes les étapes de l'évolution de l'espèce (souvent l'ontogénie d'un individu, grâce aux influences du milieu, n'est pas qu'une récapitulation abrégée de la phylogénie), de même il n'est pas impossible qu'étant données la concentration rapide de la propriété et la formation de la propriété collective partout, on puisse arriver à celle-ci, dans certaines régions, sans passer d'abord par l'étape des expropriations, des banqueroutes et de la mise à l'enchère des petites propriétés. On aura épargné des douleurs à l'humanité ; et si cela est possible, les socialistes n'auront pas à s'en plaindre ».

Le programme agraire des socialistes français (dont celui des Belges ne diffère pas) est conçu d'après les mêmes idées. Il contient des réformes transitoires, dont l'effet serait d'affermir, plutôt que d'ébranler davantage, la petite propriété : fixation des baux par un collège arbitral ; remboursement obligatoire du prix des améliorations faites par les locataires des terres ; unions agricoles pour l'achat des engrais, du blé, des semences, des plantes, et pour la vente des produits du sol ; location des machines agricoles aux cultivateurs par les communes à prix de revient, etc. Mais ce programme fut critiqué avec âpreté par Engels (ainsi que le programme de Gotha l'avait été par Marx). Il y a donc désaccord entre les disciples et les maîtres sur une question des plus graves, — ou, peut-être plutôt, entre la théorie et la pratique.

Ce désaccord, si grand qu'il soit, nous semble moins remarquable que l'incohérence et la superficialité des idées émises par les socialistes les plus autorisés au sujet du régime politique de la société socialiste.

M. Bebel (1), repète, à la suite d'Engels, que l'Etat représente la bourgeoisie, et que sa raison d'être disparaîtra quand il n'y aura plus de classes à opprimer ; il dit qu'il faudra alors le restreindre à une simple « direction des procédés de production » ; puis il ajoute qu'avec l'Etat disparaîtront aussi ses représentants, ministres, parlements, armées permanentes, police et gendarmes, tribunaux, avocats et procureurs de la république, gardiens de prison, administration des douanes et des impôts, enfin tout le mécanisme politique. Les casernes et les autres édifices militaires, les palais de justice, les prisons, etc., seront réservés pour une destination meilleure. Les milliers de lois, de règlements deviendront de la paperasse, n'ayant plus qu'une valeur historique. Plus de grandes ni de petites batailles parlementaires : au lieu d'un parlement unique il y aura des collèges administratifs, des délégués, chargés de proposer des améliorations dans les systèmes de production, de procurer et distribuer les provisions nécessaires, d'in-

____

(1) *La femme, etc.*, trad. franç., p. 299.

troduire les nouveautés dans l'art, dans l'instruction, dans le commerce, dans les procédés industriels, etc.

Et c'est à peu près tout ce que M. Bebel nous apprend au sujet de la constitution politique de la société socialiste. C'est peu de chose : cependant une idée est énoncée clairement : l'abolition du parlement et du pouvoir exécutif central, auxquels succéderaient des collèges administratifs et des délégations administratives, peut-être reliées entr'elles.

D'autres socialistes sont d'un avis différent. Il y en a qui semblent se réconcilier de plus en plus à l'idée d'un vrai gouvernement. Les socialistes *fabians*, M. Kautsky, M. Arthur Labriola, combattent, non seulement la législation directe, mais aussi le *referendum* et le mandat impératif. M. Labriola affirme que le peuple ne devra pas lui-même exercer sa souveraineté, mais qu'il devra l'exercer par des mandataires : il indiquera, par la préférence qu'il accordera aux candidats de l'un ou de l'autre parti politique, les grandes lignes de la politique ; le parlement et le gouvernement hiérarchiquement constitué feront le reste (1).

C'est le système parlementaire tel qu'il fonctionne aujourd'hui : le peuple délègue ses pouvoirs en bloc à un certain nombre de citoyens :

_____

(1) *Contro il referendum, Critica Sociale*, février et mars 1897. Cfr. Kautsky, *Der Parlamentarismus, die Volksgesetzgebung und die Sozialdemokratie*.

ceux-ci choisissent ou désignent le gouvernement *pro tempore* : le gouvernement à son tour nomme les fonctionnaires de toute espèce et dirige leurs actes. La souveraineté du peuple n'est que nominale : celle du gouvernement est réelle.

Que de telles opinions, diamétralement opposées à celles de Marx et d'Engels, aient pu se faire jour parmi les socialistes et obtenir l'adhésion des hommes le plus en vue du parti social-démocrate, ou du moins les laisser perplexes (1), voilà ce qui doit nous faire réfléchir. En vérité les socialistes gardent encore leur ancien mépris pour l'organisation politique, qu'ils estiment très secondaire. C'est pourquoi ils n'ont pas étudié les lois de la politique aussi bien que les lois de l'économie, au point qu'ils s'imaginent réellement (beaucoup d'entre eux du moins) que le peuple, la grande masse des travailleurs, pourrait s'emparer du pouvoir et *le tenir*, ou (ce qui n'est pas moins absurde) s'en *servir* pour un certain but, et ensuite se démettre.

M. Deville parle de l'Etat dans les termes suivants : « Lié... à la division de la société en classes, l'Etat... ne peut que persister tant que durera cette division ; et le but vers lequel doivent tendre tous les efforts des socialistes, c'est la conquête de l'Etat, l'entrée en possession des pou-

____

(1) Voir la note de M. Turati sur les articles cités de M. Labriola.

voirs publics (1). » L'Etat est à détruire : emparons-nous donc de l'Etat.

Les socialistes ont débuté par la négation de l'Etat ; ils se rapprochent, de plus en plus, du socialisme d'Etat, quitte à lancer, de temps à autre, contre ce système les foudres de leur éloquence.

On se souvient de la croisade prêchée par M. Liebknecht en Angleterre, à la veille du congrès de Londres de 1896, contre le socialisme d'Etat qu'il appela capitalisme d'Etat. Cependant lui et M. Bebel avaient défendu au congrès de Breslau le « projet des Seize » sur la question agraire, dans lequel ou demandait, entre autres choses, à l'Etat de faire le service hypothécaire et celui des assurances

N'entendons-nous pas, tous les ans, à la Chambre des députés italienne, l'orateur socialiste discourir en faveur de l'étatisation des chemins de fer ? Qu'est-ce donc, si ce n'est pas du socialisme césarien, qui augmente les pouvoirs du gouvernement, dont l'ouvrier devient sujet et salarié en même temps ? MM. Jules Guesde et Jaurès proposèrent au parlement français le monopole gouvernemental de l'importation des blés ; et M. Turati (2) regretta qu'en Italie le parti socialiste ne fût assez fort à la Chambre pour pouvoir présenter une pareille proposition. M. Bissolati, dans la discussion du budget de la marine pour l'année 1897, parla

(1) *Principes socialistes*, pp. 211-212.
(2) *Critica sociale*, 1894, p. 70.

en faveur de la construction des navires dans les arsenaux de l'Etat ; mais M. Walter Mocchi objecte que les ouvriers des arsenaux sont les plus réfractaires à la propagande socialiste, les plus « soumis », ainsi qu'on l'a vu en maintes circonstances.

En remontant au Manifeste célèbre de 1847, on y trouve préconisée l'expropriation de la propriété foncière et l'emploi de la rente pour les dépenses de l'Etat ; la confiscation des biens de tous les émigrés et des rebelles *(sic !)* ; la concentration aux mains de l'Etat de tous les moyens de transport ; le monopole du crédit attribué à une Banque nationale, constituée avec capital fourni par l'Etat ; l'augmentation des manufactures nationales ; un système général pour l'amélioration des terres ; le travail obligatoire pour tous et l'organisation d'armées industrielles, notamment pour l'agriculture. Un socialisme plus étatiste que celui-ci serait difficile à imaginer.

Dira-t-on que le Manifeste de 1847 ne doit pas être pris à la lettre, et que depuis 1847 les socialistes ont modifié leurs idées ? Ce ne serait que juste. Cependant nous avons vu que les socialistes demandent aujourd'hui l'étatisation des chemins de fer, le monopole du commerce des blés, etc. ; et on sait qu'ils demandent aussi la municipalisation de plusieurs industries. Et si là-dessus les socialistes ne sont pas tous du même avis, c'est précisément qu'ils n'ont pas encore retrouvé l'*ubi consistam* de leur programme de parti. M. Turati avoue que le parti social-démocrate, en Italie du moins, n'a pas déterminé son orientation. Le parti oscille entre la lutte économique et la lutte politique, et d'autre part entre le programme minimum et le programme maximum.

Avoir adopté un programme minimum, est déjà un abandon du programme maximum ; car il est évident que les énergies du parti seront absorbées par la lutte immédiate, — à moins que le programme minimum n'aboutisse nécessairement au maximum. Il faudrait donc supposer que le programme minimum serait en parfaite corrélation avec le maximum : mais c'est cela précisément ce que les socialistes nient. Ils ne le regardent pas comme un acheminement au socialisme, un commencement de réalisation du socialisme, mais comme une compilation de palliatifs, de remèdes provisoires et illusoires, dont on se sert pour tenir les gens dans l'attente, ou, tout au plus, pour adoucir la douleur des plaies incurables.

Et même sur cette question de l'action immédiate, existe-t-il parmi les socialistes différentes opinions. Il y en a qui se méfient des lois et mettent leur confiance, au contraire, dans l'organisation de la classe ouvrière pour la résistance et dans la coopération. Il y en a d'autres qui combattent la coopération comme une nouvelle forme de capitalisme et repoussent les grèves. Parmi les partisans des lois sociales, les uns les demandent dans l'espoir que le gouvernement ne les accordera pas, et par suite se fera un plus grand nombre d'ennemis dans la classe ouvrière ; les autres en attendent réellement une amélioration sensible du sort des ouvriers, qui s'élèveraient ainsi pas à pas du purgatoire actuel au paradis socialiste.

Personne ne semble bien comprendre le véritable esprit de ces réformes immédiates qui sont l'essence même du socialisme, dans lesquelles se réalisent de nouveaux principes de justice appelés à régler les relations sociales.

Au congrès de Bologne (1897) M. Turati déclara que le programme minimum des socialistes n'est pas un programme socialiste, mais un simple programme d'agitation. — « Le socialisme, dit-il, ne pourra commencer à être réalisé qu'après la *conquête des pouvoirs publics*, c'est-à-dire, non point après l'occupation de quelques sièges au parlement ou de la majorité dans des corps délibérants secondaires, mais après la prise de possession, de la part du prolétariat socialiste, des organes fondamentaux du pouvoir politique ». Aussi :

Lasciate ogni speranza...

Les paroles de M. Turati sont réellement, ainsi que celles que Dante lut sur la porte de l'enfer, de *couleur obscure*. On ne comprend pas bien si par « prise de possession par le prolétariat socialiste » (ce qui, en tous cas, est trop dire, car la possession ne pourrait être prise que par des meneurs),

— on ne comprend donc pas bien si par « prise de possession, de la part du prolétariat socialiste, des organes fondamentaux du pouvoir politique », on entend la révolution, ou seulement l'avènement d'un ministère socialiste à la suite d'une victoire remportée par le parti aux élections générales. Est-il possible que les socialistes se fassent illusion au point d'espérer pouvoir jamais obtenir une majorité à la Chambre, tant que durera le régime actuel ? Tant que la classe capitaliste gardera le monopole de la richesse, elle retiendra aussi la suprématie politique. Elle a des moyens plus puissants pour « conquérir » ou pour retenir le pouvoir, que les socialistes n'en possèdent ; et elle saurait bien arrêter les victoires électorales des socialistes, si elle voyait son existence en danger.

Reste la ressource de la révolution. Mais d'abord les social-démocrates se défendent d'être révolutionnaires. Puis, une révolution détruirait nécessairement « les organes fondamentaux » du pouvoir politique. Le prolétariat ne pourrait pas s'en servir, mais devrait plutôt songer à les démolir et à les remplacer par de nouvelles formes d'administration publique.

Enfin, si comme le croit M. Turati, le programme minimum n'est pas socialiste, quelle raison ont les socialistes de le soutenir ; et que peut valoir une agitation faite avec un programme contraire aux principes que le parti veut réaliser ?

A notre avis, on a tort de vouloir séparer les réformes sociales et le socialisme, d'en faire deux choses diverses. De cette erreur résulte que les socialistes ne savent pas de quel principe s'inspirer, pour discerner les réformes utiles et progressives des innovations nuisibles et réactionnaires. Leurs programmes minima sont des mosaïques. A côté de telle proposition démocratique et libérale s'en trouve une autre d'un autoritarisme outré. Ils considèrent comme irréalisables la plupart des réformes qu'ils réclament, ou ne leur attribuent pas une grande utilité pratique ; aussi les demandent-ils sans foi ni enthousiasme (M. Bebel l'a avoué pour la journée de huit heures) et non sans un certain regret d'être infidèles à la « théorie ».

Le rapport présenté au congrès de Bologne (1897) par deux membres sur trois (le troisième étant dissident) de la commission chargée par le congrès de Florence (1896) d'étudier la question du programme minimum, est un aveu solennel de l'incapacité du parti socialiste à formuler un programme d'action socialiste. Il n'est pas une question, sur laquelle le rapport exprime une opinion arrêtée. On doute s'il convient de demander que l'Etat bourgeois évoque à soi la gestion d'entreprises industrielles ; et on propose, afin de « concilier les tendances en apparence opposées » (de ceux qui défendent et de ceux qui combattent la gestion par l'Etat) le passage à l'Etat des seules industries où les travailleurs ont déjà acquis la conscience de leurs droits (les chemins de fer par exemple). On doute s'il faut, ou s'il ne faut pas, pousser à l'institution de coopératives sur le type belge ; et le problème étant déclaré prématuré, on recommande la prudence, car « la question est de celles qui ne peuvent être décidées ni par un oui, ni par un non absolus : beaucoup doit être concédé aux temps, aux lieux, aux circonstances ». On doute s'il faut réclamer la progressivité de l'impôt. On ne sait point si « la substitution de la nation armée à l'armée permanente ne serait pas une veillerie » et s'il ne faut pas plutôt se contenter de la diminution du nombre des corps d'armée et de la durée du service militaire. On a de grands doutes aussi sur le *referendum*. Toute réforme de la constitution de la famille est exclue pour la raison très peu satisfaisante que de telles réformes pourraient « appartenir à d'autres programmes n'ayant pas de rapport avec la lutte des classes ». Enfin on renvoie à des temps meilleurs la rédaction d'un programme minimum administratif ; et on avoue le peu de confiance qu'on a dans le programme minimum économique, qu'on a tant bien que mal ébauché. « Aujourd'hui le seul vrai programme minimum du parti socialiste italien, c'est la reconquête des libertés (politiques) élémentaires ». De la sorte, après avoir substitué, dans le fait, au programme maximum un programme minimum et concentré sur ce dernier toute l'activité du parti, les socialistes proclament qu'il n'y a pas de programme minimum, hormis la revendication des libertés politiques, — revendication que le parti socialiste fait avec peu de conviction et sans esprit de suite, dans les nécessités suprêmes! C'est là une confession d'impuissance, voire d'inaptitude étonnante, pour un parti, qui tous les jours recrute de nouveaux adhérents et gagne une nouvelle bataille.

CHAPITRE XIV

(*b*) **Marxisme.**

Le socialisme que la Révolution française portait dans son sein (car le premier « droit de l'homme » est celui de pouvoir travailler pour vivre), né immédiatement après elle sous forme de rêves de philosophes (tels que Saint-Simon et Fourier), devenu ensuite, avec L. Blanc et Proudhon, le programme de la partie la plus avancée de la démocratie, fut encore plus tard (après juin 1848, et notamment par la fondation de l'Association internationale des travailleurs en 1864) l'expression des intérêts et des aspirations de la classe ouvrière contre la bourgeoisie.

L'Internationale proclama que « l'émancipation économique de la classe ouvrière est le grand but auquel tout mouvement politique doit être subordonné comme moyen ». Au contraire, la bourgeoisie libérale et démocratique subordonnait l'émancipation des travailleurs aux réformes politiques (suffrage universel, nation armée, autonomie administrative, élection populaire des fonctionnaires publics, etc.). Une conciliation fut tentée au congrès de la *Paix et de la Liberté*, qui eut lieu à Berne en 1867. Chaudey fit accepter le compromis suivant : les ouvriers aideraient les bourgeois à la conquête des libertés politiques ; les bourgeois aideraient les travailleurs pour obtenir l'émancipation économique. Mazzini approuva cette formule comme « la seule raisonnable » ; cependant elle n'en renfermait pas moins un aveu d'une opposition d'intérêts entre la classe ouvrière et la bourgeoisie ; car elle impliquait que les libertés politiques n'intéressaient guère que la seconde, et que l'émancipation économique n'intéressait que la première. Bientôt après, le mouvement communaliste de Paris et la sanglante vengeance qu'en tira la bourgeoisie républicaine, rendirent la rupture complète : liberté et égalité, démocratie et socialisme parurent ennemis. La question sociale, qui s'était présentée aux utopistes dans toute sa grandeur, comme question politique, juridique, économique et morale, fut concentrée et condensée dans la « question ouvrière ».

Karl Marx fut le théoricien de cette phase de l'évolution du socialisme. Pénétré de l'importance de l'organisation des travailleurs, frappé de la grandeur de la lutte engagée entre Capital et Travail, lutte dont il fut témoin dans le pays classique du capitalisme et de l'organisation ouvrière, il conçut un hardi dessein scientifique. Il unifia les faits sociaux, les interprétant comme manifestations et produits de la constitution économique (*conception matérialiste de l'histoire*). Il dériva les faits économiques (profits, rentes, intérêts, salaires) de l'exploitation de la force de travail (*théorie de la plus-value*). Il crut que par le jeu même de l'exploitation capitaliste, l'accumulation de la richesse augmenterait ; que le prolétariat se trouverait réuni et très nombreux ; et qu'un choc final amènerait l'écroulement du système (*loi d'accumulation capitaliste et lutte des classes*).

Nous allons examiner ces différents points de la doctrine.

Conception matérialiste de l'histoire. — « Le mode de production de la vie matérielle domine en général le développement de la vie sociale, politique et intellectuelle » (1).

« La sujétion économique du travailleur aux détenteurs des moyens de travail, c'est-à-dire des sources de la vie, est la cause première de sa servitude dans toutes ses formes, misère sociale, avilissement intellectuel et dépendance politique » (2).

« La structure économique de la société est toujours la base réelle, et donne l'explication de toute la superstructure des organisations politiques et juridiques, non moins que des idées reli-

____

(1) Marx, *Capital*, tr. franç., p. 32.
(2) Statuts de l'*Association internationale des travailleurs*, Édit. révisée en 1871.

gieuses, philosophiques et autres de chaque période historique » (1).

Cette doctrine a un grand fond de vérité ; parce qu'elle met en évidence la connexion des différents facteurs de l'évolution ; mais elle est certainement exagérée. Même en admettant que les nécessités de la vie matérielle, les besoins de la *production* et de *la reproduction* (Engels profite de la similitude de ces deux mots pour dissimuler la grande diversité des choses qu'ils expriment) eussent, à l'origine, déterminé l'association humaine, il y a longtemps que la complication croissante des rapports sociaux aurait fait disparaître la subordination de la structure sociale au facteur économique, et l'aurait changée en interdépendance. Nous ne faisons qu'appliquer ici une loi bien connue : en se développant, les tendances dérivées deviennent sources de mouvement et réagissent sur celles dont elles dérivent : et cela continue jusqu'à ce que, l'organisation (psychique et sociale) étant devenue assez enchevêtree, une réciprocité parfaite s'établisse entre ses parties. C'est pourquoi, aujourd'hui du moins, si l'évolution économique détermine la constitution de l'Etat et de la famille, l'évolution de la pensée et des croyances religieuses, ces dérivées, réagissent sur la constitution économique.

Les socialistes, séduits par la théorie de la con-

____

(1) Engels, *Socialisme utopique et socialisme scientifique* ou *De l'Utopie à la Science.* Cf. trad. franç., p. 21.

ception matérialiste de l'histoire, n'ont donné d'importance qu'au facteur économique. Le gouvernement n'était, d'après eux, qu'une fonction de la propriété, le pouvoir exécutif du capitalisme, le bras fort de la bourgeoisie. La religion devait son existence : d'un côté à l'intérêt des gouvernements, qui en font un *instrumentum regni* ; de l'autre, à l'ignorance du peuple, ignorance dérivant à son tour de la misère. La famille n'était qu'un organe de transmission de la propriété individuelle et des privilèges de classe. Ces trois institutions, en somme, étaient considérées comme « des formes secondaires » de la propriété individuelle. Le centre de la question sociale était la sujétion économique du travail aux accapareurs de la richesse. Le salariat aboli, la propriété des moyens de travail transportée à la collectivité, toute lutte et injustice disparaîtraient de la société. La religion n'aurait plus prise sur les âmes des multitudes, lesquelles, affranchies de l'ignorance, n'attendraient plus avec résignation une réparation posthume des injustices souffertes sur cette terre. La famille délivrée de l'intérêt économique se dissolverait dans l'amour libre. L'Etat n'aurait plus de raison d'être. Les ouvriers réunis en associations vaqueraient à leurs affaires. La guerre disparaîtrait avec les Etats ; et le crime avec la misère et l'ignorance, qui l'engendrent. Il n'y avait donc qu'à s'insurger et à exproprier les capitalistes : ce qui était le rôle que l'histoire réservait à la classe ouvrière.

Certes, Marx ne se rendit pas responsable d'un simplisme si grossièr ; il n'arriva non plus à l'absurdité de vouloir expliquer toute l'histoire par le progrès de la technique industrielle, ainsi que l'essayèrent quelques-uns de ses disciples. Mais il est incontestable que Marx et Engels pensaient réellement que le mode de production est la base sur laquelle la morale, la religion, le droit, la famille, la constitution politique sont fondés (1).

Dernièrement, quelques-uns de ses disciples se sont efforcés d'atténuer la doctrine du maître, en lui donnant la plus large interprétation possible. Ils prétendent que par « mode de production » il faut entendre « non seulement le mode proprement dit de production, mais encore tous les rapports sociaux concomitants, en un mot, toute la structure économique » (2). D'autres disent que le matérialisme historique n'est pas une nouvelle philosophie de l'histoire, ni même une nouvelle méthode, mais une « somme de nouvelles données » (pas tout à fait nouvelles, cependant) « qui entrent dans la conscience de l'historien » (3). Entendue de cette façon la doctrine cesse d'être contestée et contestable.

(1) *Capital*, p. 31 ; Engels, *L'origine de la famille, de la propriété et de l'Etat*. trad. franç., p. 281 ; Deville, *Aperçu sur le socialisme scientifique* (en tête du résumé du *Capital*), p. 43.

(2) G. Sorel, *Devenir social*, oct. 1897, p. 864, note 1.

(3) Benedetto. Croce. *Sulla concezione materialistica della storia*. Discours à l'*accademia pontaniama*, 1896, p. 10.

La théorie de la plus-value. — Le profit du capitaliste est dû à un surcroît de travail, auquel le capitaliste oblige l'ouvrier. Marx fonda cette théorie sur la loi des échanges entre équivalents, énoncée par les économistes de l'école ricardienne, loi qu'il défendit en plusieurs endroits de son ouvrage (1) et appliqua au contrat de travail. Les échanges étant justes, le contrat de travail l'est aussi. Marx nous assure que, « la sphère de la circulation des marchandises, où s'accomplissent la vente et l'achat de la force du travail, est, en réalité un véritable Eden des droits naturels de l'homme et du citoyen » (2). « L'homme aux écus a payé la valeur journalière de la force de travail ; son usage pendant le jour, le travail d'une journée entière lui appartient donc. Que l'entretien journalier de cette force ne coûte qu'une demi-journée de travail, bien qu'elle puisse opérer ou travailler pendant la journée entière, c'est-à-dire que la valeur créée par son usage pendant le jour, soit le double de sa propre valeur journalière, c'est là une *chance particulièrement heureuse pour l'acheteur, mais qui ne lèse en rien le droit du vendeur* » (3).

Donc, le contrat de travail à son origine est juste : l'ouvrier vend sa force de travail, le capitaliste l'acquiert pour son juste prix, ce qu'elle

(1) *Capital*, voir notamment, p. 30, p. 32.
(2) *Capital*, p. 75.
(3) *Capital*, p. 83.

coûte à entretenir, et la paie consciencieusement. Rien à redire. Ouvrier et capitaliste agissent, avec avantages réciproques et dans l'intérêt et pour le bien de tous. Seulement, la journée de travail achevée, on s'aperçoit que l'ouvrier a produit le double de ce que son entretien a coûté. C'est un cas fortuit, dit textuellement Marx, un accident dû à la nature particulière de la marchandise-travail, mais l'ouvrier n'y perd rien. Un tel accident, que le capitaliste seconde adroitement en allongeant la journée de travail, en perfectionnant l'outillage, en agrandissant la fabrique, en engageant des femmes et des enfants au lieu des ouvriers adultes, en substituant le salaire à la tâche au salaire à la journée, engendre la plus-value, le profit, la fortune du capitaliste. Voilà tout.

Les faits, que Marx cite à l'appui de sa théorie sont vrais, mais le point de départ de la théorie est faux. L'ouvrier vend sa force de travail pendant une journée au capitaliste, non pas pour ce qu'elle coûte à entretenir, mais, au moins, pour ce que la force de travail produirait sans l'aide d'aucun capital. Dans une société où le travail ne peut presque rien produire sans capital, le salaire peut tomber en-dessous de ce qui est nécessaire pour entretenir le travailleur. D'un autre côté, si le travailleur peut résister au capitaliste et s'il acquiert des aptitudes spéciales, le salaire peut s'élever bien au-dessus des frais d'entretien. Marx avoue qu'il y a des catégories d'ouvriers qui participent à la plus-value.

En général, la proportion du salaire au produit ne dépend pas de la productivité du travail, mais des rapports historiques existant entre les classes, des forces respectivement acquises par elles. Il faut donc remonter à un fait politique pour expliquer les taux des salaires et des profits, fait précédant le contrat de travail. *Le contrat de travail est injuste, parce que les rapports des classes sont injustes :* l'inverse ne serait pas vrai.

L'exploitation de l'ouvrier n'est pas un phénomène propre au régime capitaliste. Sous les régimes précédents l'ouvrier a été exploité par le propriétaire, par le baron, par le clergé, par le roi ; et aujourd'hui il l'est aussi par le propriétaire, par l'usurier, par le marchand, par le gouvernement. Selon la doctrine marxiste, la seule exploitation à laquelle l'ouvrier est soumis serait celle du capitaliste, son maître immédiat. Celui-ci partagerait son butin avec le propriétaire, le commerçant, le gouvernement, etc., parasites d'un parasite. Mais l'agent direct de l'exploitation serait le capitaliste : le théâtre unique de l'exploitation serait la fabrique. Est-ce vrai ? Nous ne le pensons pas.

L'histoire économique de notre temps nous montre que la bourgeoisie s'est enrichie plus souvent par le pillage du trésor de l'Etat, par l'usurpation des biens publics, par des opérations financières, telles que le Panama, par les revenus profession=

nels, par l'usure et l'agiotage, que par l'exploitation de la force de travail. Cette exploitation est sans doute très importante ; mais elle n'est pas la seule méthode que possède la bourgeoisie pour s'enrichir.

La doctrine de Marx n'explique pas l'inégale productivité d'industries diverses pour un même travail, ni la proportionnalité du profit au capital tout entier (le profit devrait être, selon la doctrine marxiste, proportionnel au nombre des ouvriers employés dans la manufacture, quel que fût d'ailleurs le montant du capital *coustant*) ; ni l'augmentation de la rente foncière en raison de l'accroissement de la demande des matières extractives pour des usages industriels ; ni enfin le bénéfice commercial dérivé des différentes évaluations, qu'on fait de l'utilité de choses (1).

La théorie marxiste de la plus-value est viciée par un vice radical : elle est dérivée d'une vue unilatérale et incomplète du phénomène de la valeur, dont l'élément-utilité est exclu : élément fondamental, car l'appréciation subjective de l'utilité des choses détermine, en dernier ressort, les prix, et partant le salaire, le profit, l'intérêt et la rente. Le *besoin* est le régulateur suprême dans le mécanisme économique.

Les disciples de Marx ont conçu des doutes sur la solidité de la théorie de la plus-value.

______

(1) Voir Andler, *loc. cit.*, p. 417.

« Marx suppose, écrit l'un d'eux, que le profit total réalisé par la classe capitaliste est déterminé par la quantité de plus-value contenue dans les produits. M. C. Schmidt se demande si cette hypothèse est nécessaire. Il paraît en douter ; beaucoup de personnes penseraient qu'on se trouve ici en présence d'une loi qui aurait besoin d'être appuyée sur de nombreuses observations. Il semble bien que Marx ait eu des doutes sur la certitude de cette loi (1), et on doit penser que ces doutes ont été pour quelque chose dans le retard apporté à la publication de son œuvre complète. — Cette hypothèse n'est pas seulement nécessaire pour raisonner sur les revenus de diverses catégories du capitalisme, elle est nécessaire aussi pour opposer l'ensemble des capitalistes et l'ensemble des ouvriers, c'est-à-dire pour suivre les raisonnements du premier volume. Il y a là une très grave difficulté, qui ne semble pas avoir frappé M. Schmidt. Faute d'avoir pu justifier sa supposition fondamentale, Marx ne peut passer, sûrement, de la théorie abstraite de la valeur et de la plus-value aux phénomènes : il peut seulement apporter des *éclaircissements* dans une certaine mesure et d'une manière éloignée. On pourrait contester qu'il puisse jamais *expliquer* au sens scientifique du mot (2) ».

Dans le *Devenir Social* (octobre 1897) M. Sorel

(1) *Devenir Social*, mai 1895, p. 190.
(2) G. Sorel, *Sur la théorie marxiste de la valeur*, *Journal des Economistes*, mai 1897, p. 228.

ajoute que l'hypothèse en question « n'est pas mathématiquement exacte (1) ». Il ne veut pas qu'on croie que « la description du capitalisme ramené à sa forme la plus abstraite dans le premier volume du *Capital*, peut être transportée dans le monde réel » (p. 866) ; il affirme que l'économie n'est pas une science de simple observation, mais que pour comprendre les faits économiques il faut « créer des compositions et des mouvements artificiels, qui n'ont aucun rapport avec ce qui apparaît dans *l'organisme historique* ».

La théorie économique de Marx, si, d'un côté, elle n'explique pas suffisamment les faits sociaux actuels, ne nous donne pas un guide pour l'organisation du travail dans la société socialiste ; ou plutôt elle nous donne un guide faux, en propageant l'idée d'établir une mesure générale des valeurs de toutes les choses d'après la durée du travail.

Enfin, Marx suppose que la rente, le profit, l'intérêt, le salaire ne sont que des phénomènes particuliers à la société capitaliste. Nous avons vu qu'ils subsisteraient, en tant que phénomènes économiques, dans une société collectiviste ou communiste.

Loi de concentration capitaliste et lutte des classes.

La théorie de la plus-value a pour corollaires la concentration croissante des richesses et la lutte

----

(1) Note 2, p. 867.

des classes. Mais la concentration des capitaux n'est pas si rapide et si uniforme que Marx et les marxistes l'ont cru ; et la lutte des classes est bien plus complexe et variée qu'une lutte en champ clos, engagée entre ouvriers et capitalistes.

Il semble qu'il y ait un point de saturation (à peu près atteint dans les pays où le capitalisme est développé au plus haut degré), au delà duquel une accumulation ultérieure se heurterait contre l'intérêt même des capitalistes. M. Sorel pense que le schéma classique de concentration de la richesse et de prolétarisation des classes moyennes avait paru jadis assez voisin de la réalité pour qu'on ait pu le prendre pour la réalité et le considérer comme l'expression des conditions de la lutte engagée entre les classes ; mais, dit-il, aujourd'hui, « un examen plus approfondi de la question montre qu'il n'exprime pas ce qu'il y a de plus profond, de plus intime, de plus moteur dans la lutte ; il n'en donne qu'une expression *mathématique et morte* » (1). Cet auteur conseille aux socialistes de « se débarrasser de ce symbolisme ».

De l'aveu du même M. Sorel, la division dichotomique de la société, en deux classes ennemies, ne répond pas à la réalité. Nous nous rapportons à ce que nous avons écrit sur ce sujet au deuxième chapitre.

Ainsi, toutes les doctrines de Marx, qu'on croyait

(1) *Devenir social*, 1897, p. 878.

inébranlables, se montrent, à une critique impartiale, défectueuses ou exagérées.

La résultante de ces doctrines est une *conception catastrophique du socialisme*, considéré comme une rénovation générale de la société, à la suite d'un cataclysme universel. Voici comment on se représente cette transformation : la concentration toujours croissante des richesses ; le prolétariat toujours grossissant ; et de ce processus sortant comme conséquence fatale un mouvement révolutionnaire, par lequel la classe ouvrière parviendrait au pouvoir ; elle socialiserait les instruments de production ; et, — comme ces insectes qui meurent aussitôt qu'ils ont accompli l'acte de la génération, — ayant établi le nouvel ordre de choses, elle abandonnerait volontairement le pouvoir et se supprimerait en tant que classe. Après le déluge... le socialisme !

Cette conception est-elle-vraie ? Répond-elle à la réalité des choses, aux lois sociologiques suivant lesquelles s'opère le progrès ? Le progrès se produit-il par des palingénésies, la société descendant, à certaines époques, vers la décadence et la mort, pour sortir rajeunie de la catastrophe, ou bien le progrès résulte-t-il d'améliorations continuelles ? Le socialisme doit-il surgir des ruines de la société moderne, ou dériver de son perfectionnement ? Voilà une question bien importante, que les socialistes se proposent parfois, lorsqu'ils se demandent si la misère est un obstacle ou une force favorable à l'avènement du socialisme, mais qui les laisse perplexes.

La question ne peut pas être résolue *a priori* : les causes économiques n'opèrent qu'avec le concours d'autres facteurs ; le même degré de misère peut produire la révolte ou la prostration, suivant l'état psychologique du peuple, les précédents, etc. Mais il est certain que, — si une misère exceptionnelle peut être la cause occasionnelle d'un mouvement révolutionnaire, — ce qui rend nécessaire l'avènement du socialisme est l'élévation morale et matérielle du peuple, notamment de la classe ouvrière. De cette élévation morale et matérielle résultent une plus grande sensibilité à l'injustice, un sentiment plus vif de la dignité humaine.

Le mouvement socialiste n'est pas le produit de la misère qui monte ; il ne serait pas vrai non plus de dire qu'il est le produit de la richesse qui descend ; il est l'effet d'un contraste entre les conditions de la vie et la conception que nous nous en faisons ; il ne vise pas à élever une classe en abaissant les autres, à améliorer le sort des ouvriers en empirant celui de la bourgeoisie. Le but du socialisme est une meilleure systématisation des relations sociales. L'élévation, ou l'émancipation de la classe ouvrière est, à la fois, une partie et une condition de cette systématisation ; mais l'amélioration des conditions sera générale. Il s'agit de donner un nouvel essor à l'économie publique par l'élimination des obstacles que les intérêts contradictoires, non seulement d'ouvriers et capitalistes, mais aussi des différentes catégories de capitalistes, propriétaires, industriels, commerçants, politiciens, opposent à une meilleure organisation du travail et des échanges, à la transformation de l'agriculture, à l'application des inventions. *Le socialisme n'est donc pas une doctrine de haine et d'envie*; mais c'est une doctrine d'amour et de solidarité, qui unit les hommes dans l'aspiration à un plus grand bien-être. La classe ouvrière n'est pas la seule intéressée à sa réalisation, quoiqu'elle soit la plus directement intéressée. La conception catastrophique du socialisme doit être abandonnée pour la conception évolutionniste, entendue non pas dans le sens du « *placido tramonto* », ou de la transformation lente et séculaire, sans brusques changements d'aucune sorte ; mais dans le sens du passage de l'homogène à l'hétérogène ; dans le sens que le socialisme n'est pas une organisation plus simple, mais qu'il est une organisation plus complexe que la société d'aujourd'hui, dont il est *morphologiquement* le développement et le perfectionnement.

De là résulte une conséquence très importante ; les réformes de toutes sortes qui, tantôt avec le concours, tantôt malgré la résistance de la classe dirigeante, s'accomplissent sous le régime actuel, ne sont pas étrangères au socialisme ; elles en sont, au contraire, une révélation et un effet. Elles portent dans leur sein les principes constitutifs du so-

cialisme. Lorsque les ouvriers réclament la journée de huit heures, ils affirment le principe que le
travail doit être raisonnable, modéré, ne doit pas
épuiser les forces du travailleur, affaiblir son intelligence, avilir sa dignité. Lorsqu'ils réclament un
salaire minimum en rapport avec le coût des moyens
de subsistance, ils affirment le principe que l'intérêt suprême de la production doit être la vie de
l'ouvrier, son bien-être, — qu'au lieu de vivre pour
travailler, l'homme doit travailler pour vivre.

L'institution de coopératives, la municipalisation
de certaines industries, les essais de législation
agraire, les nouvelles formes de crédit, les traités
de commerce et les conventions internationales relatives aux services des postes, des chemins de
fer, etc., tout cela dénote la nécessité de systématiser la production et les échanges, d'éliminer les
usures et les monopoles, de mettre les instruments
de travail à la portée des travailleurs. Enfin, la réforme des impôts, les lois sanitaires, les lois sur les
fabriques, sur la justice administrative, etc., sont
les grandes lignes juridiques d'une nouvelle organisation sociale.

On doit mesurer la valeur des réformes moins à
leurs effets immédiats qu'à leur objectif final.

Nous avons rappelé la critique, faite par Engels,
du programme agraire des socialistes français.
« On voit, écrivait l'ami et collaborateur de Marx,
que les demandes en faveur des paysans ne vont
pas loin. D'aucunes ont été déjà accordées ça et là.

Des tribunaux arbitraux pour la détermination des rentes des terres données en location fonctionnent déjà en Irlande. Des associations coopératives de paysans existent dans les provinces rhénanes. La revision du cadastre est dans les vœux de tous les libéraux et même des bureaucrates ; et on en parle de temps à autre dans toute l'Europe occidentale. Toutes les autres propositions pourraient être également acceptées et réalisées sans le moindre désavantage pour la bourgeoisie. » Mais on peut en dire autant de toutes les réformes immédiates, politiques et économiques, réclamées dans tous les programmes socialistes, celui d'Erfurth y compris. Le suffrage universel et l'élection populaire des juges et de certains administrateurs publics fonctionnent aux États-Unis d'Amérique ; le *referendum* en Suisse ; la journée légale du travail a été accordée au Massachussetts, etc.

A vouloir être logiques, les marxistes devraient repousser toute législation du travail, et les réformes de toutes sortes ; car elles entravent ou retardent la concentration des capitaux et la prolétarisation des masses. Au surplus, selon la pure doctrine marxiste, des réformes sérieuses ne sauraient être arrachées au pouvoir des classes dirigeantes ; des lois politiques ne sauraient contrarier l'opération des forces économiques. Les lois édictées en faveur des ouvriers se retourneraient contre eux. Il n'y eut pas jusqu'à la taxe des pauvres, en Angleterre, qui tourna à l'avantage des capitalistes,

en leur permettant d'abaisser le taux des salaires
de leurs ouvriers. Les lois sur les maisons insalubres, dans le même pays, eurent comme effet
principal d'enrichir les propriétaires expropriés.
Les lois sur les fabriques poussèrent les capitalistes à perfectionner leurs méthodes d'exploitation,
à exprimer plus de travail de l'ouvrier, à engager
plus de femmes et d'enfants et à alterner le travail avec le chômage forcé (1).

La conséquence dernière de ce raisonnement serait qu'il n'y a qu'une chose à faire, la révolution. Conformément à cette idée, les marxistes ont été longtemps adversaires du parlementarisme : Liebknecht,
Guesde, Deville, repoussèrent pendant longtemps
la lutte électorale. Marx proclama que la force est
accoucheuse du droit. Ce n'est que récemment que
ce point de vue a été abandonné. Engels dans sa
préface aux *Luttes de classe en France de 1848 à
1850* a développé la thèse que « par l'ironie de
l'histoire » le parti socialiste est devenu le parti de
la légalité et les conservateurs se sont faits subver-
sifs ; car les barricades ne sont plus possibles devant les puissants engins de guerre dont dispose le
gouvernement. Le marxisme a décrit une parabole.
Étant parti de la subordination de la question politique à la question économique, il en est arrivé
jusqu'à vouloir subordonner le mouvement économique à son action parlementaire.

(1) On peut voir notre article sur la législation du travail
dans la *Société Nouvelle* de Bruxelles, mai 1890.

Le marxisme n'est point parvenu à entraîner dans son évolution les grandes organisations ouvrières. Mais la conversion des marxistes à la méthode légalitaire a excité une forte opposition chez les anarchistes. Ceux-ci, tout en étant en mauvais termes avec Marx, avaient accepté, avec enthousiasme, ses doctrines économiques. Rappelant la théorie marxiste, qui fait dépendre les faits politiques du mode de production, les anarchistes ont dit : comment les ouvriers pourraient-ils arracher au parlement des lois favorables à leurs intérêts, puisqu'ils sont économiquement soumis aux capitalistes et obligés comme électeurs à faire la volonté du maître, — ou que leur pauvreté les force à vendre leurs votes, — ou enfin que leur ignorance les fait tomber facilement dans les pièges des politiciens ?

Les quelques députés, qu'ils réussiront à choisir dans leurs rangs, ne seront-ils pas faciles à corrompre, et ne passeront-ils pas au service de la bourgeoisie ou ne deviendront-ils pas bourgeois eux-mêmes ? Les projets de lois, qu'ils pourront faire, rencontreront l'opposition des classes possédantes et se briseront, ou du moins ne passeront pas avant d'avoir été tellement défigurés par des amendements qu'ils perdront toute valeur. Les réformes les plus radicales qu'on puisse imaginer, tant que le système capitaliste durera, ne pourront changer substantiellement le sort des ouvriers et ne feront que prolonger l'agonie de la société actuelle et, si

c'était possible, en reculeraient indéfiniment la dissolution.

Ce raisonnement prouve, on s'en aperçoit, non
seulement contre la législation agraire et industrielle, nationale et internationale, mais aussi contre
tout effort et contre toute tentative de la classe
ouvrière pour améliorer son sort sous le régime
capitaliste, ou pour résister à un surcroît d'exploitation. La grève serait aussi vaine que la législation
du travail ; et les agitations pour tous les droits
seraient également inutiles et illusoires. La seule
lutte digne de ce nom serait l'insurrection.

Cette thèse est insoutenable. La lutte pour le
socialisme doit être combattue tous les jours et par
toute sorte de moyens. Ce qui importe c'est de ne
pas faire fausse route. Aux congrès socialistes internationaux réunis à Paris en 1889 on crut vraiment
possible de soumettre à un régime uniforme toutes
les industries ; on imagina des commissions internationales d'inspection, des lois, des traités égalisant
les conditions du travail. Cela est absurde. Il faudrait aussi égaliser les salaires, les prix, toutes les
conditions économiques. Or, si jamais cela était
possible, ce serait par des ententes volontaires de
groupe à groupe, par des pactes d'associations et
de fédérations, non point par une loi édictée par un
conseil international, qui, à moins d'avoir à sa
disposition une armée formidable, ne saurait faire
valoir ses délibérations.

Les socialistes ont compris cette vérité ; et ils ont

fait dernièrement de louables efforts pour trouver aux questions générales et locales des solutions pratiques, en rapport avec les circonstances spécifiques. Ils doivent persister dans cette voie, abandonnant définitivement la conception du socialisme, que Marx a présentée.

En quoi consisterait, selon les marxistes, le point fondamental de leur doctrine ? Les opinions sont ici discordantes ; cependant la plupart des marxistes semblent accorder une importance majeure à la théorie de la lutte des classes. D'après M. Arthur Labriola, le point essentiel de la doctrine ne serait, ni la théorie de la valeur, ni celle de la rente, ni la conception matérialiste de l'histoire, mais... la théorie d'une catastrophe sociale. Cette théorie serait tellement importante, que la nier serait nier l'essence même du socialisme (1).

Nous ne sommes pas de cet avis. La lutte peut expliquer nombre de faits, mais elle ne les explique pas entièrement et elle n'explique pas notre aspiration à une société égalitaire. Dans la société d'aujourd'hui, il y a antagonisme, et non seulement entre capitalistes et ouvriers, mais aussi entre différentes catégories de travailleurs, et entre différentes catégories de propriétaires et de capitalistes ; mais il y a aussi des intérêts concordants auxquels correspondent des principes de justice universellement admis. Le socialisme ressort indi-

____

(1) *Germinal*, Turin, 1898, n⁰ 9.

rectement, et d'une manière négative, de la lutte
des intérêts ; mais directement, et d'une manière
positive, de l'accord des intérêts, des sentiments et
des opinions des hommes, en somme d'un progrès
moral.

Du reste, si même le socialisme dérivait de la
lutte des classes, il ne s'ensuivrait pas que le
nouvel ordre social dût sortir d'une crise économique ou crise d'affaires, prenant les proportions
d'une crise sociale universelle, selon la théorie
catastrophique. M. Bernstein, un des disciples les
plus autorisés de Marx, a désavoué récemment
cette théorie. Il a prouvé, dans un article de la
Neue Zeit, que les chances d'une pareille crise
sont très faibles, et que, de plus, elles diminuent
avec le développement contemporain du capitalisme. A l'appui de cette affirmation, il cite le dernier recensement professionnel prussien fait en
1895, d'où il résulte que partout, dans l'industrie,
dans le commerce et dans l'agriculture, malgré
toute la concentration des entreprises, seules les
entreprises tout à fait petites disparaissent, tandis
que le nombre des établissements moyens reste à
peu près stationnaire. La classe moyenne, quoique
dans son sein se produisent de perpétuelles transformations, secousses, migrations d'une profession
à une autre, conserve sa force relative dans l'ensemble des forces sociales.

On a fait observer (1) que « l'analyse des

(1) *Devenir social*, avril 1898, p. 366.

nombres employés par Deville, dans son discours sur la question agraire, permet d'arriver à la même constatation ; car (si l'augmentation du nombre des exploitations agricoles inférieures à un hectare, tient à des raisons particulières, et souvent, pour ainsi dire, extrapaysannes, et si celui des exploitations entre un et cinq hectares a légèrement diminué) on constate une légère augmentation, — tous ces changements de 1882 à 1892 sont fort légers, — dans le nombre des exploitations moyennes de cinq à dix hectares. Donc, la classe moyenne présente une force très respectable, — on s'en aperçoit d'ailleurs tous les jours, — et peut encore longtemps résister à la concentration des capitaux et à leur socialisation subséquente.

« Cela tient à deux causes venant contrarier l'action, incontestable évidemment, malgré tout cela, de la concentration des capitaux, et qui sont : la multiplication croissante des diverses professions dans la société moderne, et la capacité d'adaptation et la mobilité de plus en plus grande du monde industriel. Cette capacité d'adaptation, le développement et l'extension si grands du crédit moderne et des moyens de communication rendent de moins en moins probables, comme l'a déjà fait observer Engels dans le III° vol. du *Capital*, les grandes crises générales de la production, qui l'ont secouée périodiquement durant la première période du capitalisme ».

« Il est donc probable (selon M. Bernstein) que

les révolutionnaires ne pourront plus compter sur une crise pareille pour la réalisation de leur but », — ce qui, d'ailleurs, ne veut point dire que l'idée socialiste ait perdu la moindre parcelle de sa valeur ; car (c'est là l'idée maîtresse de M. Bernstein, et c'est aussi la nôtre), « à les regarder de plus près, tous les facteurs qui écartent ou modifient les anciennes crises, que sont-ils, sinon autant de conditions préalables, ou même de commencements de réalisation de la socialisation de la production et de l'échange ? »

En effet, si la crise éclatait, loin d'avoir pour conséquence la réalisation immédiate du socialisme, elle en augmenterait grandement les difficultés. C'est ce que M. Bernstein démontre.

« Qu'on relise, écrit-il, les chiffres que nous avons cités, et qui sont empruntés à la Prusse, c'est-à-dire à un des États les plus importants et les plus développés de l'Allemagne. Il est évident que, étant donnée l'extrême division des entreprises qu'ils nous présentent dans l'industrie, le commerce et l'agriculture, le parti socialiste, — le seul parti que le soulèvement des masses pourrait porter au pouvoir, — aurait à résoudre un problème insoluble. Il ne pourrait abolir par décret le capitalisme, et même il ne pourrait se passer de lui ; et il ne pourrait pas, d'autre part, lui assurer la sécurité dont il a besoin pour remplir ses fonctions. Il se heurterait à cette contradiction, et l'issue ne pourrait être qu'une colossale défaite. On a fêté cette année le cinquantenaire de la révolution française de février, et il serait fort à souhaiter que le souvenir des « glorieuses » et de la scélératesse de la réaction, ne fasse pas oublier les leçons, qui ressortent de ces événements. Les embarras du gouvernement provisoire de 1848, quelque grands qu'ils aient été, furent moindres que ceux qu'éprouverait le parti socialiste, si une crise d'affaires générale le portait au pouvoir à un moment, où la composition de la société est ce que nous apprennent les chiffres cités plus haut ».

Ajoutons que ce n'est pas seulement « pendant le soulèvement » qu'on ne serait pas en état d'organiser la production ; si on pouvait dépasser la période insurrectionnelle, on se trouverait en face des mêmes difficultés. La notion de « crise industrielle » est erronée, non seulement parce qu'elle suppose possible un changement instantané, mais aussi parce qu'elle fait consister la réalisation du socialisme dans un changement de formes, dans la substitution de la production collective (gouvernementale ou municipale) à la production privée ; tandis que nous avons vu que l'essence du socialisme est la formation de nouveaux rapports juridiques et de nouveaux principes de conduite, qui demandent une longue élaboration.

La conception catastrophique du socialisme doit par conséquent faire place à la conception évolutive ou continuative. Il est bien entendu cependant que cette conception n'exclut pas la possibilité,

voire même la nécessité, d'un mouvement révolutionnaire. Une révolution, pour mieux dire une
insurrection, nous semble inévitable : elle peut
éclater à tout moment et à propos de n'importe
quelle réforme, demandée par le peuple, combattue par le gouvernement, ou à propos d'une autre
question. Mais elle ne réalisera pas le socialisme,
n'improvisera pas un nouveau régime ; elle permettra à la société de continuer, un peu plus rapidement peut-être, sa marche vers le socialisme,
on pourrait presque dire *dans le socialisme* ; car
l'élaboration des principes et des formes du socialisme se fait avant et continuera après la révolution. Ceux qui soutiennent la thèse contraire, la
justifient en supposant que la révolution aurait
une longue durée, ou bien en donnant au terme
révolution un sens différent de celui qu'il a dans
le langage ordinaire.

CHAPITRE XV

La dialectique des socialistes et la valeur des hautes idéalités.

Etant arrivé à la fin de notre étude, il est peut-être utile de rappeler les idées principales que nous avons exposées. La base de toutes ces idées a été la notion de justice, telle qu'elle existe dans la conscience de l'homme moderne. Cette notion résulte de deux principes essentiels : *réciprocité* (justice rétributive) et *solidarité* (justice distributive). Nous avons vu qu'on se trompe en croyant qu'il y a opposition entre ces principes : ils ne sont vrais et justes qu'à la condition de s'intégrer réciproquement. En correspondance avec ces principes qui déterminent la *nature* des rapports sociaux, la *forme* de ces rapports est indiquée par deux autres principes, *liberté* et *égalité*, qui doivent également s'intégrer réciproquement.

Ces prémisses nous ont servi à critiquer l'organisation sociale actuelle, qui est caractérisée par l'absence de la justice intrinsèque (rétributive et distributive), et par la superficialité des notions de liberté et d'égalité. Le contenu des rapports sociaux est constitué par le principe contraire à la justice, le principe de lutte, le droit du vainqueur ; — la forme est celle de la hiérarchie, dont les deux termes, domination et soumission, caractérisent la conduite des deux classes principales, entre lesquelles est partagée la société.

Mais au-dessus de cette division se sont formés des intérêts et des sentiments collectifs ; et d'autres sentiments sont en formation : tous ensemble, ils constituent un idéal moral, tendant à se réaliser juridiquement.

Les réformes économiques, politiques, administratives, juridiques, qui s'accomplissent sous nos yeux, proviennent de cet idéal de justice. Elles portent sur le contenu aussi bien que sur la forme de l'organisation sociale ; car elles tendent non seulement à soustraire le règlement des conditions sociales à l'arbitraire de quelques individus, d'une classe ou d'une majorité, mais à les rendre intrinsèquement justes et équitables.

Le socialisme n'est que le dernier aboutissant de ce mouvement. Il doit harmoniser la réciprocité et la solidarité, la liberté et l'égalité. Son point essentiel est la *socialisation* des rentes, dérivant des inégalités des situations et des différences de productivité des terres et des autres instruments du travail.

Par cette socialisation, la liberté du travail et

des échanges sera rendue effective, tandis qu'elle est aujourd'hui seulement apparente ; la concurrence sera contenue en des justes limites et non pas supprimée ; les rapports indiqués par la valeur économique seront rendus plus transparents et épurés de toutes les extorsions, qui les dénaturent aujourd'hui ; enfin le mécanisme industriel, commercial et administratif sera perfectionné, mais il ne sera pas aboli.

L'erreur de beaucoup de socialistes, c'est qu'ils raisonnent, sans s'en apercevoir, par antithèses. Ayant démontré que d'une institution actuelle dérivent des maux et des injustices, ils sautent à la conséquence qu'il faut l'abolir et mettre à sa place une institution fondée sur le principe diamètralement opposé. Puisque la propriété individuelle enfante des usures et des monopoles et l'exploitation du travailleur par le détenteur de l'instrument de travail ; qu'on l'abolisse et qu'on la remplace par la propriété collective. Puisque beaucoup de mariages se font par intérêt pécuniaire, que l'indissolubilité du mariage cause des adultères et d'autres crimes, que par l'hérédité la propriété privée est perpétuée dans la descendance de quelques individus, et que les inégalités de fortune sont augmentées par les inégalités de l'éducation ; qu'on supprime le mariage, la famille et l'hérédité, qu'on proclame la liberté et la promiscuité des accouplements, et qu'on laisse à la société toute entière le soin de nourrir et d'élever sur un pied égal tous les individus des nouvelles générations. Puisque enfin l'Etat tyrannise l'individu et force l'ouvrier à subir l'exploitation du maître ; qu'on abolisse l'Etat, ou que le pouvoir passe à la classe ouvrière.

Ainsi raisonnent non pas tous les socialistes, mais beaucoup d'entre eux ; et ils ne considèrent pas que le despotisme pourrait être pratiqué, après l'abolition de l'Etat, par la majorité contre la minorité dans les associations, et par les administrateurs publics contre les administrés dans l'administration collective.

Ils ne voient pas que l'exploitation du travailleur et les monopoles pourraient se faire jour même sous un régime collectiviste, si les administrateurs et les directeurs des industries ou autres services publics se faisaient la part du lion ; ou si une collectivité tirait profit de sa situation plus avantageuse, et des besoins plus pressants des autres, pour imposer dans les échanges des conditions injustes. Et cela pourrait même se produire dans le communisme, si les paresseux et les vicieux avaient liberté de vivre aux dépens des bons travailleurs.

Ils ne considèrent pas que des unions par intérêt pécuniaire peuvent être contractées même en dehors de la famille légale, que l'éducation donnée par la collectivité peut être détestable, et ainsi de suite.

Dénoncer les maux de l'organisation sociale actuelle n'est pas justifier le collectivisme, le communisme ou un autre système analogue. Réciproquement démontrer les inconvénients de ces systèmes n'est pas justifier l'organisation sociale actuelle.

Les adversaires du socialisme raisonnent eux aussi par antithèse ; et ayant démontré les défauts, vrais ou supposés, du collectivisme, du communisme et des autres systèmes de socialisme, ils concluent à la conservation du *statu quo*. Ni les uns ni les autres ne vont au fond de la question, qui est d'éliminer, non pas la propriété, ni la possession individuelles, mais le monopole et l'exploitation du travailleur ; — non pas toute organisation des intérêts collectifs, mais la don..ation, l'oppression ; — non pas les liens de sang et d'affection entre les membres de la famille, mais la tyrannie domestique. La question est d'assurer aux hommes, non pas tout le bien-être qu'on peut rêver, ni la liberté absolue, ni l'égalité parfaite, mais un bien-être possible, et un bien-être plus général, une plus grande liberté et une plus grande solidarité.

La question du socialisme ainsi posée, en prenant pour point de départ les sentiments et les besoins des hommes contemporains, en étudiant les moyens pratiques d'organiser leurs différents intérêts, il est possible d'arriver à une solution satisfaisante.

Mais les socialistes, beaucoup de socialistes du moins, dédaignent l'examen minutieux des différents problèmes sociaux, et ils s'élèvent d'un coup d'aile, dans la région des abstractions, des principes généraux ; et c'est là une seconde erreur qu'ils commettent. Bien qu'il soit vrai que, pour comprendre les effets, il faut remonter aux causes, et que, pour remédier aux maux de l'organisation sociale actuelle, il faut y apporter des changements considérables, cependant on ne doit pas croire que la société humaine soit si simple et si homogène, qu'elle puisse être réorganisée, de fond en comble, suivant une formule, conformément à un principe, dont une école posséderait le vrai sens.

L'observation de Carpenter est très juste : « il n'y a pas la moindre chance qu'aucun « idéal » social pur et simple soit jamais réalisé ». Au surplus tout idéal a son inconvénient, et dépend beaucoup de la manière dont il est réalisé. Nous devons présumer que la forme ultérieure de la société ne « réalisera exactement l'idéal d'aucun parti du travail, mais sera assez large pour embrasser une immense variété d'institutions et de coutumes, ainsi qu'une grande survivance de formes sociales actuelles ».

Les principes des socialistes expriment des tendances, non pas des vérités absolues. Il ne faut pas les prendre au pied de la lettre.

« Le produit au producteur ». Ce principe doit être entendu dans le sens que les produits appartiennent *substantiellement* aux producteurs tous ensemble, qu'il ne doit pas exister de monopoles ni d'usures ; non pas dans le sens que chacun doive vraiment avoir ce qu'il a produit de ses mains.

« Le droit au travail ». Oui, mais à la condition de vouloir et de savoir travailler utilement pour la société, et de s'adapter aux conditions que la société pose dans l'intérêt général.

« L'égalité des salaires », « l'égalité des sexes », doivent être entendues plutôt comme des tendances, comme des négations des grossières et permanentes injustices ou inégalités d'aujourd'hui, que comme s'il s'agissait d'une égalité matérielle et quantitative.

Les principes régulateurs des relations sociales sont des principes relatifs, non absolus; ils n'ont pas la rigidité des théorèmes mathématiques. Comme toutes les lois qui gouvernent le monde physique et plus encore celles qui gouvernent le monde moral, ils ne s'appliquent jamais dans toute leur pureté et leur intégrité logique (les lois scientifiques étant une forme de la pensée, non pas de la réalité), parce que l'application d'un principe est modifiée et limitée par l'action d'un ou de plusieurs autres.

Dans l'observation des faits sociaux on doit se garder des faciles généralisations. Par exemple, il est vrai que l'excessive division du travail est extrêmement nuisible à la santé et à l'intelligence de l'ouvrier; mais on ne niera pourtant pas l'utilité d'une division modérée du travail.

Pourrait-on supprimer toute sorte de concurrence ou d'émulation entre les particuliers, soit en vue d'un plus grand bien-être matériel, soit pour gagner l'estime et l'amour de nos semblables ? Impossible ; mais il ne faudra pas tolérer l'iniquité de la guerre économique actuelle.

Pourrait-on abolir le commerce, laisser chacun produire tous les objets dont il a besoin ? Nous ne le croyons pas ; mais il ne faut pas non plus respecter le système actuel d'agiotages, de spéculations, de jeux de Bourse, etc.

On ne peut pas rendre tous les travaux également agréables ; peut-être on ne pourra pas même les rendre tous à peu près agréables. Mais on peut, et il faut, améliorer, beaucoup améliorer, les conditions du travail.

On ne peut pas empêcher que certaines aptitudes et habitudes, certains caractères professionnels, se transmettent par hérédité, qu'une certaine manière de penser et d'agir corresponde à l'exercice de chaque profession ; on ne peut donc pas effacer toute distinction de classes, de professions. Mais les différences s'atténueront et seront minimes, si tous les hommes ont une égale possibilité de travailler à des conditions équitables.

On peut et on doit abolir les monopoles, la mainmise de quelques-uns sur les sources du travail et de la richesse, bien qu'on ne puisse pas supprimer entièrement l'individualité des possessions et faire réellement que « tout soit à tous ».

On peut et on doit admettre que la diminution

de la durée du travail et l'augmentation du bien-être du travailleur permettent d'accroître la productivité (relative) du travail ; c'est l'*économie des hauts salaires*. Mais il serait absurde de croire que la productivité maximum est atteinte quand la durée du travail est réduite à presque rien.

On ne peut pas supprimer entre les hommes toute distinction et établir une égalité parfaite de conditions et de capacités. On ne peut pas supprimer tout rapport de réciprocité, de doit et avoir ; mais le nombre des choses que la société peut mettre à la portée de tous augmentera. On ne peut pas supprimer les distances, confondre les langages, les civilisations, les intérêts, unifier les peuples ; mais il faut resserrer les liens d'intérêts et de sentiments qui les unissent et rendre à jamais impossible la guerre.

Il faut mettre une digue à l'agglomération des populations dans les grands centres et inonder de civilisation les campagnes: mais des remarquables différences dans les genres de vie resteront; et ce sera peut-être le charme de la société future que d'être plus variée encore que la société actuelle.

Peut-on espérer voir cesser toute coercition entre les hommes ? Non certes ; mais il ne faut plus du régime actuel de violence.

On ne doit pas espérer vaincre toutes les difficultés, venir à bout de tous les problèmes. Ne répétons, pas sur tous les tons, que l'homme sera meilleur, travaillera, volera au secours du prochain, et non seulement ne tuera pas, mais ne sera ni ambitieux, ni avide, ni égoïste, parce qu'il sera socialiste. Ce serait absurde. Mais, cessant de lutter pour l'instrument de travail, les hommes fraterniseront ; leur égoïsme s'affaiblira ; leur intelligence et leur moralité seront élevées et les relations sociales deviendront plus faciles et plus justes. Ni optimistes, ni pessimistes : renonçons à l'espoir d'atteindre la perfection en quoi que ce soit ; mais ayons confiance dans un raisonnable progrès. Ni utopie, ni immobilité : ne croyons pas que la science sera le guide unique et infaillible de nos actes, mais ne glorifions pas l'ignorance. N'acceptons ni une concurrence effrénée, ni la suppression de toute initiative des individus et des groupes : ni la division et la lutte des classes ; ni une uniformité absolue de besoins, d'énergies et de conduite, ni la disparition complète des caractères différentiels des aggrégats sociaux.

Il y a des socialistes, qui voient bien la relativité de leurs principes ; mais ils estiment devoir la dissimuler, pour obtenir un effet plus grand que s'ils faisaient les réserves nécessaires. « Il faut, écrit l'anarchiste Jean Grave, qu'il y ait un noyau (d'hommes) impulsé par l'idée pure, abstraite, sans compromis, de rénovation sociale, dédaignant les moyens termes, les yeux fixés sur l'idéal à atteindre, réclamant tout, laissant à ceux qui ne sont attirés que par le résultat immédiat, le soin de réaliser les possibilités actuelles. » (1)

(1) Préface au *Coopératisme* par A. D. Bancel. Paris, 1897.

De cette façon l'humanité est divisée en deux catégories : les hommes pratiques qui s'évertuent à rechercher des « possibilités présentes », et les idéalistes qui aiment à se bercer dans les visions de mondes invisibles et lointains.

Nous préférons être des premiers. Tout ce qui ne peut être réalisé ni aujourd'hui, ni demain, ne nous inspire qu'un médiocre intérêt. Lorsque des millions d'êtres humains croupissent dans l'ignorance, dans la misère, dans tous les vices et tous les maux que la misère engendre, il vaut mieux consacrer ses énergies à des améliorations possibles et immédiates que de s'adonner à la contemplation d'une société parfaite.

Cependant, nous ne méconnaissons pas la valeur des idées, la puissance impulsive et attractive des hautes idéalités. L'humanité se traîne d'une époque à l'autre, à-demi inconsciente, attirée par un idéal, qui ne se réalise jamais qu'en partie. Elle accomplit son pénible chemin par ce qu'on peut nommer la force de l'illusion. Il en est de même pour l'individu. Si nous tous, nous n'avions pas subi la fascination d'un idéal, nous n'aurions pas mis autant d'énergie à soutenir nos convictions et nous n'aurions pas obtenu (ainsi qu'il arrive souvent) un succès, qu'il était folie d'espérer. Tout individu, pour sortir des voies ordinaires, doit s'exalter, se laisser hypnotiser par une idée, sur laquelle il fixe ses regards. Il y a des illusions heureuses par leurs résultats ; mais il faut qu'elles soient sincères ; qu'elles soient plus fortes que la raison, que nous employons à les combattre.

Nous sommes disposés à admettre aussi que, dans nos prévisions de l'avenir, non seulement nous ne dépassons pas la vérité, mais que nous restons bien en deçà. On se trompe par défaut et non point par excès d'imagination. La transformation de la société sera bien plus radicale que nous ne la supposons. Si nous ne pouvons pas prévoir le développement du machinisme appliqué aux industries, comment pourrions-nous prévoir les progrès du vaste mécanisme social, pour lequel agissent comme forces motrices, non pas des forces mécaniques quelconques, mais l'idée, le sentiment, la puissance morale ?

Nous devons donc tenir l'esprit ouvert à tout aperçu nouveau, à des possibilités qui nous semblent, à l'heure actuelle, vagues et obscures ; mais nous ne devons pas transformer des suppositions romanesques en dogmes, enfourcher un hippogriffe et nous mettre à prophétiser à tort et à travers.

Que pouvons-nous savoir de l'avenir ? Pouvons-nous dire, même, si dans cent ans on aura appliqué tous les perfectionnements que nos connaissances actuelles nous permettraient déjà de réaliser dans l'industrie, dans l'agriculture, et dans les autres branches de l'activité humaine ? si l'homme aura substitué pour toute sorte de travail la machine à ses propres bras, ou s'il continuera à travailler à la sueur de son front ? s'il s'alimentera de viande, s'il sera devenu végétarien, ou si l'on aura inventé un philtre nutritif, qui transmettra, avec les éléments régénérateurs de la vie physique, certaines idées et certains sentiments capables de transformer les hommes en papillons angéliques ?

Qui peut dire à quels pays s'étendra une réforme ou à quels continents? Pouvons-nous posséder une idée même approximative de la cité future, du village futur? de leur architecture, des œuvres qui auront été accomplies sur leur surface et dans leur sous-sol? des institutions publiques, qui y fonctionneront, pour l'instruction, pour la récréation, pour l'exercice des droits politiques?

Aura-t-on inventé un système pratique et à bon marché de distribution de la force motrice à domicile? une lumière si puissante, et aussi si peu coûteuse que, grâce à elle, la nuit ne sera plus distinguée du jour? Et quels changements ces inventions-là apporteraient-elles à l'organisation de l'industrie et aux habitudes de la vie?

Aura-t-on appris à voler dans les airs? à parcourir l'océan en naviguant sous eau? Parlera-t-on une langue unique ; ou la Babel actuelle continuera-t-elle ? Les frontières des Etats auront-elles été abattues, et tous les hommes vivront-ils ensemble autour d'un même foyer? ou bien seront-ils parqués, comme des troupeaux de brebis, dans des pâtures respectives ? Et dans quel état seront-ils au point de vue de la population ? se seront-ils multipliés dans la progression géométrique malthusienne, ou dans une progression simplement arithmétique ; ou ne seront-ils pas augmentés du tout ? en seront-ils réduits à loger dans des édifices flottants, dans des navires ancrés tout le long des côtes, ou dans des ballons captifs ?

Et encore, l'humanité sera-t elle croyante ou athée ? sera-t-elle plus ou moins instruite ? Quels crimes auront cessé d'être commis ? quelles actions, à présent permises, seront regardées comme criminelles ? y aura-t-il des hommes qui naîtront criminels ? Sera-t-on plus calme ou plus passionné ? plus simple ou plus raffiné ? plus ou moins sensuel ? Travaillera-t-on par plaisir ou par nécessité ? Serons-nous bons, médiocres, mauvais ?

Nous ne disons pas qu'il serait peu intéressant de savoir toutes ces choses-là, ni que la solution des différents problèmes énoncés ici n'aurait pas d'influence sur la destinée des hommes et sur l'orientation du socialisme. Mais ce sont des choses lointaines et impossibles à prévoir ; il faut en laisser le souci à la postérité. A chaque jour sa tâche.

Nous ne pouvons connaître du socialisme que le point de départ. Il est susceptible d'un progrès indéfini. Il s'agit de systématiser certains rapports sociaux afin d'établir une base de bien-être et de développement pour tous les hommes. Puis, si ceux-ci deviennent plus moraux, si la science fait de plus grands progrès, si les circonstances sont favorables, le bien-être deviendra encore plus grand. Il est prudent de ne pas nous éloigner trop de ce point de départ, de ne pas oublier que notre vue (l'intellectuelle aussi bien que la physique) ne porte pas au delà d'une certaine distance, et surtout de ne pas nous aventurer dans le domaine des abstractions, des théories philosophiques, même lorsqu'elles paraissent favoriser la cause du socialisme. Après tout, ces théories ne sont que des hypothèses, qu'on avance pour classifier les faits observés et les retenir dans la mémoire, et qu'on change au fur et à mesure que s'étend le champ de l'observation. Il est donc imprudent de se baser sur elles pour la démonstration de la vérité du socialisme. On commence par s'en tenir à celles qui ont une notable affinité avec le problème social; on se laisse entraîner peu à peu jusqu'à voir dans les nouvelles découvertes astronomiques ou dans la microbiologie des arguments en faveur de telle ou telle autre conception du socialisme. De cette façon on en arrivera bientôt à comprendre dans le socialisme le problème de la quadrature du cercle, ou celui du mouvement perpétuel, ou toute autre discussion également paradoxale ; — et le socialisme se terminera en Académie.

Le socialisme n'est pas une phase de la science; mais il est une phase de la vie de l'humanité. Il doit donc être étudié au point de vue de la vie réelle, des besoins et des sentiments de l'homme d'aujourd'hui. Malheureusement les socialistes ne se placent pas toujours à ce point de vue ; ils se plaisent à avancer des principes abstraits, des formules vagues et ambiguës, et des hypothèses audacieuses : la liberté illimitée de l'individu, la solidarité parfaite et spontanée, l'abondance de toutes les choses utiles, le travail réduit à un jeu, l'individu intégralement développé et bon à tout faire, la satisfaction complète de tous les besoins, etc. etc. A cause de telles exagérations, le socialisme passe encore pour être une utopie ; tandis que son rôle est, pour ainsi dire, de rassasier la faim et d'éteindre la soif des multitudes, d'assurer à tous les hommes la possibilité de vivre en travaillant, d'épurer les relations sociales en général (les économiques en particulier) de toute injustice et de tout privilège : ce qui n'est assûrément pas une utopie.

Les revendications populaires, les tentatives d'amélioration, les luttes qui agitent la société actuelle, sont la cause, non pas l'effet du socialisme ; et s'il est vrai que celui-ci vise à une profonde transformation de l'organisation sociale, on ne doit cependant pas imaginer que le système actuel s'effondrera tout à coup, et que sur ses ruines surgira une société tout à fait nouvelle, entièrement opposée à celle qui existe actuellement.

Une telle conception catastrophique du socialisme, ainsi que nous nous flattons l'avoir prouvé, est on ne peut plus erronée ; et les systèmes, qu'on a imaginés en conformité de cette conception, ne résistent pas à une critique sérieuse. Les principaux de ces systèmes sont le collectivisme démocratique et le communisme anarchique.

Le collectivisme est conçu comme une vaste agence, comprenant toutes les industries et tous les échanges d'un pays : les aménageant dans l'intérêt de la société toute entière, devenue propriétaire de tous les biens productifs (terres, machines et autres instruments de travail), arbitre unique et distributrice de tous les produits. La collectivité, par l'intermédiaire d'une administration démocratique, rédigerait tous les ans un plan général de la production ; répartirait le travail entre les associations de métiers et entre les travailleurs isolés ; distribuerait les produits en raison du travail exécuté par chacun, assignant à toute chose une valeur proportionnelle à la quantité de travail dépensée à la produire.

Nous avons indiqué les difficultés insurmontables auxquelles se heurte un système tellement simple et tellement symétrique : l'impossibilité dans laquelle l'administration se trouverait de prévoir tous les besoins de tous les individus et d'y faire face ; la difficulté pour l'individu de s'adapter aux conditions de travail et de vie qui lui seraient faites par la collectivité ; la difficulté de forcer les travailleurs, individus et associations, à accomplir le travail le plus utile à la société et à abandonner leurs produits à la collectivité, se contentant de la portion qui leur aura été attribuée ; la difficulté de rémunérer sur le fonds social certains services tout à fait personnels, etc. Nous avons vu qu'il est impossible d'établir une rémunération unique pour des travaux différents, et une valeur d'échange en rapport exclusivement avec la durée du travail, sans égard à l'utilité. Sur ce point la critique du collectivisme se confond avec la critique de la doctrine économique de Marx. Nous avons été, par conséquent, obligé de discuter cette doctrine ; nous avons démontré qu'elle n'est pas le dernier mot de la science économique, et que de plus récentes théories peuvent aussi bien qu'elle, ou mieux encore, servir à justifier les propositions fondamentales du socialisme.

Mais si le collectivisme démocratique est utopique, le communisme anarchique ne l'est pas moins. Il se base sur l'idée irréalisable de l'individu parfait et autonome ; et sur la supposition que de tels individus agiraient spontanément dans un esprit de solidarité.

L'utopie ici saute aux yeux : car on suppose que la société puisse se tenir debout par un miracle perpétuel, par un accord instantané, mais se renouvelant toujours sans interruption, de ses membres, sans organisation permanente. Or, la société se base sur un substratum historique de richesses accumulées, de biens prédisposés à certains buts, d'organisations et institutions permanentes, de traditions, de coutumes, d'idées et d'intérêts établis. Elle comprend, en plus des relations volontaires et changea-

bles, des relations constantes et obligatoires, auxquelles l'individu doit nécessairement s'adapter et
se soumettre. L'individu subit la contrainte légale
de l'organisation sociale établie, de même que la
coercition morale et parfois même physique de ses
semblables. Supposer que chaque individu peut se
figurer la société comme elle doit être, et que les
idées de tous s'accordent dans un seul plan, c'est une
absurdité.

De part et d'autre, il y a donc utopie : dans le
premier cas, utopie de la systématisation rigoureuse,
dans le second utopie de l'action spontanée : là, le
plan unique rédigé par un bureau de statistique ou
par un conseil académique ; ici l'absence de tout
plan, la rencontre fortuite de toutes les volontés
et de tous les intérêts. Entre l'une et l'autre utopie
se dresse le socialisme, que nous devons penser
comme une rectification des relations sociales ren-
dues plus équitables et plus rationnelles.

La collectivité, organisée démocratiquement,
c'est-à-dire sans pouvoir dominateur, sans un centre
de gouvernement, évoquerait à soi la propriété
permanente des grands instruments de travail (terres, fabriques, chemins de fer, etc.) ; mais elle n'en
retiendrait pas la possession ; n'exercerait pas « en
économie » les industries et le commerce, sauf en
des cas exceptionnels. Elle concéderait l'usage de
cet outillage aux particuliers et aux associations,
suivant des règles à établir, et elle exigerait une
rente, qui aurait la double fonction d'égaliser les

conditions des travailleurs (car elle serait proportionnée à la valeur de l'instrument du travail,
c'est-à-dire à la productivité des biens) et de mettre la collectivité à même de faire exécuter à frais
communs les services intéressant tous les citoyens
indistinctement.

Un tel système, — que nous avons ébauché d'une
main timide, — est préparé par les réformes réclamées et en voie de réalisation sous le régime actuel :
réformes économiques, politiques et administratives. La transformation de la société, son évolution
vers le socialisme est déjà commencée, et elle est
profonde, rapide et irrésistible. Les socialistes n'ont
qu'à seconder les réformes et tentatives de réformes,
de quelque côté qu'elles viennent, et à les diriger
vers la systématisation sociale, qu'ils préconisent.
Ils ont tort de leur être parfois hostiles, ou de se
tenir à l'écart, les considérant comme de vains palliatifs. La valeur des réformes ne doit pas être
mesurée à leurs effets immédiats, mais à l'importance du principe dont elles s'inspirent. Tout ce
qui tend à rendre plus justes les rapports sociaux
appartient au socialisme. Nous terminons donc ce
chapitre, et l'ouvrage, en rappelant le mot de Littré, qui nous a servi d'épigraphe : « Il est deux socialismes ; l'un métaphysique, l'autre pratique, expérimental et, dans ces limites, positif » (1).

(1) *La philosophie positive*, 1867, n. 1. p. 141.

A l'heure actuelle le socialisme est encore métaphysique et doctrinaire : il doit devenir, et il deviendra sans doute, pratique et positif.

FIN

TABLE DES MATIÈRES

Laval. — Imprimerie parisienne, L. BARNÉOUD & Cie.